Martin Luther, geboren am 10. November 1483 in Eisleben, ist dort am 18. Februar 1546 gestorben.

Die Ausgabe bietet eine breitgefächerte Einführung in die Schriften und in das Denken des Reformators Martin Luther. Sie bietet eine Auswahl von Luthers Schriften in sechs thematisch zusammengestellten und jeweils mit einer kurzen theologischen Einleitung versehenen Bänden: Band I: *Aufbruch zur Reformation*, Band II: *Erneuerung von Frömmigkeit und Theologie*, Band III: *Auseinandersetzung mit der römischen Kirche*, Band IV: *Christsein und weltliches Regiment*, Band V: *Kirche, Gottesdienst, Schule*, Band VI: *Briefe*.

Die Ausgabe ist in erster Linie für den interessierten Nichttheologen gedacht, sie konzentriert sich fast ausschließlich auf deutsche Schriften Luthers, die das reformatorische Gedankengut einer für damalige Verhältnisse ungewöhnlich breiten Öffentlichkeit vermittelten. Mit den jeweils ungekürzt dargebotenen Texten umfaßt sie ein reiches inhaltliches Spektrum und stellt einen zuverlässigen Zugang zu Luthers Gesamtwerk dar. Sie verdeutlicht zugleich, wie sich die Gestalt Martin Luthers dank ihrer Eigenständigkeit und überragenden geistigen Kraft jeder parteiischen Vereinnahmung oder Verurteilung entzieht. Sie zeigt schließlich, wie Luthers literarisches Werk trotz der tief veränderten geschichtlichen Bedingungen einen ebenso unbequemen wie nachdenkenswerten Beitrag zu den geistigen, politischen und religiösen Problemen auch unserer Gegenwart leistet.

insel taschenbuch 1284
Martin Luther
Schriften
Fünfter Band

Martin Luther
Ausgewählte Schriften

Herausgegeben von
Karin Bornkamm und Gerhard Ebeling

In Gemeinschaft mit Oswald Bayer, Pierre Bühler, Martin Elze, Hans Friedrich Geißer, Manfred Jacobs, Markus Jenny, Werner Jetter, Hans Christian Knuth, Ulrich Köpf, Gerhard Krause, Dietz Lange, Eberhard Leppin, Bernd Moeller, Walter Mostert, Karl-Heinz zur Mühlen, Gerhard Ruhbach, Rolf Schäfer, Johannes Schilling und Kurt-Victor Selge

Fünfter Band

Martin Luther
Kirche, Gottesdienst, Schule

Insel Verlag

Umschlagabbildung: Bildnis des Martin Luther
von Lukas Cranach d.Ä. Signiert mit der Schlange, 1526
Herzog August Bibliothek Wolfenbüttel

insel taschenbuch 1284
Erste Auflage 1990

Vertrieb durch den Suhrkamp Taschenbuch Verlag
Umschlag nach Entwürfen von Willy Fleckhaus
Druck: Nomos Verlagsgesellschaft, Baden-Baden
Printed in Germany

1 2 3 4 5 6 – 95 94 93 92 91 90

INHALT

Einleitung

Die neu gewonnene christliche Erkenntnis breitete sich zunächst unter den alten Formen aus, in denen die Frömmigkeit, der Gottesdienst und die kirchliche Ordnung ihren herkömmlichen Bestand hatten. Doch schon die Wittenberger Unruhen von 1522 (s. Band 1) zeigten, daß die Veränderung des Glaubens eine Veränderung der gottesdienstlichen und gemeindlichen Lebensformen mit sich bringen mußte. Darauf bezieht sich eine erste Gruppe von Schriften dieses Bandes. Seit den frühen zwanziger Jahren war Luther in steigendem Maße auch mit Fragen des Gemeindelebens befaßt: mit dem aufbrechenden Problem der Pfarrerwahl, bei der Luther die Entscheidung der Gemeinde zuerkannte; mit Vorschlägen für eine Neuordnung des Gottesdienstes, die er jedoch nicht als Zwang verstehen wollte, da die äußeren Formen frei seien; mit der Neuregelung der gemeindlichen Armenordnung, nachdem die bisherigen kirchlichen Einkünfte weggefallen waren. Im Laufe der Jahre wuchs Luthers Verantwortung für die gottesdienstliche und unterrichtliche Versorgung der von der Reformation erfaßten Gemeinden. Eine Visitation sollte Einblick in die jeweiligen Verhältnisse vermitteln und Hilfestellung leisten. Indem Luther den Landesherrn um die Übernahme der Initiative und die Bereitstellung der äußeren Möglichkeiten bat, stellte er, ohne es zu beabsichtigen, die Weichen für das spätere landesherrliche Kirchenregiment im deutschen Protestantismus. Die Grundüberzeugung vom Wesen der Kirche, aus der die einzelnen Maßnahmen erwuchsen, ist von Luther am ausführlichsten erläutert worden in seiner Schrift Von den Konzilien und Kirchen, deren theologischen Hauptteil dieser Band bringt. Auf seine beiden Katechismen, die für das evangelische Kirchentum und für die Gewissensbildung vieler Generationen äußerst weitreichende Bedeutung gewonnen haben, mußte, da sie leicht anderweitig greifbar sind, aus Platzgründen verzichtet werden.

Neben den Fragen des Gottesdienstes und der kirchlichen Ordnung kam auf Luther das Problem zu, wie unter den veränderten Verhältnissen die schulische Bildung neu zu durchdenken sei. Diese war, auf dem ohnehin bildungsfeindlichen Hintergrunde des wirtschaftlichen und merkantilistischen Aufschwungs der damaligen Zeit, nicht nur durch den Verfall der alten Ordnung gefährdet, sondern auch durch eine schwärmerische Bildungsverachtung, die sich zu Unrecht auf Luthers »allein aus Glauben« berief, sowie durch ganz banalen Geiz der Bürger, die, obwohl von den bisherigen kirchlichen Abgaben befreit, das Schulwesen verfallen ließen. Luther trat entschieden dafür ein, daß neben der christlichen Unterweisung auch eine alle Schichten der Bevölkerung umfassende, nach Begabungen gestufte, möglichst breite weltliche Bildung gefördert werde. Gemeinsam mit einer wachsenden Zahl jüngerer, stärker durch den Humanismus gebildeter Universitäts- und Schulmänner, insbesondere Melanchthon, legte er den Grund für das Aufblühen eines evangelischen Schulwesens. Diesem trat im Zeitalter der Gegenreformation das jesuitische Schulwesen zur Seite. In beiden Fällen ist freilich eine Verengung gegenüber Luthers weitgespanntem Ansatz zu verzeichnen. Unser Band bringt die beiden wichtigsten sogenannten Schulschriften Luthers.

Luthers Rechenschaft über seine Bibelübersetzung – ein wissenschaftliches, sprachbildendes und poetisches Werk, das für sich allein genügt hätte, ihn bleibend berühmt zu machen –, seine Bearbeitung von Fabeln Äsops sowie seine Darlegungen zum reformatorischen Geschichtsverständnis in der Vorrede zum Werk Capellas sollen im Rahmen dieses Bandes Luthers Bildungsverständnis beispielhaft konkretisieren.

Mit seinen Liedern, die in diesem Bande fast vollzählig

und mit Erläuterungen dargeboten werden, hat Luther das evangelische Gesangbuch geschaffen. Sie stellen neben seiner Bibelübersetzung seine am unmittelbarsten in das Glaubensleben Ungezählter eingreifende Gabe an die deutschsprachige Christenheit dar.

Karin Bornkamm

Daß eine christliche Versammlung oder Gemeinde Recht und Macht habe, alle Lehre zu urteilen und Lehrer zu berufen, ein- und abzusetzen, Grund und Ursache aus der Schrift

1523

Nach den ersten praktischen Reformen in Wittenberg während Luthers Aufenthalt auf der Wartburg im Winter 1521/22 plante man u. a. auch in dem kursächsischen Städtchen Leisnig (zwischen Leipzig und Meißen), das Gemeindeleben nach den Grundsätzen der Reformation neu zu gestalten. Welche schwierigen Probleme damit verbunden waren, hatten die Wittenberger Vorgänge gezeigt. Rat und Gemeinde von Leisnig wandten sich daher an Luther, der im Herbst 1522 an Ort und Stelle an den Beratungen teilnahm. Neben der Neuordnung des Gottesdienstes und der Regelung der kirchlichen Vermögensverhältnisse handelte es sich vor allem um das Recht der Wahl und Einsetzung des Pfarrers durch die Gemeinde. Zu diesen drei Themen äußerte sich Luther mit den im Folgenden wiedergegebenen Schriften. Was die Pfarrerwahl betrifft, so war sie bisher Teil des Patronatsrechts eines benachbarten Zisterzienserklosters gewesen, dem die Pfarrei Leisnig nach herkömmlichem mittelalterlichem Kirchenrecht auch mit ihrem Vermögen und dessen Einkünften inkorporiert war. Dies widersprach allgemein dem zunehmenden Streben nach städtischer Selbstverantwortlichkeit, das sich hierin mit dem reformatorischen Prinzip traf, die Verhältnisse nach den Maßstäben der Bibel zu gestalten. So setzte man sich in Leisnig im Namen der heiligen Schrift über das geltende Recht hinweg und erwählte einen evangelisch gesinnten Pfarrer. Im Januar 1523 wurde Luther um eine Bestätigung dafür gebeten. Er gibt sie, indem er, dem Titel der Schrift entsprechend, zunächst die Lehrhoheit der Gemeinde und, daraus folgernd, dann das Pfarrstellenbesetzungsrecht der Gemeinde vom Neuen Testament her begründet. – WA 11; 408–416.

Martin Elze

Aufs erste ist es vonnöten, daß man wisse, wo und wer die christliche Gemeinde sei, auf daß nicht, wie es die Unchristen allezeit gewohnt sind, unter dem Namen der christlichen Gemeinde Menschen menschliche Vorhaben betreiben. Daran aber soll man die christliche Gemeinde mit Gewißheit erkennen, daß da das reine Evangelium gepredigt wird. Denn gleichwie man an dem Heerbanner als einem bestimmten Zeichen erkennt, was für ein Herr und Heer zu Felde liegt, so erkennt man auch mit Bestimmtheit an dem Evangelium, wo Christus und sein Heer liegt. Dafür haben wir eine feste Verheißung Gottes, Jes. 55,10 f.: »Mein Wort, spricht Gott, das aus meinem Mund geht, soll nicht leer wieder zu mir kommen, sondern wie der Regen vom Himmel auf die Erde fällt und macht sie fruchtbar, so soll mein Wort auch alles ausrichten, wozu ich's aussende.« Daher sind wir sicher, daß es unmöglich ist, daß da, wo das Evangelium im Gang ist, keine Christen sein sollten, wie wenige es auch immer sein und wie sündlich und mangelhaft sie auch sein mögen; gleichwie es unmöglich ist, daß da, wo das Evangelium nicht im Gang ist und Menschenlehren regieren, Christen und nicht bloß Heiden sein sollten, wie viele es auch immer sein mögen und wie heilig und gut auch immer ihr Wandel sei.

Daraus folgt unwidersprechlich, daß die Bischöfe, Stifte, Klöster und was solches Volk ist, bei weitem keine Christen noch eine christliche Gemeinde gewesen sind, wiewohl sie diesen Namen allein vor allen in Anspruch genommen haben. Denn wer das Evangelium kennt, der sieht, hört und begreift, wie sehr sie noch heutigentages auf ihren Menschenlehren bestehen und das Evangelium ganz von sich vertrieben haben und auch noch vertreiben. Darum muß man das, was dieses Volk tut und vorgibt, als eine heidnische und weltliche Sache erachten.

Aufs zweite: In dieser Angelegenheit, nämlich über die Lehre zu urteilen, Lehrer und Seelsorger ein- und abzusetzen, darf man sich gar nicht nach der Menschen Gesetz, Recht, Herkommen, Brauch, Gewohnheit usw. richten, gleichgültig, ob es vom Papst oder Kaiser, von Fürsten oder Bischöfen festgesetzt ist, ob es die halbe oder ganze Welt so gehalten, ob es ein oder tausend Jahre gedauert hat. Denn die Seele des Menschen ist ein ewiges Ding über alles, was zeitlich ist; darum darf sie nur mit ewigem Wort regiert und ausgerüstet sein. Denn es ist sehr zu schelten, wenn die Gewissen vor Gott mit Menschenrecht und langer Gewohnheit regiert werden. Darum muß man hier nach der Schrift und Gottes Wort handeln. Denn wenn Gottes Wort und Menschenlehre die Seele regieren wollen, so kann es nicht fehlen, daß sie einander widerstreiten. Das wollen wir in dieser gegenwärtigen Auseinandersetzung klar und deutlich beweisen, nämlich so:

Menschenwort und -lehre haben bestimmt und verordnet, man solle es lediglich den Bischöfen und Gelehrten und den Konzilien überlassen, über die Lehre zu urteilen; was diese beschlossen haben, solle alle Welt für recht und für Glaubensartikel halten, wie das genugsam ihr tägliches Prahlen mit dem geistlichen Recht des Papstes beweist. Denn man hört so gut wie nichts von ihnen als dieses Prahlen, daß ihnen die Vollmacht und das Recht zustehe, darüber zu urteilen, was christlich oder ketzerisch sei, und daß der gewöhnliche Christenmensch sich nach ihrem Urteil richten und daran halten solle. Siehe, wie schamlos und närrisch dieses Prahlen, mit dem sie alle Welt in die Enge getrieben haben und das ihr höchster Hort und Bollwerk ist, gegen Gottes Gesetz und Wort anstürmt.

Denn Christus bestimmt gerade das Gegenteil. Er nimmt den Bischöfen, Gelehrten und Konzilien sowohl das Recht wie die Vollmacht, über die Lehre zu urteilen, und gibt sie jedermann und allen Christen insgemein, da er spricht Joh.10,27: »Meine Schafe kennen meine Stimme«; ferner: »Meine Schafe folgen den Fremden nicht, sondern fliehen vor ihnen; denn sie kennen nicht der Fremden Stimme« (Joh.10,5); ferner: »Wieviel ihrer gekommen sind, das sind Diebe und Mörder. Aber die Schafe hörten nicht auf sie.« (Joh.10,8)

Hier siehst du ganz klar, wer das Recht hat, über die Lehre zu urteilen: Bischof, Papst, Gelehrte und jedermann hat die Vollmacht zu lehren, aber die Schafe sollen urteilen, ob sie die Stimme Christi oder die Stimme der Fremden lehren. Lieber, was können hiergegen die Wasserblasen sagen, die da auftrumpfen: Concilia, concilia! Ei, man muß die Gelehrten, die Bischöfe in Menge hören, man muß den alten Brauch und die Gewohnheit betrachten! – Meinst du, daß mir Gottes Wort sollte deinem alten Brauch, Gewohnheit, Bischöfen weichen? Nimmermehr! Darum lassen wir Bischöfe und Konzilien beschließen und behaupten, was sie wollen; aber wo wir Gottes Wort bei uns haben, soll's bei uns stehen und nicht bei ihnen, ob's recht oder unrecht sei, und sie sollen uns weichen und unserm Wort gehorchen.

Hier siehst du, meine ich, ja klar genug, was denjenigen zuzutrauen ist, die mit Menschenwort über die Seelen bestimmen wollen. Wer sieht hier nun nicht, daß alle Bischöfe, Stifte, Klöster, hohen Schulen mit ihrer ganzen Körperschaft gegen dieses klare Wort Christi antoben, daß sie das Urteil über die Lehre den Schafen auf schamlose Weise wegnehmen und sich selber aneignen durch eigene frevelhafte Behauptung? Darum sind sie auch durchaus für Mörder und Diebe, Wölfe und abtrünnige Christen zu halten, die hier öffentlich dessen überführt sind, daß sie Gottes Wort nicht allein verleugnen, sondern auch im Widerspruch zu ihm ihre Behauptungen aufstellen und verfahren, wie sich's denn für den Antichrist und sein Reich zu tun gebührt laut der Prophezeiung St. Pauls, 2.Thess.2,3 f.

Abermals spricht Christus Matth.7,15: »Hütet euch vor den falschen Propheten, die in Schafskleidern zu euch kommen, inwendig aber sind sie wie reißende Wölfe.« Siehe, hier weist Christus nicht den Propheten und Lehrern das Urteil zu, sondern den Schülern oder Schafen. Denn wie könnte man sich vor den falschen Propheten hier hüten, wenn nicht so, daß man ihre Lehre in Bedacht nehmen, richten und urteilen sollte? Also kann es ja keinen falschen Propheten unter den Zuhörern geben, sondern nur unter den Lehrern. Darum sollen und müssen alle Lehrer dem Urteil der Zuhörer unterworfen sein mit ihrer Lehre.

Der dritte Spruch ist von St. Paulus, 1.Thess.5,21: »Prüfet alles; was gut ist, das behaltet!« Siehe, hier will er, daß keine Lehre und keine Behauptung festgehalten wird, es sei denn, daß sie von der Gemeinde, die es hört, geprüft und für gut erkannt werde. Denn dieses Prüfen steht ja nicht den Lehrern zu, sondern die Lehrer müssen zuvor das sagen, was man prüfen soll. Also ist auch hier das Urteil den Lehrern genommen und den Schülern unter den Christen gegeben, so daß es unter den Christen ganz und gar ein anderes Ding ist als in der Welt: In der Welt gebieten die Herren, was sie wollen, und die Untertanen nehmen's auf; aber »unter euch«, spricht Christus, »soll's nicht so sein« (Matth.20,26), sondern unter den Christen ist ein jeglicher des anderen Richter und wiederum auch dem anderen unterworfen, wiewohl die geistlichen Tyrannen eine Sache weltlicher Obrigkeit aus der Christenheit gemacht haben.

Der vierte Spruch ist abermals von Christus, Matth.24,4 f.: »Sehet zu, daß euch niemand verführe; denn es werden viele kommen unter meinem Namen und sagen: Ich bin Christus, und werden viele verführen.« Summa: Wozu ist es nötig, weitere Sprüche anzuführen? Alle Warnungen, die St. Paulus gibt, Röm.16,17; 1.Kor.10,14; Gal.3,1 ff.; 4,8 ff.; 5,7 ff.; Kol.2,8 und allenthalben, ebenso aller Propheten Sprüche, da sie lehren, Menschenlehre zu meiden, die tun nichts anderes, als daß sie das Recht und die Vollmacht, über die Lehre zu urteilen, von den Lehrern nehmen und sie mit ernstlichem Gebot bei Verlust der Seelen den Zuhörern übertragen, so daß sie nicht allein Vollmacht und Recht haben, über alles, was gepredigt wird, zu urteilen, sondern daß sie es bei Ungnade der göttlichen Majestät schuldig sind zu urteilen, – so daß wir daran sehen, wie die Tyrannen so unchristlich mit uns verfahren sind, da sie uns dieses Recht und Gebot genommen und es sich selbst angeeignet haben. Damit allein haben sie es reichlich verdient, daß man sie aus der Christenheit vertreibe und als Wölfe, Diebe und Mörder verjage, die wider Gottes Wort und Willen über uns herrschen und lehren.

So ziehen wir den Schluß, daß, wenn es eine christliche Gemeinde gibt, die das Evangelium hat, sie nicht allein Recht und Vollmacht hat, sondern es bei der Seelen Seligkeit gemäß ihrer Pflicht, die sie Christus gegenüber in der Taufe eingegangen ist, schuldig ist, zu meiden, zu fliehen, abzusetzen, sich zu entziehen von der Obrigkeit, die die jetzigen Bischöfe, Äbte, Klöster, Stifte und ihresgleichen ausüben, weil man offenkundig sieht, daß sie wider Gott und sein Wort lehren und regieren.

So ist also dies zum ersten genügend fest und stark begründet, und man kann sich darauf verlassen, daß es göttliches Recht sei und für der Seelen Seligkeit nötig, solche Bischöfe, Äbte, Klöster und was es für Regiment dieser Art gibt, abzutun oder zu meiden.

Zum zweiten: Weil es aber christliche Gemeinde ohne Gottes Wort nicht geben soll noch kann, folgt aus dem vorigen ganz schlüssig, daß sie ja dennoch Lehrer und Prediger haben müssen, die das Wort ausrichten. Und weil in dieser zur Verdammnis bestimmten letzten Zeit die Bischöfe und das falsche geistliche Regiment nicht solche Lehrer sind noch sein wollen, auch dazu nichts tun und es nicht dulden wollen, und weil Gott nicht zu versuchen ist, daß er vom Himmel neue Prediger sende, so müssen wir uns nach der Schrift verhalten und unter uns selbst diejenigen berufen und einsetzen, die man dazu geeignet findet und die Gott mit Verstand erleuchtet und mit Gaben dazu geziert hat.

Denn das kann niemand leugnen, daß ein jeglicher Christ Gottes Wort hat und von Gott gelehrt und zum Priester gesalbt ist, wie Christus spricht Joh.6,45: »Sie werden alle von Gott gelehrt sein«, und Ps.45,8: »Gott hat dich gesalbt mit Freudenöl vor allen deinen Mitgenossen.« Diese Mitgenossen sind die Christen, Brüder Christi, die mit ihm zu Priestern geweiht sind, wie auch Petrus sagt 1.Petr.2,9: »Ihr seid das königliche Priestertum, daß ihr verkündigen sollt die Tugend des, der euch berufen hat zu seinem wunderbaren Licht.«

Ist es aber so, daß sie Gottes Wort haben und von ihm gesalbt sind, so sind sie auch schuldig, es zu bekennen, zu lehren und auszubreiten, wie Paulus sagt 2.Kor.4,13: »Wir haben auch denselben Geist des Glaubens, darum reden wir auch«; wie der Prophet sagt, Ps.116,10: »Ich bin gläubig geworden, darum rede ich.« Und Ps.51,15 sagt es von allen Christen: »Ich will die Gottlosen deine Wege lehren, und daß sich die Sünder zu dir bekehren.« So ist es hier abermals gewiß, daß ein Christ nicht allein Recht und Vollmacht hat, das Wort Gottes zu lehren, sondern er ist es zu tun schuldig bei Verlust seiner Seele und bei Ungnade Gottes.

Darauf sprichst du: Ja, wie? Wenn er nicht berufen ist, so darf er ja nicht predigen, wie du selbst oft gelehrt hast! Antwort: Hier sollst du feststellen, daß ein Christ an zweierlei Ort sein kann. Erstens, wenn er an einem Ort ist, wo keine Christen sind: Da bedarf er keiner anderen Berufung, als daß er ein Christ ist, von Gott inwendig berufen und gesalbt. Da ist er schuldig, den irrenden Heiden oder Unchristen zu predigen und das Evangelium zu lehren, aus Pflicht brüderlicher Liebe, obgleich ihn kein Mensch dazu beruft. So tat es St. Stephan, Apg.6,8;

7,2, dem doch von den Aposteln kein Amt zu predigen aufgetragen war, und predigte doch und tat große Zeichen im Volk. Ferner tat es auch ebenso der Diakon Philippus, Stephans Geselle, Apg.8,5, dem auch das Predigtamt nicht aufgetragen war. Ferner tat es so Apollos, Apg.18,24 ff. Denn in einem solchen Fall sieht ein Christ aus brüderlicher Liebe die Not der armen, verdorbenen Seelen an und wartet nicht, ob ihm Befehl oder schriftliche Weisung von einem Fürsten oder Bischof gegeben werde; denn Not bricht alle Gesetze und hat kein Gesetz. So ist die Liebe schuldig, zu helfen, wo sonst niemand ist, der hilft oder helfen könnte.

Zweitens, wenn er aber an einem Ort ist, wo Christen sind, die mit ihm gleiche Vollmacht und gleiches Recht haben: Da soll er sich selbst nicht hervortun, sondern sich berufen und hervorziehen lassen, daß er anstelle und mit Auftrag der anderen predige und lehre. Ja, ein Christ hat so viel Vollmacht, daß er auch mitten unter Christen ohne Berufung durch Menschen auftreten und lehren kann und soll, wenn er sieht, daß der Lehrer daselbst es fehlen läßt, so jedoch, daß es gesittet und züchtig zugehe. Das hat St. Paulus klar beschrieben, 1.Kor.14,30, da er spricht: »Wird dem, der da sitzt, etwas offenbart, so soll der erste schweigen.« Siehe da, was St. Paulus hier tut: Er heißt den, der da lehrt, schweigen und abtreten mitten unter den Christen und den, der da zuhört, auftreten, auch ohne Berufung; das alles deshalb, weil Not kein Gebot hat.

Wenn denn nun hier St. Paulus, wenn es notwendig ist, mitten unter den Christen einen jeglichen auch ohne Berufung auftreten heißt und beruft ihn durch solches Gotteswort und heißt den andern abtreten und setzt ihn kraft dieser Worte ab, – wieviel mehr ist es dann recht, daß eine ganze Gemeinde einen zu solchem Amt beruft, wenn's notwendig ist, wie es denn allezeit und besonders jetzt ist. Denn St. Paulus gibt an derselben Stelle auch einem jeglichen Christen Vollmacht, unter den Christen zu lehren, wenn's notwendig ist, und spricht: »Ihr könnt wohl alle nacheinander weissagen, daß sie alle lernen und alle ermahnt werden« (1.Kor.14,31); ferner: »Ihr sollt euch befleißigen zu weissagen, und wehret nicht, mit Zungen zu reden, doch laßt es alles ordentlich und ehrbar zugehen.« (1.Kor.14,39 f.)

Diesen Spruch laß dir nicht einen unsicheren Grund sein, da er der christlichen Gemeinde so überschwenglich Vollmacht gibt, daß sie predigen, predigen lassen und berufen kann. Besonders wo es notwendig ist, beruft er selbst einen jeglichen eigens, ohne Berufung durch Menschen, damit wir keinen Zweifel daran haben sollen, daß die Gemeinde, die das Evangelium hat, unter sich selbst jemanden erwählen und berufen kann und soll, der statt ihrer das Wort lehre.

Sprichst du aber: St. Paulus hat doch dem Timotheus und Titus befohlen, sie sollten Priester einsetzen; ebenso lesen wir auch Apg.14,13, daß Paulus und Barnabas unter den Gemeinden Priester verordneten; darum kann nicht die Gemeinde jemanden berufen noch jemand sich selbst hervortun, zu predigen unter den Christen, sondern man muß die Erlaubnis und den Befehl der Bischöfe, Äbte oder anderer Prälaten haben, die die Stelle der Apostel einnehmen. Antwort: Wenn unsere Bischöfe und Äbte usw. die Stelle der Apostel einnähmen, wie sie sich rühmen, so wäre das wohl eine richtige Meinung, daß man sie tun ließe, was Titus, Timotheus, Paulus und Barnabas taten, Priester einzusetzen usw. Da sie aber die Stelle des Teufels einnehmen und Wölfe sind, die das Evangelium nicht lehren noch dulden wollen, so geht sie, das Predigtamt und die Seelsorge unter den Christen zu beschicken, ebensoviel an wie den Türken und die Juden. Esel sollten sie treiben und Hunde führen!

Überdies, wenngleich sie nun auch rechtschaffene Bischöfe wären, die das Evangelium haben wollten, und rechtschaffene Prediger einsetzen wollten, könnten und sollten sie dennoch das nicht tun: ohne Willen der Gemeinde erwählen und berufen, – ausgenommen, wo die Not es erzwänge, damit die Seelen nicht aus Mangel an göttlichem Wort verdürben. Denn in solcher Not, hast du gehört, kann nicht allein ein jeglicher einen Prediger beschaffen, sei es durch Bitten oder durch die Macht weltlicher Obrigkeit, sondern er soll auch selber hingehen, auftreten und lehren, wenn er's kann. Denn Not ist Not und hat kein Maß, gleichwie jedermann hingehen und handeln soll, wenn's brennt in der Stadt, und nicht warten, bis man ihn darum bittet.

Sonst, wenn nicht derartige Not besteht und wenn solche vorhanden sind, die Recht und Vollmacht und Gnade haben zu lehren, soll kein Bischof jemanden einsetzen ohne Wahl, Willen und Berufen der Gemeinde, sondern er soll den von der Gemeinde Erwählten und Berufenen bestätigen. Tut er's nicht, soll dieser dennoch bestätigt sein durch das Berufen der Gemeinde. Denn es hat weder Titus und Timotheus noch Paulus je einen Priester eingesetzt ohne Erwählung und Berufung durch die Gemeinde. Das erweist sich klar daraus, daß er Tit.1,7 und 1.Tim.3,2 spricht, ein Bischof oder Priester solle untadelig sein; ferner, die Diakone solle man zuerst prüfen (1.Tim.3,10). Nun wird ja Titus nicht gewußt haben, welche untadelig gewesen sind, sondern solch ein Leumund muß aus der Gemeinde kommen; die muß einen solchen Mann empfehlen.

Ferner lesen wir doch Apg.6,2 ff., daß, bei einem sehr viel geringeren Amt, auch die Apostel sich nicht getrauten, Personen zu Diakonen einzusetzen ohne Wissen und Willen der Gemeinde, sondern die Gemeinde erwählte und berief die sieben Diakone, und die Apostel bestätigten sie. Wenn nun die Apostel sich nicht getrauten, ein solches Amt, das nur zeitliche Nahrung auszuteilen bestimmt ist, aus eigener Vollmacht einzusetzen, wie sollten sie so kühn gewesen sein, daß sie das höchste Amt, nämlich zu predigen, jemandem aus eigener Macht, ohne Wissen, Willen und Berufen der Gemeinde, aufgetragen hätten!

Da aber nun zu unseren Zeiten die Not da ist und es keinen Bischof gibt, der evangelische Prediger beschafft, gilt hier das Beispiel von Titus und Timotheus nicht, sondern man muß aus der Gemeinde berufen, gleichviel ob er von Titus bestätigt wird oder nicht. Denn so hätten es auch diejenigen getan oder tun sollen, für die Titus sorgte, falls Titus ihn nicht hätte bestätigen wollen oder sonst keiner da gewesen wäre, der Prediger eingesetzt hätte. Darum ist diese Zeit den Zeiten des Titus ganz ungleich, als die Apostel regierten und rechte Prediger haben wollten. Jetzt aber wollen unsere Tyrannen bloß Wölfe und Diebe haben.

Und was verdammen uns die tobenden Tyrannen bei solchem Erwählen und Berufen? Handeln sie doch selber so und müssen so handeln! Es wird ja unter ihnen keiner als Papst oder Bischof eingesetzt aus irgend jemandes Machtvollkommenheit, sondern er wird von dem Kapitel erwählt und berufen und danach von anderen bestätigt, Bischöfe vom Papst als ihrem Obersten, er aber, der Papst selbst, vom Kardinal zu Ostia als seinem Untertan. Und falls es sich begeben sollte, daß einer nicht bestätigt würde, ist er dennoch Bischof und Papst. So frage ich nun die lieben Tyrannen: Wenn ihrer Gemeinde Erwählen und Berufen Bischöfe macht und ein Papst ohne Bestätigung durch irgendeine andere Obrigkeit Papst ist, allein aufgrund der Wahl, warum sollte nicht auch eine christliche Gemeinde einen Prediger machen allein durch ihr Berufen, zumal sie Bischofs- und Papstamt für höher halten als das Predigtamt? Wer hat ihnen solches Recht gegeben und uns genommen? Besonders weil unser Berufen die Schrift für sich hat, ihr Berufen aber ein bloßer Tand ist, ohne Schrift, womit sie uns unser Recht rauben.

Tyrannen sind es und Buben, die mit uns umgehen, wie es die Apostel des Teufels tun mögen.

Daher ist es auch so geworden, daß an etlichen Orten auch weltliche Obrigkeit wie Ratsherren und Fürsten für sich selbst in ihren Städten und Schlössern als Prediger solche bestellt und besoldet haben, die sie wollten, ohne alle Erlaubnis und Befehl der Bischöfe und Päpste, und hat auch niemand dreingeredet, wiewohl sie es – ist meine Besorgnis – nicht aus Verständnis des christlichen Rechts getan haben, sondern weil die geistlichen Tyrannen das Predigtamt verachtet und für gering gehalten haben und für weit entfernt von dem geistlichen Regiment, wo es doch das allerhöchste Amt ist, an dem alle anderen hängen und aus dem sie folgen, während keines von den anderen Ämtern folgt, wenn das Predigtamt nicht da ist. Denn Joh.4,2 sagt, daß Christus nicht getauft habe, sondern nur predigte, und Paulus, 1.Kor.1,17, rühmt sich, er sei nicht zu taufen, sondern zu predigen gesandt.

Darum, wem das Predigtamt aufgetragen wird, dem wird das höchste Amt aufgetragen in der Christenheit – er mag danach auch taufen, Messe halten und alle Seelsorge auf sich nehmen oder, wenn er nicht will, mag er allein am Predigen bleiben und Taufen und andere Unterämter anderen überlassen, wie Christus es tat und alle Apostel, Apg.6,4. Daran sieht man aber, daß unsere jetzigen Bischöfe und Geistlichen Götzen und nicht Bischöfe sind; denn sie überlassen das höchste Amt des Wortes, das ihr eigen sein sollte, den Allergeringsten, nämlich Kaplänen und Mönchen, Terminariern[1], dazu auch die geringeren Ämter wie Taufen und andere Seelsorge. Sie aber firmeln derweil und weihen Glocken, Altäre und Kirchen, was weder christliche noch bischöfliche Werke sind, sondern von ihnen selbst ausgedacht. Es sind verkehrte, verblendete Larven[2] und rechte Kinderbischöfe[3]!

Vorrede zu: Ordnung eines gemeinen Kastens. Ratschlag, wie die geistlichen Güter zu handeln sind.

1523

Mit der Einsetzung des neuen Pfarrers in der Stadt Leisnig (s. o. S. 7) ergab sich die Notwendigkeit, dessen Besoldung zu regeln. Das bedeutete, daß die gesamten finanziellen Verhältnisse der Pfarrei neu geordnet werden mußten. Da ihr Vermögen dem Kloster Buch zustand, war damit die Frage nach der künftigen Verwendung klösterlichen Vermögens überhaupt aufgeworfen; Luther hatte sich ja ohnehin für die Aufhebung der Klöster ausgesprochen. Dazu kam das ganze Pfründen- und Stiftungswesen, das durch die spätmittelalterliche Frömmigkeit großen Auftrieb erhalten hatte. Auch auf diesem Gebiet trafen sich die reformatorischen Gesichtspunkte mit den Tendenzen des damaligen Städtewesens, insofern die Eigenverantwortung der Gemeinde, zugleich aber auch ihre soziale Verpflichtung gegenüber den Armen, dabei zur Geltung kamen. Dabei ist zu berücksichtigen, daß Orts- und Kirchengemeinde ja noch deckungsgleich waren. – Die vom Leisniger Rat erlassene Ordnung, mit der aus Vermögen und Einkünften der Pfarrei ein »gemeiner Kasten«, d. h. eine Gemeindekasse, errichtet wurde, hat Luther gutgeheißen und als beispielhaft veröffentlicht. In dem von ihm selbst verfaßten Vorwort spricht er sich allgemein über das Verfahren bei der Aufhebung von Klöstern und über die Verwendung kirchlichen Besitzes aus. Besonders geht er auf die Vermögenswerte ein, die nicht in Grundbesitz bestehen, sondern in Zinsen aus Darlehen auf fremden Grundbesitz, weil er dieses damals weit verbreitete Geldgeschäft als Wucher verurteilt, und setzt sich für deren Annullierung ein. – Die Ordnung selbst (WA 12;16-30) regelt, von einigen allgemeinen Bestimmungen abgesehen, im einzelnen die Einnahmen und Ausgaben und die Verwaltung der Gemeindekasse. Ihre Inkraftsetzung war erst nach großen Schwierigkeiten im Jahr 1529 möglich. – WA 12;11-15.

Martin Elze

Martinus Luther Ecclesiastes[1] allen Christen der Gemeinde zu Leisnig, meinen lieben Herren und Brüdern in Christus, Gnade und Friede von Gott dem Vater und unserm Heiland Jesus Christus.

Nachdem Euch, liebe Herren und Brüder, der Vater aller Barmherzigkeit samt anderen in der Gemeinschaft des Evangeliums berufen hat und seinen Sohn Jesus Christus in Euer Herz hat scheinen lassen und solcher Reichtum der Erkenntnis Christi bei Euch so mächtig und wirksam ist, daß Ihr eine neue Gottesdienstordnung und ein gemeindliches Eigentum nach dem Beispiel der Apostel eingerichtet habt, habe ich es für gut angesehen, daß diese Eure Ordnung durch den Druck ausginge, falls Gott seinen gnädigen Segen dazu geben wollte, daß sie ein allgemeines Beispiel würde, dem auch viele andere Gemeinden nachfolgten, damit wir auch von Euch rühmen könnten, wie St. Paulus von den Korinthern rühmt (2.Kor.9,2), daß ihr Eifer viele angespornt habe; wiewohl Ihr Euch zum Trost darauf einstellen und gefaßt machen müßt, daß, wenn es aus Gott ist, was Ihr anfangt, es ganz gehörig angefochten werden muß, denn der leidige Satanas wird nicht ruhen noch feiern.

Weil wir denn hoffen, daß dieses Euer Beispiel dazu gereichen soll, daß es ein allgemeines werde und daraus dann ein großer Fall der bisherigen Stifte, Klöster, Kapellen und des greulichen Bodensatzes folgen wird, der sich bisher unter dem Namen des Gottesdienstes mit dem Reichtum aller Welt angefüllt hat, – wozu denn auch das heilige Evangelium, das wieder hervorbricht, kräftig hilft und solche Gottesdienste als lästerlich und verdammlich kennzeichnet und an den Tag bringt; weil zudem die Geistlichen auch selbst sich so verhalten, daß nichts Ordentliches in ihrem Stand geblieben ist noch zu ihm hineinwill, und sich allenthalben die Sache so darstellt, als habe Gott und die Welt das mönchische und geistliche Unwesen satt und als müsse es anders werden, so ist deshalb dennoch darauf zu achten, daß diese erledigten Stiftsgüter nicht zur Plünderung kommen und ein jeglicher an sich reiße, was er erhascht.

Darum habe ich gedacht, beizeiten mit christlichem Rat und Vermahnung, soviel mir gebührt und zusteht, vorzubeugen. Denn weil ich ja doch daran schuld sein muß, wenn die Klöster und Stifte leer werden, Mönche und Nonnen weniger werden und was alles dem geistlichen Stand zu Abbruch und Verkleinerung geschehen mag, so will ich gerade das nicht auf mir sitzen lassen, wenn etliche habgierige Wänste diese geistlichen Güter an sich rissen und mich als denjenigen, der dazu die Veranlassung gegeben hat, zum Vorwand nähmen.

Denn wiewohl ich Besorgnis habe, daß meinem Rat nur wenige folgen werden, wenn es so weit kommt – denn die Habgier ist ein ungehorsamer, ungläubiger Bösewicht –, so will ich doch das Meinige tun und mein Gewissen entlasten und ihr Gewissen beladen haben, damit niemand sagen kann, ich hätte geschwiegen oder mich zu spät hören lassen. Es nehme nun meinen Rat an oder verachte ihn, wer da will, – ich bin unschuldig. Ich warne aber zuvor getreulich und bitte freundlich, daß diesem meinem Rat niemand gehorche noch folge, es sei denn, er wisse und verstehe gut und gründlich aus dem Evangelium, daß mönchisches und geistliches Unwesen, wie es jetzt fast vierhundert Jahre gewesen ist, kein Nutzen und bloß schädlicher Irrtum und Verführerei ist. Denn solch ein großes Ding muß mit gutem, festem, christlichem Gewissen angegriffen werden. Es wird sonst ein schlimmeres Übel werden, und auf dem Totenbett wird eine ganz böse Reue kommen.

Zum ersten wäre es sicher gut, wenn keine Feldklöster[2] wie Benediktiner, Zisterzienser, Coelestiner und dergleichen je auf Erden gekommen wären. Weil sie aber nun da sind, ist das Beste, daß man sie eingehen lasse oder, wenn man es in angemessener Weise tun kann, dazu helfe, daß sie rein ganz und gar weg kommen. Das kann aber auf diese zwei Arten geschehen: Die erste, daß man die Personen, die darin sind, frei von sich selbst aus, wenn sie wollen, herausgehen lasse, wie es das Evangelium erlaubt; die andere, daß eine jegliche Obrigkeit es mit ihren Klöstern dahin bringe, keine Person mehr aufzunehmen, und diejenigen, die zu viel darin sind, anderswohin schicke und die übrigen aussterben lasse.

Weil aber niemand zum Glauben und zum Evangelium zu zwingen ist, soll man die restlichen Personen, die in den Klöstern, sei es des Alters, des Bauches oder des Gewissens halber, bleiben, nicht ausstoßen noch unfreundlich mit ihnen verfahren, sondern sie ihr Leben lang genug haben lassen, wie sie es zuvor gehabt hatten. Denn das Evangelium lehrt, auch dem Unwürdigen Gutes zu tun, wie der himmlische Vater über Gute und Böse regnen und die Sonne scheinen läßt (Matth. 5,45). Und man muß hier berücksichtigen, daß diese Personen aus allgemeiner Blindheit und Irrtum in diesen Stand geraten sind und nichts gelernt haben, womit sie sich ernähren könnten. Doch ist das mein Rat, daß die Obrigkeit solche Klostergüter an sich nehme und die restlichen Personen, die darin bleiben, davon versorge, bis sie aussterben, und zwar reichlicher und freigebiger, als sie vielleicht vorher versorgt gewesen sind, damit man auch spüre, daß nicht die Habgier dem geistlichen Gut, sondern der christliche Glaube dem Klosterwesen feind ist. Und hier ist nicht allererst die päpstliche oder bischöfliche Erlaubnis nachzusuchen oder Bann und Verfluchung zu fürchten; denn ich schreibe das auch allein denjenigen, die das Evangelium verstehen und Macht haben, solches zu tun in ihren Landen, Städten und Obrigkeiten.

Zum zweiten: Mit den Gütern solcher Klöster, welche die Obrigkeit an sich nimmt, könnte auf dreierlei Weise verfahren werden. Die erste, daß man die Personen, die darin bleiben, versorgt, wie eben gesagt; die zweite, daß man den Personen, die herausgehen, etwas Rechtes mitgibt, damit sie etwas anfangen und sich in einen Beruf begeben können, auch wenn sie nichts mitgebracht hatten; denn sie verlassen gleichwohl die ihnen lebenslang zustehende Nahrung, wenn sie herausgehen, und sind betrogen, weil sie in der Zeit, in der sie im Kloster gewesen sind, etwas anderes gelernt hätten. Aber denjenigen, die etwas eingebracht haben, jedem seinen Teil wiederzugeben, ist billig vor Gott; denn hier soll christliche Liebe und nicht die Strenge menschlicher Rechte richten, und wenn jemand Schaden oder Verlust tragen muß, soll das über das Kloster und nicht über die Personen hergehen; denn das Kloster ist der Grund ihres Irrtums.

Aber die dritte Weise ist die beste: daß man alles andere zum allgemeinen Besitz einer Gemeindekasse gelangen lasse, woraus man nach christlicher Liebe allen gebe und leihe, die im Lande bedürftig sind, sei es ein Edler oder ein Bürger. Damit erfüllt man auch das Testament und den Willen der Stifter; denn wiewohl sie im Irrtum gewesen und verführt worden sind, daß sie es zu Klöstern gegeben haben, ist ja dennoch ihre Absicht gewesen, Gott zu ehren und es ihm zu Dienst zu geben, und sie haben so, wie sie es gemacht haben, fehlgegriffen. Nun gibt es keinen größeren Gottesdienst als die christliche Liebe, die den Bedürftigen hilft und dient, wie Christus selbst am Jüngsten Tag bekennen und richten wird, Matth.25,31 ff. Daher hießen auch vorzeiten die Kirchengüter bona ecclesiae, das heißt Güter der Gemeinde, wie eine Gemeindekasse für alle, die unter den Christen bedürftig waren.

Doch ist das auch billig und christlicher Liebe gemäß, daß, wenn die Erben der Stifter verarmt und in Not wären, ihnen diese Stiftung wieder heimfiele, wenigstens ein großer Teil; und alles zusammen, wenn die Not so groß wäre. Denn freilich ist die Absicht ihrer Väter nicht gewesen – und hat auch nicht sein sollen –, ihren Kindern und Erben das Brot aus dem Maul zu nehmen und es anderswohin zuzuwenden. Und falls es so die Absicht gewesen wäre, ist sie falsch und unchristlich. Denn die Väter sind schuldig, vor allen Dingen ihre Kinder zu versorgen; das ist der höchste Gottesdienst, den sie mit zeitlichem Gut tun können. Wenn aber die Erben nicht in Not noch bedürftig sind, sollten sie diese Stiftung ihrer Väter nicht wiedernehmen, sondern der Gemeindekasse überlassen.

Möchtest du aber hier sagen: Das Loch ist zu weit; dadurch wird die Gemeindekasse wenig kriegen, denn jedermann wird es alles an sich nehmen und sagen, er bedürfe dessen so viel usw. Antwort: Darum habe ich gesagt, daß christliche Liebe hier richten und handeln muß. Mit Gesetzen und Artikeln kann man's nicht erfassen. Ich schreibe auch diesen Rat nur gemäß christlicher Liebe für die Christen. Und man muß sich darauf gefaßt machen, daß hie und da Habgier mit unterlaufen wird. Wie soll man's machen? Es darf deshalb nicht unterbleiben. Dennoch ist's gewiß besser, daß die Habgier zu viel nimmt durch eine ordentliche Regelung, als daß eine Plünderung daraus wird, wie es im Böhmerland[3] geschehen ist. Ein jeglicher prüfe sich selbst, was er zu seiner Notdurft nehmen und was er der Gemeindekasse überlassen will.

Zum dritten: Diese Verfahrensweise gehört sich auch für die Bistümer, Stifte und Kapitel, welche Land und Städte und andere Güter unter sich haben; denn solche Bischöfe und Stifte sind weder Bischöfe noch Stifte. Es sind im wahren Grunde weltliche Herren mit einem geistlichen Namen; darum sollte man sie zu weltlichen Herren machen oder die Güter an die armen Erben und Verwandten und an die Gemeindekasse verteilen. Was aber Pfründen und Lehen sind, die sollte man denjenigen bleiben lassen, die sie jetzt innehaben, und nach ihrem Tod niemandem mehr verleihen, sondern unter die armen Erben und in die Gemeindekasse geben.

Zum vierten: Es bestehen aber die Kloster- und Stiftsgüter zum Teil und von den Pfründen sehr viele in dem Wucher, der sich jetzt in aller Welt Wiederkauf[4] nennt und die ganze Welt binnen kurzen Jahren verschlungen hat. Diese Güter müßte man zuvor von den erbgestifteten Gütern[5] wie den Aussatz absondern. Denn was ich oben geraten habe, will ich von den Stiftungen gesagt haben, die ohne Wiederkauf als rechte, ordentliche Erbgüter gestiftet sind. Die Stiftungen aber, die auf Wiederkauf gestiftet sind, kann man durchaus für Wucher halten. Denn ich habe noch nie einen rechten Zinskauf auf Wiederkauf gesehen oder gehört. Darum müßte man hier zuerst den Wucher wiedergutmachen und einem jeglichen das Seine wiedergeben, ehe man's in die Gemeindekasse kommen ließe, denn Gott spricht: »Ich bin feind dem Opfer, das vom Raube kommt« (Jes.61,8); es sei denn, daß man die nicht finden könnte, die durch den Wiederkauf geschädigt sind; das könnte dann die Gemeindekasse an sich nehmen.

Inwiefern aber der Wiederkauf recht und unrecht ist, ist jetzt zu lang auszuführen. Ich hab's zur Genüge beschrieben im Sermon von dem Wucher[6], aus dem man sich also erkundigen mag, wieviel von solchen Pfründen und Stiften den Zinsmännern[7] wiederzuerstatten sei. Denn ohne Zweifel haben sehr viele Pfründen längst ihr Kapital wieder und hören doch nicht auf, Schweiß und Blut der Zinsmänner zu saugen, so daß dieses Stück eines der notwendigsten ist, in welchem Kaiser, Könige, Fürsten und Herren und jedermann Abhilfe schaffen sollten.

Zum fünften: Aus den Bettelklöstern in den Städten wären gute Schulen für Knaben und Mädchen zu machen, wie sie es vorzeiten gewesen sind. Aus den übrigen Klöstern aber sollte man Wohnhäuser machen, wenn die Stadt deren bedürfte; denn die Weihe durch den Bischof soll daran nicht hindern, weil Gott sich darum nicht kümmert. Doch wenn man diesen meinen Rat christlich in Angriff nehmen würde, so würde sich's selbst ergeben, fügen und lehren, mehr, als man jetzt mit Worten vorschlagen kann. Denn die Einzelfälle würden sich mannigfaltig und eigentümlich ergeben, so daß niemand darüber richtig entscheiden kann außer der christlichen Liebe.

Wenn Gott nun gäbe, daß dieser Rat mit Erfolg vonstatten ginge, so würde man nicht allein eine reiche Gemeindekasse haben für alle Notdurft, sondern es würden drei große Übel abkommen und aufhören: Das erste, die Bettler, durch die den Ländern und den Leuten viel Schaden geschieht an Seele und Gut. Das zweite, der greuliche Mißbrauch mit dem Bann, welcher eigentlich nicht mehr ausrichtet, als daß er die Leute martert um der Güter der Pfaffen und Mönche willen. Wenn nun diese Güter abgetan wären, brauchte man solchen Bann nicht. Das dritte, der leidige Zinskauf, der größte Wucher auf Erden, welcher sich bisher allermeist in bezug auf geistliche Güter gerühmt hat, daß er daselbst recht sei.

Wer aber diesem Rat nicht folgen oder darin seiner Habgier genugtun will, den lasse ich fahren. Ich weiß wohl, daß wenige ihn annehmen werden. Darum ist es mir genug, wenn einer oder zwei mir folgen oder doch gern folgen wollten. Es muß die Welt Welt bleiben und der Satan der Fürst der Welt. Ich habe getan, was ich kann und schuldig bin. Gott helfe uns allen, daß wir recht verfahren und beständig bleiben. Amen.

Von Ordnung Gottesdiensts in der Gemeinde
1523

Im Zusammenhang mit der Einsetzung eines evangelisch gesinnten Pfarrers und der Errichtung einer Gemeindekasse in der Stadt Leisnig (s. o. S. 7 und S. 19) hatte der Rat auch eine Anweisung Luthers für die Neuordnung der Gottesdienste erbeten. Luther erteilt sie in der vorliegenden Schrift, in der er nicht wie in der lateinischen Gottesdienstordnung der Formula missae et communionis (1523. WA 12;205-220) und in der Deutschen Messe (1526, s. u. S. 73) auf den liturgischen Ablauf im einzelnen eingeht. Vielmehr stellt er als entscheidenden Gesichtspunkt heraus, daß es keinen Gottesdienst ohne Verkündigung des Wortes Gottes geben kann und darf. Täglich soll der Morgen- und Abendgottesdienst beibehalten werden, wobei fortlaufend über die Bücher des Alten bzw. des Neuen Testaments gepredigt werden soll. Psalmen, kurze liturgische Gesänge und Gebete gehören dazu, doch sollen die Gottesdienste im allgemeinen nicht länger als etwa eine Stunde dauern. Kann bei diesen Werktagsgottesdiensten nicht mit der Anwesenheit der ganzen Gemeinde gerechnet werden, so ist das anders an den Sonntagen, an denen auch das Abendmahl gereicht wird, während es werktags nur nach Bedarf gehalten werden soll. Zur Messe und zu einer nach reformatorischen Maßstäben geordneten Abendmahlsliturgie äußert sich Luther hier nicht. Dagegen schränkt er die Zahl der Heiligenfeste stark ein mit der Begründung, daß die ihnen zugrunde liegenden Legenden unbrauchbar seien. Wo dies nicht der Fall sei, sollen sie in der Regel auf den Sonntag verlegt werden. Bei alledem kommt es Luther auch darauf an, daß die Gottesdienste für die Gemeinde nicht, wie bisher häufig, zum Überdruß werden. – WA 12;35-37.

Martin Elze

Der Gottesdienst, der jetzt allenthalben im Gang ist, hat eine feine christliche Herkunft, wie auch das Predigtamt. Aber wie das Predigtamt verderbt ist durch die geistlichen Tyrannen, so ist auch der Gottesdienst verderbt durch die Heuchler. Wie wir nun das Predigtamt nicht abtun, sondern wieder in seinen rechten Stand zu bringen begehren, so ist es auch nicht unsere Absicht, den Gottesdienst aufzuheben, sondern ihn wieder recht in Übung zu bringen.

Drei große Mißbräuche sind in den Gottesdienst hineingeraten: Der erste, daß man Gottes Wort zum Schweigen gebracht und es lediglich gelesen und gesungen hat in der Kirche; das ist der schlimmste Mißbrauch. Der zweite: Da Gottes Wort zum Schweigen gebracht worden ist, sind so viele unchristliche Fabeln und Lügen in Legenden, Gesängen und Predigten nebenein gekommen, daß es greulich anzusehen ist. Der dritte: Daß man solche Gottesdienste als ein Werk getan hat, um damit Gottes Gnade und Seligkeit zu erwerben; da ist der Glaube untergegangen, und jedermann hat etwas für Kirchen geben und stiften, Pfaffe, Mönch und Nonne werden wollen.

Um nun diese Mißbräuche abzutun, ist zuerst zu wissen, daß die christliche Gemeinde niemals zusammenkommen soll, wenn nicht daselbst Gottes Wort gepredigt und gebetet wird, sei es auch aufs kürzeste; wie Ps. 102,22 f.: »Wenn die Könige und das Volk zusammenkommt, Gott zu dienen, sollen sie Gottes Namen und Lob verkündigen«; und Paulus 1. Kor. 14,31 spricht, daß in der Gemeinde soll geweissagt, gelehrt und ermahnt werden. Darum, wenn nicht Gottes Wort gepredigt wird, ist's besser, daß man weder singe noch lese noch zusammenkomme.

So ist's aber zugegangen unter den Christen zur Zeit der Apostel und sollte auch noch so zugehen, daß man täglich des Morgens eine Stunde, früh um vier oder fünf, zusammenkäme und daselbst lesen ließe, seien es Schüler oder Priester oder wer es sei, gleichwie man jetzt noch die Lektion in der Mette liest. Das sollen einer oder zwei tun oder einer um den anderen oder ein Chor um den anderen, wie sich das am besten ergibt.

Danach soll der Prediger, oder wem es aufgetragen ist, vortreten und dieselbe Lektion ein Stück weit auslegen, daß es die anderen alle verstehen, lernen und ermahnt werden. Das erste Werk nennt Paulus 1.Kor.14,26 mit Zungen reden, das andere auslegen oder weissagen und mit dem Sinn oder Verstand reden. Und wenn dies nicht geschieht, so ist die Gemeinde durch die Lektion in nichts gebessert, wie bisher in Klöstern und Stiften geschehen ist, wo sie nur die Wände angeblökt haben.

Diese Lektion soll aber aus dem Alten Testament sein, nämlich so, daß man sich ein Buch vornehme und ein oder zwei Kapitel oder ein halbes lese, bis es zu Ende ist; danach ein anderes vornehme und so weiter, bis die ganze Bibel zu Ende gelesen ist. Und wenn man sie nicht versteht, soll man darüber hinweggehen und Gott die Ehre geben. So sollen durch tägliche Beschäftigung mit der Schrift die Christen in der Schrift verständig, bewandert und kundig werden; denn dadurch entstanden vorzeiten sehr feine Christen, Jungfrauen und Märtyrer, und sollten wohl auch noch entstehen.

Wenn nun die Lektion und die Auslegung eine halbe Stunde oder länger gedauert haben, soll man danach miteinander Gott danken, loben und bitten um Frucht des Wortes usw. Dazu soll man Psalmen, etliche gute Responsorien[1], Antiphonen[2] verwenden – kurz, derart, daß es alles in einer Stunde ausgerichtet werde, oder wie lange sie wollen. Denn man darf die Seelen nicht überhäufen, damit sie nicht müde und überdrüssig werden, wie sie sich bisher in Klöstern und Stiften mit Eselsarbeit beladen hatten.

Desselbengleichen soll man am Abend um sechs oder

fünf wieder ebenso zusammenkommen. Und hier sollte abermals aus dem Alten Testament ein Buch nach dem anderen vorgenommen werden, nämlich die Propheten, so wie am Morgen Mose und die Geschichtsbücher. Aber weil nun das Neue Testament auch ein Buch ist, lasse ich das Alte Testament dem Morgen und das Neue dem Abend oder umgekehrt und ebenso lesen, auslegen, loben, singen und beten wie am Morgen, auch eine Stunde lang. Denn es ist alles um Gottes Wort zu tun, daß es in Übung bleibe und die Seelen wieder aufrichte und erquicke, daß sie nicht müde werden.

Will man nun eine solche Versammlung am Tag noch einmal nach dem Essen halten, so soll das in freiem Ermessen stehen.

Auch wenn bei solchem täglichen Gottesdienst vielleicht nicht die ganze Gemeinde anwesend sein kann, sollen doch die Priester und Schüler und vor allem diejenigen, von denen man hofft, daß gute Prediger und Seelsorger aus ihnen werden, solches tun, und man soll sie ermahnen, es freiwillig, nicht aus Zwang oder mit Unlust, nicht um zeitlichen und ewigen Lohn zu tun, sondern allein Gott zur Ehre und den Nächsten zum Nutzen.

Sonntags aber soll eine solche Versammlung für die ganze Gemeinde stattfinden, über das tägliche Versammeln des kleineren Haufens hinaus, und daselbst sollen, wie bisher geschehen, Messe und Vesper gehalten werden, so daß man zu beiden Zeiten der ganzen Gemeinde predige, morgens das übliche Evangelium, abends die Epistel; oder es stehe bei dem Priester, ob er sich ein Buch oder zwei vornehme, wie es ihm das Nützlichste zu sein dünkt. Will nun jemand danach das Sakrament empfangen, dem lasse man es geben, so wie man das alles miteinander entsprechend der Zeit und der Person ausrichten kann.

Die täglichen Messen sollen auf jeden Fall abgetan sein, weil am Wort und nicht an der Messe gelegen ist. Doch wenn etliche außer am Sonntag das Sakrament begehren, so halte man Messe, wie es die Andacht und die Zeit ergibt; denn hier kann man kein Gesetz noch Maß aufstellen.

Die Gesänge in den Sonntagsmessen und -vespern lasse man bestehen bleiben, denn sie sind sehr gut und aus der Schrift entnommen; doch kann man sie verringern oder vermehren. Aber die Gesänge und die Psalmen täglich morgens und abends festzulegen, soll des Pfarrers und Predigers Amt sein, daß sie für jeglichen Morgen einen Psalm, ein schönes Responsorium oder eine Antiphon mit einem Kollektengebet bestimmen, und abends ebenso, die nach der Lektion und Auslegung vernehmlich zu lesen und zu singen sind. Aber die Antiphonen und Responsorien und Kollektengebete, die sich auf Legenden von den Heiligen und vom Kreuz beziehen, lasse man noch eine Zeitlang ruhen, bis sie gereinigt werden; denn es ist greulich viel Unflat darin.

Alle Heiligenfeste sollten abgetan werden oder, wenn es eine gute christliche Legende dafür gibt, sollte sie am Sonntag nach dem Evangelium als Beispiel mit eingeführt werden. Doch das Fest Mariä Reinigung[3], Mariä Verkündigung[4] würde ich bestehen lassen; Mariä Himmelfahrt[5] und Mariä Geburt[6] muß man noch eine Zeitlang bestehen lassen, obwohl der Gesang[7] dabei nicht rein ist. Das Fest Johannes des Täufers[8] ist auch rein. Von den Legenden der Apostel ist keine rein außer der von St. Paulus; darum kann man sie auf die Sonntage verlegen oder, wenn es beliebt, gesondert feiern.

Anderes mehr wird sich mit der Zeit von selbst ergeben, wenn es sich machen läßt. Aber die summa soll sein, daß gewiß alles geschehe, damit das Wort recht in Übung kommt und nicht wieder ein Plärren und Lärmen daraus werde, wie es bisher gewesen ist. Es ist alles besser unterlassen als das Wort, und es ist nichts besser getrieben als das Wort. Denn daß dieses unter den Christen in rechter

Übung sein sollte, zeigt die ganze Schrift an, und Christus sagt auch selber Luk. 10,42: »Eins ist vonnöten«, nämlich daß Maria zu Christi Füßen sitze und höre sein Wort täglich; das ist das beste Teil, das zu erwählen ist und nimmer weggenommen wird. Es ist ein ewiges Wort; das andere muß alles vergehen, wieviel es auch der Martha zu schaffen gibt. Dazu helfe uns Gott. Amen.

Ein Sendbrief
und Verantwortung etlicher Artikel, an eine christliche Gemeinde der Stadt Esslingen
1523

Schon frühzeitig hatte in der schwäbischen Reichsstadt Esslingen die Reformation Fuß gefaßt. Luthers Ordensbruder, der Augustiner-Eremit Michael Stiefel, hatte dort bereits 1522 im reformatorischen Sinne gepredigt, mußte dann aber die Stadt verlassen und wurde von Luther zum Grafen Albert von Mansfeld als Prediger geschickt. Ein anderer Augustiner, Johannes Lonicerus, setzte Stiefels Werk fort und verfaßte eine Streitschrift, die Catechesis de bona Dei voluntate, gegen den Stadtpfarrer Balthasar Sattler, den Hauptvertreter der altgläubigen Partei in Esslingen. Offenbar zur Osterbeichte 1523 hatte dieser sechs Artikel gegen die Reformer verfaßt, die alsbald von Esslinger Bürgern an Michael Stiefel gesandt wurden, mit der Bitte um Antwort (Verantwortung) durch Luther selbst. Wann Luther diese Thesen bekannt wurden, läßt sich nicht sagen, frühestens jedoch im Sommer 1523. Im Oktober antwortete der Reformator, offenbar handschriftlich, auch wenn sein Sendbrief deutlich für die Öffentlichkeit bestimmt war. Erst von Esslingen aus ist die Drucklegung erfolgt. Die Forderung nach evangelischer Predigt wurde seitdem immer wieder dem Rat vorgetragen, aber erst im Herbst 1531 setzte sich die Reformation in Esslingen endgültig durch.

Luthers Sendbrief ist in seiner Kürze eine prägnante Zusammenfassung seiner Theologie und zugleich ein vortreffliches Zeugnis für seine seelsorgerliche Zuwendung sowohl gegenüber den für die Reformation gewonnenen Esslinger Bürgern als auch gegenüber den Altgläubigen, denen er für damalige Verhältnisse durchaus moderat begegnet. – WA 12;154-159.

Gerhard Ruhbach

Meinen lieben Herren und Freunden in Christus, allen christlichen Bürgern zu Esslingen.

Gnade und Friede von Gott, unserem Vater, und unserem Herrn Jesus Christus. Es sind mir etliche Thesen[1] durch Michael Stiefel zugeschickt, die Euer Pfarrer und seine Nebenprediger aufgestellt haben sollen. Nämlich erstens, daß sie hinfort gnädig alle absolvieren wollen, die der lutherschen Lehre absagen, obwohl sie diese, als vom Papst und Kaiser verdammt, von Rechts wegen abweisen müßten. Zweitens: Sie wollen diejenigen abweisen und nicht absolvieren, die gegen Brauch und Übung der römischen Kirche Fleisch oder Eier äßen, wenn sie dies öffentlich und ohne überzeugenden Grund täten. Drittens: Sie wollen die Leute anhalten, all ihre Sünden, deren sie sich bewußt sind, vor dem Priester zu beichten, weil auch Luther selbst die Beichte lobt und preist. Viertens: Sie wollen sich bei den Fällen und Sünden, die Papst und Bischöfen vorbehalten sind, wie bisher verhalten. Fünftens: Weil gute Gewohnheit ebensoviel wie Recht und Gesetz gilt, wollen sie die Leute anhalten, zweimal in der Fastenzeit zu beichten. Sechstens: Sie wollen die nicht absolvieren, die nicht Buße leisten, sondern geltend machen, Christus habe für sie alle genug getan.

Eigentlich ist es nicht nötig, meine Liebsten, auf solch armselige, leichtfertige Thesen zu antworten, zumal ich nicht daran zweifle, daß es viele bei Euch gibt, die deutlich sehen, welche Blindheit und Torheit in ihnen liegt. Und wer nicht fester am Evangelium hält, als daß er von solchen Thesen bewegt wird – ich weiß nicht, was es ihm hülfe, wenn ich hundertmal dagegen schriebe, zumal ich in so vielen Büchern so viele Male alle diese Menschenträume und Narrenpossen mit eindringlichen Schriften widerlegt und genügend geschwächt habe. Doch weil es so herzlich von mir begehrt wird, will ich Eurer Liebe aufs kürzeste, so weit ich Muße habe, darüber schreiben.

Zunächst, wir haben so gepredigt, gelehrt und geschrieben: daß all unser Tun nichts vor Gott gilt und daß wir an allen Werken und all unserem Vermögen verzweifeln müssen; sondern allein durch Christi Blut und Verdienst können wir von Sünden erlöst und selig werden, wie St. Paulus spricht Röm. 3,23 f.: »Sie sind allzumal Sünder und haben nichts, dessen sie sich vor Gott rühmen könnten, werden aber ohne Verdienst gerechtfertigt aus seiner Gnade, durch die Erlösung, die durch Christus geschehen ist, den Gott hat vorgestellt zum Gnadenstuhl durch den Glauben in seinem Blut« usw.

Da sehen wir, daß nicht unser Werk – wir alle sind Sünder und können nichts als sündigen –, sondern Christi Blut uns erlöst, wenn wir das glauben. Denn ich kann gewiß Christi Blut und Erlösung nicht mit Werken verdienen. Wozu wäre sonst der Glaube notwendig, der allein solche Erlösung erfaßt und erwirbt und festhält? Und wenn unsere Werke so viel vermöchten, daß sie einer einzigen Sünde Erlösung und Vergebung erwürben, so könnten sie auch zweier, dreier, zehner, ja zuletzt aller Sünden Vergebung erlangen. Können sie aber nicht aller Sünden Vergebung verdienen, so können sie auch nicht von einer Sünde erlösen. Nun steht aber hier ein klarer Text, daß ohne Verdienst und frei umsonst die Sünden vergeben werden durch Christi Blut, mit dem er uns erlöst hat. So muß nun entweder wahr sein, daß wir nicht eine Sünde mit unserem Tun tilgen und Gnade erlangen können; oder könnten wir eine Sünde tilgen, so können wir sie auch alle tilgen. Wenn wir aber Sünde mit Werken tilgen und Gnade erlangen können, dann ist Christi Blut unnötig und grundlos vergossen, dann ist falsch, was St. Paulus sagt: Es werden die Sünden ohne Verdienst, frei aus Gnaden durch Christi Blut jedermann vergeben, der das glaubt.

Das ist das Hauptstück und das Fundament christlicher Lehre, daß wir nicht durch unsere Werke Sünde abbüßen oder tilgen können, sondern wir glauben, daß Christus mit seinem Blut das getan habe und daß dieser Glaube ohne alle Werke alle Sünde tilge. Aus diesem einzigen Hauptstück seht Ihr, daß Eures blinden Pfarrers Thesen alle zusammen unchristlich sind und wider das teure Blut Christi schändlich lästern, wie auch Papst, Bischof, Kaiser und Fürsten, die solche Lehre verdammen und verfolgen, die so offenkundig von St. Paulus dargelegt ist. So verhält sich nun Euer Pfarrer wie ein Wolf und nicht wie ein Seelsorger, wenn er in der sechsten These Bußleistungen für die Sünde fordert, gerade als könnten unsere Werke eine einzige Sünde sühnen, was doch ein so großes Amt ist, das niemand im Himmel und auf Erden vollbringen konnte als Gottes Sohn selbst, allein durch sein eigenes Blut, wie es Hebr. 1,3 steht: »Er hat durch sich selbst der Sünden Reinigung erwirkt.« Wer nun dieser These des Pfarrers folgen will, der muß Christus und sein Blut verleugnen und eine Abgötterei aufrichten, wie es der Pfarrer mit seinen Anhängern tut.

So ist die erste These auch eine Verdammung des Blutes Christi. Denn der Luther ist wegen nichts anderem verdammt, als weil er lehrt, Christi Blut sei durch den Glauben zur Vergebung der Sünde allein nütze und notwendig. Das ist gegen den Papst und all seine Gesetze, der lehrt, es durch eigene Werke auszurichten. Darum stehen Christi Lehre und des Papstes Lehre widereinander wie Tag und Nacht, wie Tod und Leben. Wer nun dieser These folgt, der ist vor Gott verdammt; wer ihr nicht folgt, der ist mit Christus und seiner Lehre vor der Welt von Papst und Kaiser verdammt.

Die zweite These ist töricht und unsinnig, da sie die Meinung vertritt, daß solcher Gehorsam und das Vermeiden von Fleischessen ein gutes Werk sein und Sünde abbüßen könne. Denn wie gesagt: Es tut's weder Essen noch Trinken, weder Hunger noch Durst, sondern das Blut Christi alleine. Ist dem nun also, daß solcher Gehorsam die Sünde nicht tilgt, so kann auch der Ungehorsam keine Sünde sein. Denn wo Gehorsam unnötig und unnütz ist, da ist auch Ungehorsam ohne Schaden und Gefahr. Darum ist es vor Gott keine Sünde, Fleisch oder Fisch zu essen an dem Tag, an dem ich will, wie St. Paulus lehrt Röm.14,17 und 1.Kor.8,8: »Essen und Trinken bringt uns nichts vor Gott.« Ebenso: »Gottes Reich ist nicht Essen und Trinken, sondern Liebe, Friede und Freude.« Wer nun durch diese These sein Gewissen binden läßt, der verleugnet abermals Christus und sein Blut und ist ein Heide.

Sodann haben wir als zweites Hauptstück gelehrt, christliches Leben sei die Liebe zum Nächsten, so daß wir hinfort kein Gesetz haben noch jemandem etwas anderes schuldig sind als Lieben, Röm.13,8; auf daß wir ebenso unserm Nächsten Gutes tun, wie uns Christus durch sein Blut getan hat. Deshalb sind alle Gesetze, Werke und Gebote, die von uns gefordert werden, um Gott damit zu dienen, daß wir Sünde abbüßen, nicht aus Gott, und wer sie hält – als da sind Fasten, Feiern, Beichten, Wallfahrten, Stiftungen usw. –, der verleugnet Christus. Doch die Gesetze, Werke und Gebote, die von uns dem Nächsten zu Dienst gefordert werden, die sind gut, die sollen wir tun, wie der weltlichen Gewalt in ihrem Regiment gehorchen, folgen und dienen, die Hungrigen speisen, den Bedürftigen helfen usw.

Daraus folgt: Weil Beichten ein Werk ist, das nicht auf den Nächsten gerichtet ist, und weil ihm damit nicht gedient wird, ist es in keiner Weise geboten oder notwendig zu halten. Und wer es so tut, als sei es notwendig und als müsse er es vor Gott tun, der verleugnet abermals Christus. Denn es kann durchaus kein Werk notwendig bleiben gegen die Sünde, weil allein Christi Blut die Sünde tilgt.

Darum ist die dritte, vierte und fünfte These des Pfarrers unchristlich und frevelhaft aufgesetzt, die Gewissen zu binden und Christi Blut mit Füßen zu treten, nur damit ihm der Beichtpfennig nicht entgehe.

Wahr ist, daß ich gesagt habe, Beichten sei ein gutes Ding. Ebenso wehre ich nicht dem Fasten, Wallfahrten, Fischessen, Feiern usw. Aber doch so, daß dies frei geschehe und niemand es so tue, als müsse er es tun um des Gewissens willen und weil er sonst die Gefahr einer Todsünde liefe, wie der Papst mit seinen Blindenführern tobt. Das Gewissen wollen und sollen wir frei haben in allen Werken, die nicht dem Glauben oder der Liebe zum Nächsten dienen. Beichte nur getrost, faste fröhlich, wenn du willst, aber denke nicht, es müsse sein und du tuest Sünde, wenn du es läßt, oder du könntest vor Gott damit deine Sünde sühnen. Denn mit solcher Meinung fällst du vom Glauben und bist nimmermehr ein Christ.

Weil es nun viele schwache Gewissen gibt, die in den Papstgesetzen gefangen liegen, so ist es wohlgetan, wenn du kein Fleisch ißt usw. Denn dies Kein-Fleisch-Essen wird dann ein Werk der Liebe, weil du damit deinem Nächsten dienst, um seiner Lebensweise zu folgen und sein Gewissen zu schonen. Wenn aber dein Nächster sich daran nicht stößt oder nicht sieht, daß du Fleisch ißt, dann darfst du Fleisch essen ohne Rücksicht auf den Papst. Denn hier zielt das Werk nicht mehr auf die Liebe und auf Dienst am Nächsten, darum brauchst du es nicht zu halten, es gelüste dich denn, es aus freiem Willen zu tun.

Solche Ordnung der Werke in der Liebe sind wir schuldig, aber die Werke um ihrer selbst willen sind wir nicht schuldig. Wo aber freche Treiber und nicht schwache Gewissen auftreten und eine Notwendigkeit oder ein Gesetz daraus machen wollen, da soll und muß man ihnen zum Trotz das Gegenteil tun, auf daß nicht den Werken, sondern allein dem Blut Christi die Ehre bleibe, Sünde zu tilgen und fromm zu machen.

Dies habe ich, meine Allerliebsten, in Eile auf die unverständigen Thesen Eures Seelentyrannen um der schwachen Gewissen willen antworten wollen. Weitere Gründe und Erklärungen mögt Ihr in meinen Büchlein von der christlichen Freiheit[2], von den guten Werken[3], von den Klostergelübden[4], von Menschenlehre zu meiden[5] usw. nachlesen. Obwohl ich wollte, daß jedermann St. Paulus läse und hörte, der das alles in seinen Briefen so reichlich lehrt, so daß meine oder anderer Leute Bücher nicht nötig wären.[6] Gott aber verleihe Euch rechtschaffene und evangelische Lehre und daß sein Wort bei Euch Frucht bringe zu Lob und Ehre der unaussprechlichen Gnade Gottes durch Jesus Christus, unseren Herrn. Amen. Betet für mich, meine Liebsten. Gegeben zu Wittenberg am Sonntag nach Dionysius[7], 1523.

Martinus Luther

An die Ratsherrn aller Städte deutschen Landes, daß sie christliche Schulen aufrichten und halten sollen

1524

Seit 1522 war es in Deutschland zu einem rapiden Verfall sowohl der Universitäten als auch der Lateinschulen gekommen. Ursache war einmal die Aufhebung vieler Klöster und Stifte und der Einzug der geistlichen Pfründen, aber auch das Wirken radikaler, »schwärmerischer« Prediger auf evangelischer Seite, wie Karlstadt, die das gelehrte Studium in dem neuen Zeitalter des göttlichen Geistes für überflüssig erklärten, schließlich gewiß auch Luthers Kritik am Lehrbetrieb und an den Lehrinhalten der mittelalterlichen Schule. Demgegenüber sieht Luther im Zusammentreffen der reformatorischen Einsicht mit dem wissenschaftlichen Impuls des Humanismus eine große, von Gott gegebene Möglichkeit sowohl für die Kirche als auch für die Neuordnung des politischen und kulturellen Lebens. Zwar ist diese Zusammenschau bald durch das humanistische Interesse an der geistigen Welt der Antike als solcher überlagert, später auch durch die pietistische Pädagogik des 18. Jahrhunderts zu religiöser Ängstlichkeit und Enge pervertiert worden. Dennoch haben Luthers Eintreten für eine allgemeine Schulbildung ebenso wie für eine besondere Pflege der hohen Begabungen, seine Betonung der klassischen Sprachen sowie des Geschichtsunterrichts wegweisend gewirkt. Die Belebung des akademischen Studiums und die neue Blüte der höheren Schule (ab 1530) gehen u. a. auf diese Schrift zurück, ebenso wie die allgemeine Schulpflicht durch sie mit vorbereitet worden ist. Im übrigen dürfte sie für die Frage des Verhältnisses von christlichem Glauben und Bildung unverminderte Aktualität besitzen. – WA 15;27-53.

Dietz Lange

AN DIE BÜRGERMEISTER UND RATSHERREN ALLER STÄDTE IN DEUTSCHEN LANDEN

MARTINUS LUTHER

Gnade und Friede von Gott, unserem Vater, und dem Herrn Jesus Christus.

Verständige, weise, liebe Herren! Zwar hätte ich, nun fast drei Jahre in Acht und Bann getan, schweigen sollen, wenn ich Menschengebot mehr als Gott gefürchtet hätte, wie denn auch viele in deutschen Landen, Große wie Kleine, mein Reden und Schreiben aus diesem Grunde noch immer verfolgen und viel Blut deswegen vergießen. Aber nun hat Gott mir den Mund aufgetan und mich zu reden geheißen, steht mir überdies so mächtig bei und macht meine Sache ohne meinen Rat und Tat um so stärker und breitet sie um so weiter aus, je mehr sie toben, und stellt sich, als lache und spotte er über ihr Toben, wie der zweite Psalm sagt (Ps.2,4). Daran allein mag merken, wer nicht verstockt ist, daß diese Sache Gottes eigene sein muß, zumal sich die Art göttlichen Wortes und Werkes hier zeigt, welches allezeit dann am meisten zunimmt, wenn man's am heftigsten verfolgt und unterdrücken will.

Darum will ich reden, wie Jesaja sagt, und nicht schweigen (62,1), solange ich lebe, bis Christi Gerechtigkeit hereinbricht wie ein Strahl und seine heilsame Gnade wie eine Lampe angezündet wird, und bitte nun Euch, alle meine lieben Herren und Freunde, Ihr möget diese meine Schrift und Ermahnung freundlich annehmen und beherzigen. Denn ich sei auch für mich selber, wie ich sei, so kann ich doch vor Gott mit reinem Gewissen rühmen, daß ich dabei nicht das Meine suche, was ich viel besser mit Stillschweigen erreichen könnte. Ich meine es vielmehr von Herzen ehrlich mit Euch und dem ganzen deutschen Land, in das mich Gott gesandt hat – es glaube oder glaube nicht, wer da will. Ich will Eurem Wohlwollen offen und zuversichtlich zugesagt und angesagt haben, daß Ihr, wenn Ihr mir hierin gehorcht, ohne Zweifel nicht mir, sondern Christus gehorcht. Und wer mir nicht gehorcht, verachtet nicht mich, sondern Christus (Luk. 10,16). Ich weiß jedenfalls genau und bin dessen gewiß, was und mit welcher Absicht ich auch rede oder lehre, das wird doch jedermann gewiß selbst spüren, wenn er meine Lehre recht bedenken will.

Zum ersten erleben wir jetzt durchweg in deutschen Landen, wie man allenthalben die Schulen untergehen läßt. Die hohen Schulen siechen dahin, Klöster kommen herunter; dieses Gras wird verdorren, und die Blume fällt dahin, wie Jesaja sagt (40,6 ff.), weil der Geist Gottes durch sein Wort hineinweht und so heiß darauf scheint durch das Evangelium. Denn jetzt wird durch das Wort Gottes kund, daß solches Treiben unchristlich und nur auf den Bauch gerichtet ist. Ja, weil die fleischlich gesinnte Menge einsieht, daß sie ihre Söhne, Töchter und Freunde nicht mehr in Klöster oder Stifte stecken sollen oder können, aus Haus und Besitz ausweisen und auf fremde Güter setzen, will niemand mehr Kinder lernen und studieren lassen. Ja, sagen sie, was soll man die lernen lassen, die nicht Pfaffen, Mönche und Nonnen werden sollen? Man lasse sie lieber lernen, womit sie sich ernähren können.[1]

Was aber solche Leute für Absichten, was sie im Sinn haben, bezeugt zur Genüge ihr eigenes Geständnis. Denn hätten sie nicht allein den Bauch und zeitliche Nahrung für ihre Kinder gesucht in Klöstern und Stiften oder im geistlichen Stand, und wäre es ihr Ernst gewesen, der Kinder Heil und Seligkeit zu suchen, so würden sie nicht so die Hände sinken lassen und in Gleichgültigkeit verfallen und sagen: Soll der geistliche Stand nichts sein, so wollen wir auch das Lernen hintansetzen und nichts dazu tun. Sondern sie würden so sagen: Ist's wahr, wie das Evangelium lehrt, daß dieser Stand für unsere Kinder gefährlich ist, ach Lieber, so lehrt uns doch eine andere Weise, Gott gefällig und unseren Kindern zum Segen zu sein. Denn wir möchten doch gerne unseren lieben Kindern nicht allein den Bauch, sondern auch die Seele versorgen. Freilich, das werden rechte, christliche, treue Eltern über diese Dinge reden.

Daß aber der böse Teufel sich so zu der Sache verhält und den fleischlichen Weltherzen eingibt, die Kinder und das junge Volk so zu vernachlässigen, ist kein Wunder, und wer will's ihm verdenken? Er ist ein Fürst und Gott der Welt. Daß er nun daran Gefallen haben sollte, daß ihm seine Nester, die Klöster und geistlichen Zusammenrottungen, zerstört werden durchs Evangelium, in denen er hauptsächlich das junge Volk verdirbt, an dem ihm gar viel, ja ganz und gar gelegen ist: Wie ist's möglich? Wie sollte er das zugestehen oder veranlassen, daß man junges Volk recht aufziehe? Er wäre doch ein Narr, wenn er in seinem Reich das einrichten ließe und noch dabei hülfe, wodurch es aufs allerschnellste zugrunde gehen müßte, wie es denn geschähe, wenn er den leckeren Bissen, die liebe Jugend, verlöre und dulden müßte, daß sie auf seine Kosten unterhalten würde zu Gottes Dienst.

Darum hat er sehr klug gehandelt zu der Zeit, da die Christen ihre Kinder christlich aufzogen und unterrichten ließen. Der junge Haufen drohte ihm gar zu sehr zu entlaufen und in seinem Reich etwas Unerträgliches zu schaffen. Da griff er ein, legte seine Netze aus und richtete Klöster, Schulen und Stände ein, so daß es nicht möglich war, daß ihm ein Knabe entlaufen wäre ohne ein besonderes Wunder Gottes. Jetzt aber, da er sieht, daß diese Fallstricke durchs Gotteswort verraten werden, rückt er auf die andere Seite und will nun gar nichts lernen lassen. Richtig und klug handelt er abermals für die Erhaltung seines Reiches, damit ihm der junge Haufen nur ja bleibe. Wenn er diesen hat, so wächst er unter ihm auf und bleibt sein; wer will ihm etwas nehmen? Er behält die Welt dann gänzlich ungestört im Besitz. Denn wenn ihm ein Verlust entstehen soll, der ihn wirklich schmerzt, muß er ihm durch das junge Volk entstehen, das in Gotteskenntnis aufwächst und Gottes Wort ausbreitet und andere lehrt.

Niemand, niemand glaubt, was für ein gefährliches, teuflisches Vorhaben das ist; es geht auch so still vonstatten, daß es niemand merkt, und es wird den Schaden angerichtet haben, ehe man raten, wehren und helfen kann. Man fürchtet sich vor Türken und Kriegen und Hochwasser, denn da versteht man, was Schaden und Nutzen ist. Aber was hier der Teufel im Sinn hat, sieht niemand, fürchtet auch niemand; es kommt still herein. Dabei, wenn man einen Gulden gibt, um gegen die Türken zu kämpfen, wäre es doch hier, selbst wenn sie uns im Nacken säßen, nur recht und billig, daß hundert Gulden gegeben würden, und wenn man auch nur einen Knaben damit erziehen könnte, damit er ein rechter Christenmann würde. Denn ein rechter Christenmensch ist besser und vermag mehr Nutzen zu bringen als alle Menschen auf Erden.

Deshalb bitte ich Euch alle, meine lieben Herren und Freunde, um Gottes willen und um der armen Jugend willen, Ihr möget diese Sache nicht so gering schätzen, wie es viele tun, die nicht erkennen, was der Fürst der Welt sich denkt. Denn es ist eine ernste, große Sache, an der Christus und aller Welt viel liegt, daß wir dem jungen Volk helfen und raten. Damit ist dann auch uns allen geholfen und Rat geworden. Bedenkt, daß solcher stillen, heimlichen, tückischen Anfechtung des Teufels mit großem christlichem Ernst gewehrt werden muß. Liebe Herren, man muß jährlich so viel aufwenden für Kanonen, Wege, Stege, Dämme und unzählige solche Dinge mehr, wodurch eine Stadt zeitlichen Frieden und Ruhe haben soll. Warum sollte man nicht viel mehr aufwenden für die bedürftige, arme Jugend, jedenfalls aber so viel, daß man einen geeigneten Mann oder zwei als Schulmeister unterhielte?

Außerdem soll jeder Bürger selbst sich dies durch den Kopf gehen lassen: Bisher hatte er so viel Geld und Gut an den Ablaß, Messen, Vigilien[2], Stiftungen, Testamente, Anniversarien[3], Bettelmönche, Bruderschaften, Wallfahrten, und was des Schwindels mehr ist, verlieren müssen. Von jetzt an ist er aber durch Gottes Gnade von solchem Rauben und Geben frei; da möge er doch, Gott zum Dank und zur Ehre, hinfort einen Teil davon an die Schule geben, die armen Kinder zu erziehen. Das ist so ungemein gut angelegt; hätte er doch für alle Zeit wohl zehnmal soviel und noch mehr den eben genannten Räubern umsonst geben müssen, wenn dieses Licht des Evangeliums nicht gekommen wäre und ihn davon erlöst hätte. Er möge doch erkennen, wo man sich wehrt, Schwierigkeiten macht[4], sich sperrt und zerrt, daß da gewiß der Teufel ist, der sich nicht so sperrt, wenn man's für Klöster und Messen gibt, vielmehr es haufenweise dort eintreibt. Denn er fühlt, daß dieses Werk nicht seine Sache ist. So laßt nun dies den ersten Grund sein, all ihr lieben Herren und Freunde, der Euch dazu bewegen soll, daß wir hierin dem Teufel widerstehen als dem allergefährlichsten, heimlichen Feinde.

Der zweite Beweggrund ist, daß wir, wie St. Paulus 2.Kor.6,1 f. sagt, die Gnade Gottes nicht vergeblich empfangen und die Heilszeit nicht versäumen. Denn Gott der Allmächtige hat fürwahr uns Deutsche jetzt gnädig besucht und ein wahres güldenes Jahr[5] eingerichtet. Da haben wir jetzt die besten, gelehrtesten jungen Leute und Männer, Zierden der Sprachen und aller Wissenschaften, die so gut Nutzen stiften könnten, wenn man sich ihrer bedienen würde, um das junge Volk zu lehren. Steht es uns nicht vor Augen, daß man jetzt einen Knaben in drei Jahren so weit vorbilden kann, daß er in seinem fünfzehnten oder achtzehnten Jahr mehr kann, als bisher alle hohen

Schulen und Klöster gekonnt haben? Wahrlich, was hat man denn gelernt in hohen Schulen und Klöstern, als nur ein Esel, ein Klotz und ein Block zu werden? Zwanzig, vierzig Jahre lang hat einer gelernt und hat doch weder Lateinisch noch Deutsch beherrscht. Ich schweige über das schändliche, lästerliche Leben, durch das die kostbare Jugend so jammervoll verdorben worden ist.

Wahr ist's: Lieber als daß hohe Schulen und Klöster so blieben, wie sie bisher gewesen sind, so daß keine andere Weise zu lehren und zu leben für die Jugend in Brauch wäre, lieber wollte ich, daß ein Knabe überhaupt nie etwas lernte und daß er stumm wäre. Denn es ist mein ernstes Anliegen, Bitten und Begehren, daß diese Eselsställe und Teufelsschulen entweder in den Abgrund versinken oder in christliche Schulen verwandelt werden. Jetzt aber, da uns Gott so reich begnadet und uns solche Leute in Menge gegeben hat, die das junge Volk recht lehren und erziehen können, ist es wahrlich notwendig, daß wir die Gnade Gottes nicht in den Wind schlagen und ihn nicht umsonst anklopfen lassen. Er steht vor der Tür; wohl uns, wenn wir ihm öffnen. Er begrüßt uns; selig, wer ihm antwortet. Übersehen wir's, so daß er vorübergeht, wer wird ihn zurückholen?

Laßt uns unseren früheren jammervollen Zustand bedenken und die Finsternis, in der wir gewesen sind. Ich meine, daß Deutschland noch nie so viel von Gottes Wort gehört hat wie jetzt. Man spürt jedenfalls in der Geschichte nichts davon. Lassen wir's nun einfach fortgehen ohne Dank und Ehre, so ist zu befürchten, daß wir noch greulichere Finsternis und Plagen erleiden werden. Liebe Deutsche, kauft, solange der Markt vor der Tür ist, sammelt ein, solange die Sonne scheint und gutes Wetter ist, macht Gebrauch von Gottes Gnade und Wort, solange es da ist. Denn das sollt ihr wissen: Gottes Wort und Gnade ist ein fahrender Platzregen, der nicht wiederkommt, wo er einmal gewesen ist. Er ist bei den Juden gewesen – aber hin ist hin: Sie haben nun nichts. Paulus brachte ihn nach Griechenland. Hin ist auch hin: Nun haben sie den Türken. Rom und das lateinische Land hat ihn auch gehabt – hin ist hin: Sie haben nun den Papst. Und ihr Deutschen braucht nicht zu denken, daß ihr ihn ewig haben werdet, denn der Undank und die Verachtung wird ihn nicht bleiben lassen. Darum greife zu und halte fest, wer greifen und halten kann! Faule Hände werden eine schlechte Ernte haben.

Der dritte Beweggrund ist sicher der allerwichtigste, nämlich das Gebot Gottes, der durch Mose so oft drängt und fordert, die Eltern sollen die Kinder lehren. Das sagt auch der 78. Psalm: »Wie hat er so eindringlich unseren Vätern geboten, die Kinder zu unterrichten und die Kindeskinder zu lehren!« (v.5 f.) Und das belegt auch das vierte Gebot Gottes, wo er den Gehorsam gegen die Eltern den Kindern als so vordringlich gebietet, daß man sogar durch Gerichtsurteil ungehorsame Kinder töten solle. Und warum leben wir Alten anders, als daß wir auf das junge Volk achthaben, es lehren und erziehen? Es ist jedenfalls nicht möglich, daß das törichte Volk selbst sich lehrt und sich recht verhält. Darum hat Gott sie uns anvertraut, die wir alt sind und aus Erfahrung wissen, was gut für sie ist, und er wird von uns sehr schwere Rechenschaft für sie fordern. Darum befiehlt Mose und spricht: »Frage deinen Vater, der wird dir's sagen, und die Alten, die werden dir's zeigen.« (5.Mose 32,7)

Es ist freilich eine Sünde und Schande, daß es mit uns so weit gekommen ist, daß wir erst anspornen und uns anspornen lassen müssen, unsere Kinder und unser junges Volk zu erziehen und ihr Bestes zu bedenken, während doch die Natur selbst uns dazu treiben und auch das Beispiel der Heiden es uns vielfältig zeigen sollte. Es gibt kein unvernünftiges Tier, das nicht für seine Jungen sorgt und sie lehrt, was ihnen gebührt, außer dem Strauß, von dem Gott sagt, Hiob 39,14.16, daß er gegen seine Jungen so hart ist, als wären sie nicht sein, und seine Eier auf der Erde liegen läßt. Was hülfe es, daß wir sonst alles hätten und täten und wie reine Heilige wären, wenn wir das unterlassen, wofür wir hauptsächlich leben, nämlich uns des jungen Volkes anzunehmen? Ich meine auch, daß die Welt von keiner der äußerlichen Sünden so schwer belastet ist und so greuliche Strafe dafür verdient, wie eben von dieser, die wir an den Kindern begehen, indem wir sie nicht erziehen.

Als ich jung war, führte man in der Schule ein Sprichwort an: Nichts Geringeres ist es, einen Schüler zu vernachlässigen, als eine Jungfrau zu schwächen.[6] Das sagte man, um die Schulmeister zu erschrecken, denn man wußte damals von keiner schwereren Sünde, als Jungfrauen zu schänden. Aber lieber Herrgott, wie sehr viel geringer ist's, Jungfrauen oder Frauen zu schänden (was doch als eine leibliche, erkennbare Sünde gebüßt werden kann), gegenüber dieser, wo die kostbaren Seelen verlassen und geschändet werden, da solche Sünde nicht einmal beachtet oder erkannt und niemals gebüßt wird? O wehe der Welt immer und ewiglich! Da werden täglich Kinder geboren und wachsen bei uns auf, aber es gibt leider niemanden, der sich des armen jungen Volkes annehme und es lenke; da läßt man's gehen, wie es geht. Die Klöster und Stifte sollten's tun – darum sind sie genau die, von denen Christus sagt: »Wehe der Welt um der Ärgernisse willen! Wer von diesen Jungen einen ärgert, die an mich glauben, für den wäre es besser, einen Mühlstein an den Hals gehängt zu bekommen und ins Meer versenkt zu werden, wo es am tiefsten ist.« (Matth. 18,6 f.) Es sind nur Kinderfresser und -verderber.

Ja, sprichst du, dieses alles ist aber den Eltern gesagt; was geht das die Ratsherren und die Obrigkeit an? Das ist richtig gesagt, gewiß, aber wie, wenn die Eltern dieses nicht tun? Wer soll's dann tun? Soll's darum unterbleiben und die Kinder vernachlässigt werden? Wie will sich da die Obrigkeit und der Rat entschuldigen, daß ihnen solches nicht zustehe?

Daß es durch die Eltern nicht geschieht, hat mancherlei Ursachen. Zum ersten sind etliche einfach nicht so rechtschaffen und pflichtbewußt, daß sie es täten, obgleich sie es könnten. Sondern wie die Strauße verhärten sie sich sogar gegen ihre Jungen und lassen's dabei bewenden, daß sie die Eier von sich geworfen und Kinder gezeugt haben – mehr tun sie nicht dafür. Nun, diese Kinder sollen ja doch unter uns und bei uns leben in einer gemeinsamen Stadt. Wie soll denn nun Vernunft und insbesondere christliche Liebe es dulden, daß sie unerzogen aufwachsen und für die anderen Kinder Gift und Geschmeiß sind, wodurch zuletzt eine ganze Stadt zugrunde geht, wie es denn Sodom und Gomorra (1.Mose 19) und Gibea (Ri.20) und etlichen anderen Städten ergangen ist?

Zum zweiten ist die große Mehrheit der Eltern leider unfähig dazu und weiß nicht, wie man Kinder erziehen und lehren soll. Denn sie haben selbst nichts gelernt, als den Bauch zu versorgen; es gehören aber besondere Leute dazu, Kinder gut und recht zu lehren und zu erziehen.

Zum dritten: Auch wenn die Eltern dazu fähig wären und es gerne selbst tun wollten, haben sie doch vor anderen Geschäften und der Haushaltung weder Zeit noch Raum dazu, so daß die Not dazu zwingt, gemeinsame Erzieher für die Kinder zu halten. Es sei denn, daß ein jeder sich selbst einen eigenen halten wollte – aber das würde dem einfachen Mann zu schwer, und es würde noch einmal manch guter Knabe wegen Armut vernachlässigt. Außerdem sterben viele Eltern und hinterlassen Waisen. Und wie diese durch Vormünder erzogen werden, das sollte uns, wenn uns die Erfahrung fehlte, die Tatsache zeigen, daß sich Gott selbst den Vater der Waisen nennt als derer, die von jedermann sonst verlassen sind (Ps.68,6). Weiter gibt es etliche, die keine Kinder haben; die kümmern sich daher auch nicht um diese Sache.

Darum wird's nun dem Rat und der Obrigkeit zukommen, die allergrößte Fürsorge und Gewissenhaftigkeit dem jungen Volk zu widmen. Denn weil der ganzen Stadt Gut, Ehre, Leib und Leben ihnen zu treuen Händen anvertraut ist, handelten sie nicht verantwortlich vor Gott und der Welt, wenn sie der Stadt Gedeihen und Vorteil nicht nach bestem Vermögen verfolgten Tag und Nacht. Nun besteht das Gedeihen einer Stadt nicht allein darin, daß man große Schätze sammelt, feste Mauern, schöne Häuser, viele Kanonen und Harnische herstellt. Vielmehr, wo es viel davon gibt und es kommt in die Hände wahnsinniger Narren, so ist das ein um so schlimmerer und um so größerer Schaden für diese Stadt. Vielmehr das ist einer Stadt Bestes und ihr allerprächtigstes Gedeihen, ihr Wohl und ihre Kraft, daß sie viele gute, gebildete, vernünftige, ehrbare, wohlerzogene Bürger hat, die dann sehr wohl Schätze und alle Güter sammeln können, sie erhalten und recht gebrauchen.

Wie hat es doch die Stadt Rom gemacht? Sie ließ ihre Knaben so erziehen, daß sie innerhalb von fünfzehn, achtzehn, zwanzig Jahren ganz ausgezeichnet Lateinisch und Griechisch konnten und allerlei freie Künste (wie man sie nennt)[7], danach flugs in den Krieg und in die Regierung kamen. Daraus wurden verständige, vernünftige und treffliche Leute, mit aller Art von Wissen und Erfahrung ausgerüstet, so daß man, wenn man jetzt alle Bischöfe und Pfaffen und Mönche im deutschen Lande zu einem Haufen schmölze, nicht soviel finden würde, wie man damals durchaus bei einem römischen Kriegsknecht fand. Darum ging es auch bei ihnen voran; da fand man Leute, die zu vielerlei brauchbar und fähig waren. So hat's die Not allezeit erzwungen und erhalten in aller Welt, auch bei den Heiden, daß man Zuchtmeister[8] und Schulmeister haben mußte, wenn anders man etwas Rechtes aus einem Volk machen wollte. Daher ist auch das Wort Zuchtmeister bei St. Paulus Gal.3,24 ganz aus dem gewöhnlichen Gang menschlichen Lebens genommen, wenn er spricht: »Das Gesetz ist unser Zuchtmeister gewesen.«

Weil denn eine Stadt Leute haben soll und muß und es überall der größte Mißstand, Mangel und Klage ist, daß es an Leuten fehle, so darf man nicht warten, bis sie von selbst aufwachsen. Man wird sie auch weder aus Steinen hauen noch aus Holz schnitzen. Ebenso wird auch Gott keine Wunder tun, solange man der Sache durch andere von ihm dargebotene Güter aufhelfen kann. Darum müssen wir dazu beitragen und Mühe und Kosten dransetzen, sie selbst erziehen und zu etwas machen. Denn wessen Schuld ist es, daß es jetzt in allen Städten so spärlich aussieht in bezug auf fähige Leute, wenn nicht die der Obrigkeit, die das junge Volk hat aufwachsen lassen, wie das Holz im Wald wächst, und nicht darauf gesehen, wie man es lehre und erziehe? Darum ist es auch so unordentlich gewachsen, nur ein unnützes Dornengebüsch, so daß es zu keinem Bau, sondern nur zur Feuerung tauglich ist (Matth. 13,30).

Es muß doch weltliches Regiment bleiben. Soll man denn zulassen, daß lauter Flegel und Grobiane regieren, wenn man's sehr wohl besser machen kann? Das ist jedenfalls ein barbarisches, unvernünftiges Vorhaben. Da lasse man lieber doch gleich Säue und Wölfe zu Herren machen und über die setzen, die nicht darüber nachdenken wollen, wie sie von Menschen regiert werden. Ebenso ist es auch eine unmenschliche Bosheit, wenn man nicht weiter denkt als so: Wir wollen jetzt regieren. Was geht es uns an, wie es denen gehen wird, die nach uns kommen? Nicht über Menschen, sondern über Säue und Hunde sollten solche Leute herrschen, die beim Regieren nichts mehr suchen als ihren Vorteil oder ihre Ehre. Wenn man auch die größte Sorgfalt aufwendet, damit man lauter gute, gebildete, fähige Leute erzieht zum Regieren, es würde dennoch Mühe und Sorge genug geben, daß es recht zuginge. Wie soll's denn zugehen, wenn man gar nichts dafür tut?

Ja, sprichst du noch einmal, wenngleich man Schulen haben sollte und müßte: Wozu nützt es uns aber, die lateinische, griechische, hebräische Sprache und andere Wissenschaften zu lernen? Könnten wir doch gut auf Deutsch die Bibel und Gottes Wort lernen, das uns vollauf genug ist zur Seligkeit! Antwort: Ja, ich weiß leider wohl, daß wir Deutschen immer Bestien und unvernünftige Tiere sein und bleiben werden, wie uns denn die umliegenden Länder nennen[9] und wir es auch wohl verdienen. Mich wundert aber, warum wir nicht auch einmal sagen: Was sollen uns Seide, Wein, Gewürze und die fremde ausländische Ware, da wir doch selbst Wein, Korn, Wolle, Flachs, Holz und Steine in deutschen Landen nicht allein die Fülle haben für den Lebensunterhalt, sondern auch in Auswahl zur Zierde und zum Schmuck? Die Wissenschaften und Sprachen, die für uns kein Verlust, vielmehr ein größerer Schmuck und Nutzen, Ehre und Gewinn sind, um die heilige Schrift zu verstehen und auch um die weltliche Herrschaft auszuüben, die wollen wir verachten, und auf die ausländischen Waren, die uns weder nötig noch nützlich sind, zudem uns bis auf die Knochen schinden, auf die wollen wir nicht verzichten! Nennen sie das nicht mit Recht deutsche Narren und Bestien?

Wahrlich, wenn auch kein anderer Nutzen von den Sprachen käme, sollte uns doch das von Rechts wegen erfreuen und anfeuern, daß es so eine edle, gute Gabe Gottes ist, mit der Gott uns Deutsche jetzt fast mehr als alle anderen Länder aufsucht und uns so reich begnadet. Man sieht nicht viel davon, daß sie der Teufel durch die hohen Schulen und Klöster hätte emporkommen lassen. Sie haben vielmehr allezeit aufs schlimmste dagegen gewütet und wüten auch noch, denn der Teufel roch den Braten wohl: Wenn die Sprachen hervorträten, würde sein Reich ein Loch bekommen, das er nicht leicht wieder zustopfen könnte. Weil er es nun nicht hat verhindern können, daß sie hervortraten, gedenkt er sie doch nun so knapp zu halten, daß sie von selbst wieder vergehen und verfallen. Es ist ihm nicht ein lieber Gast damit ins Haus gekommen; darum will er ihn auch so bewirten, daß er nicht lange bleiben möge. Diese böse Tücke des Teufels erkennen sehr wenige von uns, liebe Herren.

Darum, liebe Deutsche, laßt uns hier die Augen auftun, Gott danken für das edle Kleinod und es festhalten, damit es uns nicht wieder entrissen werde und der Teufel nicht seinen Mutwillen an uns auslasse. Denn das können wir nicht leugnen: Wiewohl das Evangelium allein durch den heiligen Geist gekommen ist und täglich kommt, so ist es doch durch Vermittlung der Sprachen gekommen, ist dadurch gewachsen und muß auch dadurch festgehalten werden. Denn als Gott durch die Apostel in alle Welt das Evangelium kommen lassen wollte, gab er sogleich die Sprachen dazu. Im übrigen hatte er zuvor durch die Herrschaft der Römer die griechische und lateinische Sprache so weit in alle Länder verbreitet, damit sein Evangelium stets rasch weit und breit Frucht brächte. So hat er's auch jetzt getan. Niemand hat gewußt, warum Gott die Sprachen hervortreten ließ, bis man jetzt erst erkennt, daß es um des Evangeliums willen geschehen ist, das er hernach hat offenbaren wollen, um dadurch die Herrschaft des Antichrist aufzudecken und zu zerstören. Darum hat er auch Griechenland den Türken gegeben, damit die Griechen verjagt und zerstreut würden, die griechische Sprache verbreiteten und ein Anstoß dazu würden, auch andere Sprachen dazuzulernen.

So lieb uns nun das Evangelium ist, so streng laßt uns über die Sprachen wachen. Denn Gott hat seine Schrift nicht umsonst nur in den zwei Sprachen schreiben lassen, das Alte Testament in der hebräischen und das Neue in der griechischen. Welche nun Gott nicht verachtet, sondern für sein Wort erwählt hat vor allen anderen, die sollen auch wir vor allen anderen ehren. St. Paulus rühmte das als besondere Ehre und als Vorzug der hebräischen Sprache, daß Gottes Wort darin gegeben ist, als er sprach Röm. 3,1 f.: »Was für einen Nutzen oder Vorteil bringt die Beschneidung? Sehr viel. Zum ersten sind ihnen Gottes Worte anvertraut.« Das rühmt auch der König David Ps. 147,19 f.: »Er verkündigt sein Wort Jakob und seine Gebote und sein Recht Israel. Bei keinem Volk hat er das getan oder ihm sein Recht offenbart.« Daher heißt auch die hebräische Sprache heilig. St. Paulus nennt sie Röm. 1,2 die heilige Schrift – ohne Zweifel um des heiligen Wortes Gottes willen, das darin abgefaßt ist. Ebenso kann auch die griechische Sprache mit Recht heilig heißen, weil sie vor anderen dazu erwählt ist, daß das Neue Testament in ihr geschrieben wurde und aus ihr wie aus einer Quelle durchs Übersetzen in andere Sprachen geflossen ist und sie ebenfalls geheiligt hat.

Das sollen wir uns gesagt sein lassen, daß wir das Evangelium nicht sicher bewahren werden ohne die Sprachen. Die Sprachen sind die Scheiden, in denen dies Messer des Geistes steckt (vgl. Eph. 6,17). Sie sind das Schmuckkästchen, in dem man dieses Kleinod besitzt. Sie sind das Gefäß, in dem man diesen Trank faßt. Sie sind die Kammer, in der diese Speise liegt. Und wie das Evangelium selbst zeigt: Sie sind die Körbe, in denen man diese Brote und Fische und Brocken aufbewahrt (Matth. 14,20). Wahrlich, wenn wir's mißachten, so daß wir (wovor uns Gott bewahre) die Sprachen fahren lassen, so werden wir nicht allein das Evangelium verlieren, sondern es wird schließlich auch dahin kommen, daß wir weder Lateinisch noch Deutsch richtig sprechen oder schreiben können. Dafür laßt uns das traurige, greuliche Beispiel der hohen Schulen und Klöster als Beweis und Warnung nehmen, in denen man nicht allein das Evangelium verlernt, sondern auch die lateinische und deutsche Sprache verdorben hat, so daß die unglücklichen Leute fast zu lauter Bestien geworden sind und weder Deutsch noch Lateinisch richtig sprechen oder schreiben können und beinahe auch die natürliche Vernunft verloren haben.

Darum haben's auch selbst die Apostel als nötig angesehen, das Neue Testament in griechischer Sprache abzufassen und fest an diese zu binden, ohne Zweifel um es uns dort sicher und zuverlässig zu verwahren wie in einer heiligen Lade. Denn sie haben alles das gesehen, was zukünftig war und jetzt so eingetroffen ist: Wenn es nämlich allein in den Köpfen gefaßt würde – wie manche wilde, wüste Unordnung und Verwirrung, wie mancherlei Gesinnungen, Meinungen und Lehren würden sich erheben in der Christenheit, denen auf keine Weise zu steuern wäre und vor denen die schlichten Christen nicht zu schützen wären, wenn nicht das Neue Testament zuverlässig in Schrift und Sprache gefaßt wäre. Darum ist's gewiß: Wo die Sprachen nicht bleiben, da muß zuletzt das Evangelium untergehen.

Das hat auch die Erfahrung bewiesen und zeigt es noch. Denn alsbald nach der Apostelzeit, als die Sprachen aufhörten, nahm auch das Evangelium und der Glaube und die ganze Christenheit immer mehr ab, bis sie unter dem Papst ganz versunken ist. Seitdem die Sprachen verfallen sind, ist nicht viel Besonderes in der Christenheit wahrzunehmen gewesen, aber sehr viel greulicher Greuel aus Unkenntnis der Sprachen geschehen. Ebenso umgekehrt: Weil jetzt die Sprachen hervorgetreten sind, bringen sie ein solches Licht mit sich und bewirken so große Dinge, daß sich alle Welt verwundert und bekennen muß, daß wir das Evangelium so lauter und rein haben, fast so, wie's die Apostel gehabt haben, und daß es ganz zu seiner ursprünglichen Reinheit gekommen ist, und sehr viel reiner, als es zur Zeit von St. Hieronymus oder St. Augustinus gewesen ist. Kurz: Der heilige Geist ist kein Narr, er befaßt sich auch nicht mit gleichgültigen, unnötigen Dingen. Er hat die Sprachen für so nützlich und notwendig erachtet in der Christenheit, daß er sie oftmals vom Himmel mitgebracht hat. Das allein sollte genügen, um uns dazu zu bewegen, sie mit Sorgfalt und Ehrfurcht zu erforschen und sie nicht zu verachten, da er sie jetzt selbst wieder auf Erden erweckt.

Ja, sprichst du, es sind aber viele Väter selig geworden, sie haben auch ohne Sprachen gelehrt. Das ist wahr. Worauf führst du es denn aber zurück, daß sie so oft in der Schrift fehlgegangen sind? Wie oft geht St. Augustinus im Psalter fehl und in anderen Auslegungen, ebenso wie Hilarius, überhaupt alle, die ohne die Sprachen sich unterfangen haben, die Schrift auszulegen? Und wenn sie gleichwohl einmal etwas Richtiges gesagt haben, sind sie doch der Sache nicht gewiß gewesen, ob dieses gerade an dem Ort steht, wo sie es hineindeuten. Um ein Beispiel dafür anzuführen: Es ist richtig gesagt, daß Christus Gottes Sohn ist. Aber wie aufreizend zum Spott klingt es in den Ohren der Widersacher, wenn sie dafür den Beweis führten aus dem 110. Psalm: »Mit dir ist der Anfang am Tage deiner Stärke« (v.3)[10], während doch in der hebräischen Sprache dort nichts von der Gottheit geschrieben steht! Wenn man aber auf diese Weise mit unsicheren Gründen und den falschen Sprüchen den Glauben schützt, führt das nicht zu Schmach und Spott für die Christen bei den Gegnern, die der Sprache kundig sind? Die werden nur halsstarriger im Irrtum und halten unsern Glauben mit scheinbar guten Gründen für einen Menschentraum.

Was ist nun schuld daran, daß unser Glaube so zuschanden wird? Offensichtlich dies, daß wir die Sprachen nicht können; und es gibt hier keine Abhilfe, als die Sprachen zu können. Wurde nicht St. Hieronymus dadurch gezwungen, den Psalter von neuem aus dem Hebräischen zu übersetzen, daß die Juden, wenn man mit ihnen aufgrund unseres Psalters verhandelt, uns verspotten, daß es im Hebräischen nicht so stehe, wie es die Unseren anführten? Nun sind die Auslegungen aller alten Väter, die ohne Sprachen die Schrift behandelt haben (wenn sie auch gewiß nichts Unrichtiges lehren), doch von der Art, daß sie sehr oft eine unzuverlässige, unausgeglichene und unpassende Sprache benutzen und wie ein Blinder an der Wand entlangtappen. So verfehlen sie ziemlich oft den richtigen Text und stutzen ihn nach ihrer Meinung zurecht[11], wie den oben angeführten Vers »Mit dir ist der Anfang« usw. Das muß auch selbst St. Augustinus zugeben, wenn er schreibt (Von der christlichen Lehre[12]), daß ein christlicher Lehrer, der die Schrift auslegen soll, außer der lateinischen auch die griechische und die hebräische Sprache braucht. Es ist sonst unmöglich, daß er nicht überall an Grenzen stoße. Ja, es gibt auch dann noch Mühe und Arbeit, wenn einer die Sprachen schon gut kann.

Darum ist's etwas ganz und gar anderes mit einem schlichten Prediger des Glaubens als mit einem Ausleger der Schrift oder, wie es St. Paulus nennt, einem Propheten (1. Kor. 12,28 ff.; 14,26 ff.). Ein schlichter Prediger (das ist wahr) hat so viele klare Sprüche aus Übersetzungen, daß er Christus verstehen, lehren und heilig leben und anderen predigen kann. Aber die Schrift auszulegen und sie selbständig zu behandeln und zu streiten gegen die irrenden Zitierer der Schrift, ist er zu gering; das läßt sich ohne Sprachen nicht tun. Nun muß man in der Christenheit stets solche Propheten haben, die sich mit der Schrift befassen und sie auslegen und auch zum Streit taugen; da ist es nicht genug, heilig zu leben und richtig zu lehren. Darum sind die Sprachen unbedingt und in jeder Hinsicht vonnöten in der Christenheit, ebenso wie die Propheten oder Ausleger, wenngleich es nicht notwendig ist oder sein muß, daß jeder Christ oder Prediger ein solcher Prophet ist, wie St. Paulus sagt 1. Kor. 12,4 ff. und Eph. 4,11.

Daher kommt's, daß seit der Apostel Zeit die Schrift so

dunkel geblieben ist und daß nirgends zuverlässige Auslegungen, die Bestand haben, darüber geschrieben sind. Auch die heiligen Väter sind ja, wie gesagt, oft fehlgegangen, und weil sie der Sprachen nicht kundig waren, sind sie sehr selten einig; der eine verfährt so, der andere so. St. Bernhard[13] ist ein Mann von großem Geist gewesen, so daß ich fast wagte, ihn über alle Lehrer zu stellen, die berühmt sind, alte und neue. Aber sieh nur, wie er so oft mit der Schrift spielt (wenn auch geistlich) und sie fern vom richtigen Sinn anführt. Deshalb haben auch die Sophisten[14] gesagt, die Schrift sei dunkel, und gemeint, Gottes Wort sei von Natur so dunkel und rede so seltsam. Aber sie sehen nicht, daß der Mangel auf den Sprachen beruht; andernfalls wäre nichts Klareres je gesprochen worden als Gottes Wort, wenn wir die Sprachen verständen. Ein Türke, den doch ein türkisches Kind von sieben Jahren gut versteht, wird für mich ganz dunkel reden, weil ich die Sprache nicht kenne.

Darum ist es auch ein törichtes Vorhaben gewesen, daß man die Schrift hat kennenlernen wollen durch die Auslegungen der Väter und durch Lesen vieler Bücher und Erläuterungen. Man hätte sich statt dessen auf die Sprachen verlegen sollen. Denn die lieben Väter haben, weil sie ohne Sprachen gewesen sind, zuweilen mit vielen Worten an einem Spruch gearbeitet und ihn doch nur eben so im nachhinein abgeschätzt und halb geraten, halb verfehlt. So läufst du diesem Ausleger nach mit viel Mühe und könntest derweil mit Hilfe der Sprachen dem Spruch so viel besser zum Verständnis helfen als der, dem du folgst. Denn was die Sonne gegenüber dem Schatten ist, das ist die Sprache gegenüber allen Erklärungen der Väter. Nun geziemt es den Christen, die heilige Schrift zu gebrauchen als ihr eigenes, einziges Buch, und es ist eine Sünde und Schande, daß wir unser eigenes Buch nicht verstehen und unseres Gottes Sprache und Wort nicht kennen. So ist's denn noch viel mehr Sünde und Verderben, daß wir nicht Sprachen lernen, insbesondere da uns Gott jetzt Leute und Bücher und alles Mögliche darbietet und gibt, was dazu dient und uns zugleich dazu reizt, weil er sein Buch gern offen haben möchte. O wie froh wären die lieben Väter gewesen, wenn sie so zur heiligen Schrift hätten kommen können und die Sprachen lernen, wie wir's könnten. Wie haben sie mit so großer Mühe und so großem Fleiß kaum die Brocken erlangt, während wir mit halber, ja fast ohne alle Arbeit das ganze Brot bekommen könnten. O wie beschämt ihr Fleiß unsere Faulheit! Wahrlich, wie hart wird dann auch Gott solchen unseren Unfleiß und unsere Undankbarkeit bestrafen!

Hierher gehört es auch, wenn St. Paulus 1. Kor. 14,27.29 will, daß es in der Christenheit das Urteil geben soll über Lehre aller Art, wozu es durchaus nötig ist, die Sprachen zu verstehen. Denn der Prediger oder Lehrer mag wohl die Bibel so oft durchlesen, wie er will, so mag er den Sinn treffen oder auch verfehlen, wenn niemand da ist, der beurteilt, ob er's richtig mache oder nicht. Soll man nun urteilen, so muß Sprachwissenschaft dasein, sonst ist's vergebens. Obwohl also der Glaube und das Evangelium durch schlichte Prediger ohne Sprachen gepredigt werden kann, so erscheint es doch gebrechlich und schwach, und man wird seiner zuletzt müde und überdrüssig, und es fällt zu Boden. Aber wo die Sprachen sind, da erscheint es frisch und stark. Da wird die Schrift durchgearbeitet, da erweist sich der Glaube immer wieder durch immer neue Worte und Werke, so daß der 29. Psalm solches Studieren in der Schrift mit einer Jagd vergleicht und spricht, Gott öffne den Hirschen die dichten Wälder (v. 3). Und Ps. 1,3 vergleicht es einem Baum, der immer grünt und immer frisches Wasser hat.

Es soll uns auch nicht beirren, daß etliche sich des Geistes rühmen und die Schrift gering achten, etliche auch wie die Waldenserbrüder[15] die Sprachen nicht für nützlich halten. Aber lieber Freund, Geist hin, Geist her: Ich bin auch im Geist gewesen und habe auch Geist gesehen (vgl. 2.Kor.12,2 ff.) – wenn's denn gelten soll, sich des eigenen Fleisches zu rühmen (Phil.3,4): vielleicht mehr, als jene innerhalb eines Jahres sehen werden, wie sehr sie sich auch rühmen. Außerdem hat sich mein Geist ein wenig ausgewiesen, während doch ihr Geist im Winkel ganz still ist und nicht viel mehr tut, als seinen Ruhm aufzublasen. Dies weiß ich aber wohl: Wie gänzlich der Geist alles alleine tut, so wäre ich doch der Einsicht zu fern geblieben[16], wenn mir nicht die Sprachen geholfen und mich der Schrift sicher und gewiß gemacht hätten. Ich hätte auch durchaus ehrbar sein und in der Stille recht predigen können. Aber den Papst und die Sophisten mit dem ganzen antichristlichen Regiment hätte ich sicher bleiben lassen, was sie sind. Der Teufel beachtet meinen Geist nicht so sehr wie meine Sprache und Feder in bezug auf die Schrift. Denn mein Geist nimmt ihm nichts als mich allein. Aber die heilige Schrift und die Sprachen machen ihm die Welt zu eng; das fügt ihm Schaden zu in seinem Reich.

So kann ich auch die Waldenserbrüder gar nicht dafür loben, daß sie die Sprachen verachten. Denn wenn sie auch richtig lehrten, so müssen sie doch sehr oft den richtigen Text verfehlen und auch ungerüstet und unfähig dazu sein, den Glauben gegen den Irrtum zu verfechten. Zudem ist ihre Sache so dunkel und auf so subjektive Weise gebildet, fremd der Redeweise der Schrift, daß ich Sorge habe, sie sei nicht lauter oder werde es nicht bleiben. Denn es ist sehr gefährlich, von Gottes Dingen anders zu reden oder mit anderen Worten, als Gott selbst sie gebraucht. Kurz: Sie mögen für sich heilig leben und lehren. Aber weil sie ohne Sprache bleiben, wird ihnen mangeln müssen, was allen anderen mangelt, nämlich daß sie die Schrift nicht zuverlässig und gründlich behandeln und auch anderen Völkern nicht nützlich sein können. Weil sie das aber durchaus tun könnten und doch nicht tun wollen, mögen sie zusehen, wie es vor Gott zu verantworten sei.

Nun, das sei gesagt von Nutzen und Notwendigkeit der Sprachen und christlichen Schulen für das geistliche Leben und zum Heil der Seelen. Nun laßt uns auch den Leib vornehmen und einmal annehmen, es gäbe gar keine Seele noch Himmel oder Hölle, und wir sollten allein das zeitliche Regiment ansehen nach Art der Welt: ob es nicht viel mehr gute Schulen und gelehrte Leute braucht als das geistliche? Denn bisher haben sich die Sophisten seiner so gar nicht angenommen und die Schulen so ganz auf den geistlichen Stand ausgerichtet, daß es geradezu eine Schande gewesen ist, wenn ein Gelehrter sich verehelicht hat. Er hat hören müssen, wie man sagte: Sieh, der wird weltlich und will nicht geistlich werden – gerade als wäre allein ihr geistlicher Stand Gott angenehm und der weltliche (wie sie ihn nennen) ganz und gar des Teufels und unchristlich. Dabei werden sie selbst derweil vor Gott des Teufels Eigentum, und allein dieses arme niedere Volk (wie's in der babylonischen Gefangenschaft dem Volk Israel geschah) ist im Land und im rechten Zustand geblieben, und die Besten und Höchsten sind zum Teufel nach Babylon geführt worden mit Tonsuren und Kutten.

Nun ist es hier nicht nötig, zu sagen, daß das weltliche Regiment eine göttliche Ordnung und ein göttlicher Stand ist. Davon habe ich anderwärts so viel gesagt, daß ich hoffe, es zweifle niemand daran. Vielmehr ist davon zu handeln, wie man gute, fähige Leute hineinkriege. Und hier bieten uns die Heiden eine große Herausforderung und Schmach: Sie haben vorzeiten – besonders die Römer und Griechen – gar nicht gewußt, ob dieser Stand Gott gefiele oder nicht, und haben doch mit solchem Ernst und solcher Sorgfalt die jungen Knaben und Mädchen lernen und erziehen lassen, damit sie dazu tauglich würden, daß ich mich für uns Christen schämen muß, wenn ich daran denke, und besonders für uns Deutsche, die wir solche Klötze und Tiere sind und zu sagen wagen: Ja, was sollen die Schulen, wenn man nicht geistlich werden soll? Dabei wissen wir doch oder sollten es jedenfalls wissen, was für eine notwendige und nützliche Sache das ist und Gott so wohlgefällig, wenn ein Fürst, Herr oder Ratsherr (oder wer sonst regieren soll) gebildet und fähig ist, dieses Amt christlich zu führen.

Wenn es nun auch (wie ich gesagt habe) keine Seele gäbe und man der Schulen und Sprachen gar nicht bedürfte um der Schrift und um Gottes willen, so wäre doch allein der folgende Grund völlig ausreichend, um die allerbesten Schulen für Knaben und Mädchen an allen Orten einzurichten: Die Welt bedarf, um auch nur ihren weltlichen Stand äußerlich zu erhalten, guter, fähiger Männer und Frauen, damit die Männer Land und Leute recht regieren und die Frauen Haus, Kinder und Gesinde recht erziehen und bewahren können. Nun, solche Männer müssen aus Knaben werden, und solche Frauen müssen aus Mädchen werden. Es ist also darum zu tun, daß man kleine Knaben und Mädchen dazu recht unterrichte und aufziehe. Nun habe ich oben gesagt, der einfache Mann tut nichts dazu, kann's auch nicht, will's auch nicht, versteht's auch nicht. Fürsten und Herren sollten's tun – aber sie haben Schlitten zu fahren, zu trinken und Maskeraden zu veranstalten, und sie sind belastet mit hochwichtigen, bedeutenden Geschäften des Kellers, der Küche und der Vorratskammer! Und wenn's auch manche gerne täten, müssen sie doch scheuen, von den anderen für Narren und Ketzer gehalten zu werden. Darum wird's, Ihr lieben Ratsherren, allein in Eurer Hand bleiben, und Ihr habt auch die Möglichkeit dazu, eher als Fürsten und Herren.

Ja, sprichst du, jeder kann doch seine Töchter und Söhne gut selber lehren oder doch wenigstens in strenger Zucht erziehen. Antwort: Man sieht ja wohl, wie es geht mit dem Lehren oder Erziehen. Und wenn die strenge

Zucht auf die Spitze getrieben wird und gut gelingt, so führt das nicht weiter, als daß ein wenig erzwungener äußerlicher Anstand da ist – im übrigen bleiben's gleichwohl reine Tölpel, die weder hiervon noch davon etwas zu sagen wissen und niemandem raten oder helfen können. Wenn man sie aber lehrte und erzöge in Schulen oder wo sonst gebildete und gesittete Lehrer und Lehrerinnen sind, welche die Sprachen und andere Wissenschaften sowie Geschichte lehren, dann würden sie die Geschehnisse und Sprüche aller Welt hören, wie es dieser Stadt, diesem Reich, diesem Fürsten, diesem Mann, dieser Frau ergangen ist. So könnten sie sich in kurzer Zeit das Leben und Treiben geradezu der ganzen Welt von Anfang an, die Überlegungen und Pläne, das Gelingen und Mißlingen vorstellen wie in einem Spiegel. Daraus könnten sie sich dann ihr Urteil bilden und sich im Lauf der Welt einrichten mit Gottesfurcht, zudem verständig und klug werden aufgrund dieser Geschichtserzählungen (was zu suchen und zu meiden ist in diesem äußerlichen Leben) und auch andere danach beraten oder regieren. Die Erziehung aber, die man daheim ohne solche Schulen vornimmt, die will uns weise machen durch eigene Erfahrung. Ehe das geschieht, sind wir hundertmal tot und haben unser Leben lang alles unbedacht gehandhabt, denn zu eigener Erfahrung gehört viel Zeit.

Nun muß das junge Volk hüpfen und springen oder jedenfalls etwas zu tun haben, woran es Vergnügen hat, und es ist ihm darin nicht zu wehren; es wäre auch nicht gut, alles zu verwehren. Warum sollte man ihm dann nicht solche Schulen einrichten und solche Wissenschaft vortragen, zumal jetzt durch Gottes Gnade alles so eingerichtet ist, daß die Kinder mit Vergnügen und Spiel lernen können, seien es Sprachen oder andere Wissenschaften oder Geschichtserzählungen? Es gibt jetzt nicht mehr die Hölle und das Fegfeuer unserer Schulen, in denen wir geplagt wurden mit Deklinations- und Konjugationsübungen, wo wir doch rein gar nichts gelernt haben durch so viel Prügel, Zittern, Angst und Jammer. Nimmt man sich so viel Zeit und Mühe, um die Kinder Kartenspielen, Singen und Tanzen zu lehren, warum nimmt man sich nicht auch so viel Zeit, um sie Lesen und andere Künste zu lehren, solange sie jung und frei von Arbeit sind, die Fähigkeit und Lust dazu haben? Von mir selber sage ich: Wenn ich Kinder hätte und es könnte, müßten sie mir nicht nur die Sprachen und Geschichtserzählungen hören, sondern auch Singen und die Musik samt der ganzen Mathematik[17] lernen. Denn was ist dies alles anderes als reines Kinderspiel? Darin bildeten vorzeiten die Griechen ihre Kinder, wodurch doch erstaunlich tüchtige Leute daraus geworden sind, die nachher für Aufgaben aller Art brauchbar waren. Ja, wie leid tut es mir jetzt, daß ich nicht mehr Dichter und Geschichtserzählungen gelesen habe und daß auch niemand mich sie gelehrt hat. Ich habe dafür des Teufels Dreck lesen müssen, die Philosophen und Sophisten, mit viel Kosten, Arbeit und Schaden, so daß ich genug daran auszufegen habe.

Dagegen sprichst du: Ja, wer kann seine Kinder so entbehren und sie alle zu Junkern erziehen? Sie müssen im Hause die Arbeit versehen. Antwort: Es ist doch auch nicht mein Wunsch, daß man solche Schulen einrichte, wie sie bisher gewesen sind, wo ein Knabe zwanzig oder dreißig Jahre am Donat und Alexander[18] gelernt und dennoch nichts gelernt hat. Es ist jetzt eine andere Welt und geht anders zu. Mein Wunsch ist, daß man die Knaben am Tag eine Stunde oder zwei zu solch einer Schule gehen und nichtsdestoweniger die übrige Zeit im Hause arbeiten läßt, ein Handwerk lernen und wozu man sie sonst haben will, so daß beides zusammengeht, solange das Volk jung ist und sich ins Zeug legen kann. Bringen sie doch ohnehin zehnmal so viel Zeit zu mit Kügelchenschießen, Ballspielen, Laufen und Balgen.

Ebenso kann ein Mädchen durchaus so viel Zeit haben, daß es am Tag eine Stunde zur Schule geht und dennoch seine Aufgabe im Hause wohl versieht; verschläft's und vertanzt und verspielt es doch gewiß mehr Zeit. Es fehlt allein daran, daß man weder die Lust noch die Festigkeit dazu hat, das junge Volk zu erziehen, erst recht nicht dazu, der Welt zu helfen und beizustehen mit guten Leuten. Der Teufel hat lieber unbehauene Klötze und unnütze Leute, damit es den Menschen nur ja nicht zu gut gehe auf Erden.

Die Besten unter ihnen aber, von denen man sich erhofft, daß sie Leute werden, die geeignet sind als Lehrer und Lehrerinnen, als Prediger und zu anderen geistlichen Ämtern, die soll man um so mehr und länger darin lassen oder ganz dazu bestimmen, wie wir von den heiligen Märtyrern lesen, die St. Agnes, Agatha und Lucia[19] und andere aufzogen. Daraus sind auch die Klöster und Stifte entstanden; sie sind aber jetzt ganz zu einem anderen, verdammten Gebrauch verfälscht worden. Das wird auch ganz notwendigerweise so sein, denn der geschorene Haufen[20] kommt stark herunter. Daher sind sie auch zum größten Teil untauglich zum Lehren und Regieren; sie können nichts als den Bauch pflegen, was man sie auch allein gelehrt hat. Darum müssen wir wahrlich Leute haben, die uns Gottes Wort und Sakrament reichen und Seelsorger sind im Volk. Woher sollen wir sie aber nehmen, wenn man die Schulen untergehen läßt und nicht andere, christlichere errichtet? Denn die bisher unterhaltenen Schulen können, wenngleich sie nicht zugrunde gehen, doch nichts hervorbringen als unnütze, schädliche Verführer.

Darum ist's hochnotwendig, nicht allein der jungen Leute wegen, sondern auch, um unsere beiden Stände, den geistlichen und den weltlichen, zu erhalten, daß man in dieser Sache entschlossen und beizeiten dazu beiträgt, damit wir's nicht nachher, wenn wir's versäumt haben, vielleicht unterlassen müssen, obgleich wir's dann gerne tun wollten, und die Gewissensbisse uns ewig vergeblich peinigen lassen. Gott erweist sich als freigebig, reicht seine Hand dar und gibt dazu, was dazugehört. Mißachten wir's, so haben wir uns schon unsere Verurteilung zugezogen zusammen mit dem Volk Israel, von dem Jesaja sagt: »Ich habe meine Hand den ganzen Tag dem ungläubigen Volk dargeboten, das mir widerstrebt.« (65,2) Und Spr. 1,24 ff.: »Ich habe meine Hand dargeboten, und niemand wollte es beachten. Ihr habt alle meinen Rat verachtet – wohlan, so will ich auch über euch lachen in eurem Verderben und spotten, wenn euer Unglück über euch kommt.« Davor wollen wir uns hüten. Seht zum Beispiel, wie große Sorgfalt der König Salomo hierin geübt hat. Wie hat er sich um das junge Volk gekümmert, daß er inmitten seiner königlichen Amtsgeschäfte sogar ein Buch für das junge Volk geschrieben hat, welches das Buch der Sprüche heißt. Und Christus selbst, wie zieht er die jungen Kinder zu sich, wie angelegentlich befiehlt er sie uns an und rühmt auch die Engel, die auf sie achthaben, Matth. 18,5.10, um uns zu zeigen, was für ein großer Dienst es ist, wenn man das junge Volk gut erzieht, andererseits wie furchtbar er zürnt, wenn man ihnen Anstoß gibt und sie so verderben läßt.

Darum, liebe Herren, laßt Euch das Werk angelegen sein, das Gott so nachdrücklich von Euch fordert, zu dem Euer Amt verpflichtet ist, das für die Jugend so notwendig ist und das weder Welt noch Geist entbehren können. Wir sind leider viel zu lange in der Finsternis verfault und verdorben. Wir sind allzu lange deutsche Bestien gewesen. Laßt uns doch endlich einmal die Vernunft gebrauchen, damit Gott die Dankbarkeit für seine Wohltaten erkenne und andere Länder sehen, daß wir auch Menschen sind und Leute, die etwas Nützliches entweder von ihnen lernen oder sie lehren könnten, damit auch durch uns die Welt gebessert würde. Ich habe das Meine getan.

Ich wollte wenigstens dem deutschen Lande geraten und geholfen haben, auch wenn mich etliche dafür verachten und solchen treuen Rat in den Wind schlagen und es besser wissen wollen – das muß ich geschehen lassen. Ich weiß wohl, daß andere das besser hätten ausführen können, aber weil sie schweigen, führe ich's aus, so gut ich kann. Es ist jedenfalls besser, davon zu reden, wie unangemessen es auch sei, als überhaupt davon zu schweigen. Ich bin der Hoffnung, Gott werde wenigstens von Euch etliche erwecken, so daß mein treuer Rat nicht gänzlich in die Asche falle, und daß diese nicht auf den sehen, der es sagt, sondern die Sache selbst in Bewegung bringen und sich dazu bewegen lassen.

Zuletzt ist auch folgendes genau zu bedenken für alle diejenigen, die Lieb und Lust haben, daß solche Schulen und die Sprachen in deutschen Landen eingerichtet und bewahrt werden: daß man Fleiß und Kosten nicht spare, um gute Bibliotheken oder Bücherhäuser zu schaffen, besonders in den großen Städten, die solches gut leisten können. Denn wenn das Evangelium und Wissenschaften aller Art bestehen bleiben sollen, müssen sie zumindest in Büchern und Schrift abgefaßt und an sie gebunden sein (was selbst die Propheten und Apostel getan haben, wie ich oben gesagt habe). Dies nicht allein darum, damit diejenigen, die uns geistlich und weltlich vorstehen sollen, etwas zu lesen und zu studieren haben, sondern auch damit die guten Bücher erhalten werden und nicht verlorengehen samt der Wissenschaft und den Sprachen, die wir jetzt durch Gottes Gnade haben. Hierum ist auch St.Paulus bemüht gewesen, indem er Timotheus empfiehlt, er solle ausdauernd sein im Lesen (1.Tim.4,13), und ihn auch beauftragt, das Pergament, das er in Troas gelassen hatte, mitzubringen (2.Tim.4,13).

In der Tat, darum haben sich alle Königreiche bemüht, die etwas Besonderes gewesen sind, und zuvor das israelitische Volk, in dem Mose dieses Werk als erster anfing.

Er befahl, das Buch des Gesetzes in der Lade Gottes zu verwahren, und gab es in die Hand der Leviten, damit bei ihnen eine Abschrift holen sollte, wer sie brauchen würde (5.Mose 31,25 f.). So gebot er auch dem König, er solle sich von den Leviten eine Abschrift dieses Buches geben lassen. Man sieht also deutlich, wie Gott das levitische Priestertum neben anderen Aufgaben auch dazu bestimmt hat, auf die Bücher achtzugeben und sie zu verwalten. Später hat Josua diese Bibliothek vermehrt und verbessert, danach Samuel, David, Salomo, Jesaja, und so fort noch viele Könige und Propheten. Daraus ist die heilige Schrift des Alten Testaments geworden, welche sonst niemals zusammengebracht worden oder -geblieben wäre, wenn Gott nicht befohlen hätte, solche Sorgfalt darauf zu verwenden.

Nach diesem Vorbild haben auch die Stifte und Klöster vorzeiten Bibliotheken eingerichtet, wiewohl mit wenig guten Büchern. Und was es für Schaden angerichtet hat, daß man nicht in der Zeit darauf gehalten hat, Bücher und gute Bibliotheken zu schaffen, als man Bücher und Leute genug dazu hatte, hat man hernach wohl bemerkt: daß nämlich leider mit der Zeit alle Wissenschaften und Sprachen verfallen sind. Und statt brauchbarer Bücher sind die törichten, unnützen Mönchsbücher Catholicon[21], Florista[22], Graecista[23], Labyrinthus[24], Dormi secure[25] und dergleichen Eselsmist vom Teufel eingeführt worden. Damit ist die lateinische Sprache zugrunde gegangen, und es ist nirgends eine brauchbare Schule noch Lehre noch Studierweise übriggeblieben. Und wie wir erfahren und gesehen haben, hat man die Sprachen und die Wissenschaft mit so viel Mühe und Arbeit, aber doch ganz unvollkommen aus etlichen Brocken und Teilen alter Bücher, aus Staub und Würmern wieder ans Licht gebracht und forscht und arbeitet noch täglich daran, so wie man in einer zerstörten Stadt in der Asche nach Schätzen und Kleinoden gräbt.

Darum ist uns auch recht geschehen, und Gott hat uns damit unsere Undankbarkeit mit gutem Grund heimgezahlt, daß wir nicht seine Wohltat bedachten und Vorrat schufen, als es Zeit war und wir es gut konnten. Dadurch hätten wir Bücher und gelehrte Leute behalten. Wir ließen es fahren, so als ginge es uns nichts an. Das vergalt er uns denn auch und ließ statt der heiligen Schrift und guter Bücher den Aristoteles kommen mit unzähligen schädlichen Büchern, die uns nur immer weiter von der Bibel wegführten, außerdem die Teufelsmasken, die Mönche und das Gespenst der hohen Schulen. Die haben wir mit unmenschlich großem Aufwand gestiftet und viele Doktoren, Prediger, Magister, Pfaffen und Mönche – das ist: große, ungebildete, fette Esel – mit roten und braunen Baretten geschmückt wie die Sau mit einer goldenen Kette und Perlen. Wir haben sie unterhalten und uns aufgeladen, die uns nichts Gutes lehrten, sondern uns immer nur blinder und törichter machten und dafür all unser Hab und Gut fraßen und nur den Dreck und Mist ihrer unflätigen, giftigen Bücher sammelten, alle Klöster, ja alle Winkel voll – greulich, daran zu denken.

Ist's nicht ein elender Jammer bisher gewesen, daß ein Knabe zwanzig Jahre oder länger hat studieren müssen, nur damit er so viel schlechtes Latein gelernt hat, daß er Pfaffe werden und Messe halten konnte? Und wer es dahin gebracht hat, der ist selig gewesen. Selig ist die Mutter gewesen, die ein solches Kind getragen hat. Und er ist doch ein armer, ungebildeter Mensch geblieben sein Leben lang, der weder zum Glucken noch zum Eierlegen getaugt hat. Solche Lehrer und Magister haben wir überall haben müssen, die selbst nichts gewußt und nichts Gutes und Rechtes haben lehren können; ja, sie haben nicht einmal gewußt, auf welche Weise man wohl lernen und lehren sollte. Wer hat die Schuld? Es sind keine anderen Bücher vorhanden gewesen als solche törichten Mönchs- und Sophistenbücher. Was sollte dann anderes daraus werden als lauter törichte Schüler und Lehrer, so wie die Bücher waren, die sie belehrten? Eine Dohle brütet keine Tauben aus, und ein Narr zeugt keinen Klugen. Das ist der Lohn der Undankbarkeit, daß man keine Sorgfalt auf die Bibliotheken verwendet hat, sondern die guten Bücher hat verschwinden lassen und die unnützen behalten.

Aber mein Rat ist nicht, daß man ohne Unterschied allerlei Bücher zusammenraffe und an nichts mehr denke als nur an die Menge und den Haufen der Bücher. Ich möchte die Wahl zwischen ihnen haben, so daß es nicht nötig ist, aller Juristen Kommentare und aller Theologen Sentenzen[26] und aller Philosophen Quaestiones[27] und aller Mönche Predigten zu sammeln. Ja, ich wollte solchen Mist ganz hinauswerfen und mit brauchbaren Büchern meine Bibliothek versorgen und gelehrte Leute darüber zu Rate ziehen. Erstens sollte die heilige Schrift auf Lateinisch, Griechisch, Hebräisch und Deutsch darin sein, und wenn vorhanden, noch in weiteren Sprachen. Dann die besten und die ältesten Ausleger, auf Griechisch, Hebräisch und Lateinisch, wenn ich sie finden kann. Danach solche Bücher, die zum Sprachenlernen dienen, wie die Dichter und Redner, ohne Rücksicht darauf, ob sie Heiden oder Christen sind, auf Griechisch oder Lateinisch. Denn aus diesen muß man die Grammatik lernen. Danach sollten die Bücher aus den freien Künsten da sein und auch aus allen anderen Wissenschaften. Zuletzt auch die Rechts- und Arzneibücher, wiewohl auch hier unter den Kommentaren eine gute Wahl nötig ist.

Zu den wichtigsten aber sollten die Chronisten und Geschichtsbücher gehören, in welcherlei Sprachen man sie haben kann. Denn diese sind überaus nützlich, um den Lauf der Welt zu erkennen und zu beherrschen, ja auch, um Gottes Wunder und Werke zu sehen. O, wie manche schönen Begebenheiten und Aussprüche sollte man jetzt haben, die in deutschen Landen geschehen und aufgekommen sind, von denen wir jetzt gar nichts wissen! Das kommt daher, daß niemand dagewesen ist, der sie aufgeschrieben hat, oder wenn sie schon aufgeschrieben waren, daß niemand die Bücher aufbewahrt hat. Darum weiß man auch von uns Deutschen nichts in anderen Ländern und müssen die Deutschen in aller Welt Bestien heißen, die nicht mehr können als Krieg führen, fressen und saufen. Aber die Griechen und Römer, ja auch die Hebräer haben ihre Angelegenheiten so genau und sorgfältig aufgeschrieben, damit alle Welt es lesen und wissen soll, wenn auch nur eine Frau oder ein Kind etwas Besonderes getan oder gesagt hat. Derweil sind wir Deutschen noch immer Deutsche und wollen Deutsche bleiben.

Weil uns denn jetzt Gott so gnädig versehen hat mit aller Fülle der Wissenschaft, gelehrter Leute und Bücher, so ist's Zeit, daß wir das Beste ernten und einbringen, das wir können, und Schätze sammeln, damit wir etwas aufheben für die Zukunft von diesen Jubeljahren und nicht diese reiche Ernte versäumen. Denn es ist zu befürchten – es fängt auch schon wieder an –, daß man immer neue und andere Bücher schreibt, was zuletzt dahin führt, daß durch des Teufels Einwirkung die guten Bücher, die jetzt durch den Druck hervorgebracht worden sind, wieder unterdrückt werden und die substanzlosen, unheiligen Bücher von unnützen und törichten Dingen wieder an Einfluß gewinnen und alle Winkel füllen. Denn das hat der Teufel gewiß im Sinn, daß man wieder mit lauter Catholicon, Floristen, Modernisten[28] und dem verdammten Mönchs- und Sophistenmist sich nähren und quälen müsse wie früher, und immer lernen und doch nimmer irgend etwas erlernen.

Deshalb bitte ich Euch, meine lieben Herren, Ihr möget diese meine Treue und meine Bemühungen bei Euch Frucht bringen lassen. Und wenn es manche gibt, die mich für zu gering dafür halten, daß sie nach meinem Rat leben sollten, oder mich als den von den Tyrannen Verdammten verachten, so mögen sie doch berücksichtigen, daß ich nicht das Meine, sondern allein des ganzen deutschen Landes Glück und Wohl suche. Und selbst wenn ich ein Narr wäre und fände doch etwas Gutes, sollte es wenigstens kein Weiser für eine Schande halten, mir zu folgen. Und selbst wenn ich ein Türke und Heide wäre: Da man doch sieht, daß nicht mir der Nutzen daraus erwachsen kann, sondern den Christen, sollen sie doch gerechterweise meinen Dienst nicht verachten. Es hat gewiß einstmals ein Narr besseren Rat gegeben als ein ganzer Rat der Klugen. Mose mußte sich von Jethro belehren lassen (2.Mose 18,17 ff.)!

Hiermit befehle ich Euch alle Gottes Gnade an. Er wolle Eure Herzen erweichen und entflammen, daß sie sich der armen, unglücklichen, verlassenen Jugend mit Entschlossenheit annehmen. Er wolle durch göttliche Hilfe ihnen raten und helfen zu einem segensreichen, christlichen Regiment in Deutschland mit allem Reichtum und Überfluß an Leib und Seele, zu Lob und Ehre Gott, dem Vater, durch Jesus Christus, unsern Heiland. Amen.

Vorrede zu: Deutsche Messe und Ordnung Gottesdiensts 1526

Es lag in der Konsequenz der reformatorischen Auffassung vom Wort Gottes und von der Gemeinde, daß man daran ging, auch die Gottesdienste in deutscher Sprache zu halten. Nach verschiedenen Ansätzen an anderen Orten, unter denen dem von Thomas Müntzer in Allstedt 1523 besondere Bedeutung zukommt, ging man in Wittenberg im Oktober 1525 zunächst versuchsweise und dann endgültig zu Weihnachten zur neuen Form über. Luther hatte wegen der Schwierigkeit der Aufgabe und um nicht im Sinne der »Schwärmer« mißverstanden zu werden, so lange gezögert. Darum beschränkte er sich bei der Herausgabe der Deutschen Messe auch nicht auf den Abdruck ihrer Liturgie, sondern stellte ihm eine Vorrede voran, in der er sein Verständnis vom Gottesdienst darlegt. Wichtig ist ihm, daß die neue Ordnung nicht als Gesetz aufgefaßt werden darf, sondern daß sie in christlicher Freiheit gebraucht wird, freilich nach Möglichkeit einheitlich im jeweiligen Territorium. Läßt Luther einerseits den Gottesdienst in lateinischer Sprache weiterhin zu, so versteht er andererseits auch den deutschen Gemeindegottesdienst als ein Mittel zur Glaubenserziehung für die Einfältigen und die Jugend. So gibt er im zweiten Teil der Vorrede eine Anleitung zum Katechismusunterricht, durch den, was in der Kirche geschieht, zu Hause vertieft werden muß. Dem allen stellt Luther aber die Konzeption einer wahren Gemeinde gegenüber als einer Versammlung derer, die mit Ernst Christen sein wollen. Sie bedürfen keiner Vorschriften für ihren Gottesdienst, weil sie ihn »im Geist haben«, d. h. weil der Glaube sie ohnehin das Rechte tun läßt. Doch weiß Luther, daß dazu die rechten Leute noch fehlen. Später ist er darauf nicht mehr zurückgekommen. – WA 19;72-78.

Martin Elze

Vor allen Dingen will ich sehr freundlich, auch um Gottes willen, alle diejenigen gebeten haben, die diese Ordnung im Gottesdienst sehen oder befolgen wollen, daß sie ja kein notwendiges Gesetz daraus machen noch jemandes Gewissen darein verstricken oder fangen, sondern sie gemäß der christlichen Freiheit nach ihrem Belieben gebrauchen, wie, wo, wann und wie lange es die Umstände fügen und erfordern. Denn wir lassen dies auch nicht in der Absicht ausgehen, daß wir darin jemanden zurechtweisen oder mit Gesetzen regieren wollten, vielmehr weil allenthalben auf deutsche Messe und Gottesdienst gedrungen wird und großes Klagen und Ärgernis umgeht über die vielfältigen Arten der neuen Messen, daß ein jeglicher etwas Eigenes macht, etliche aus guter Absicht, etliche auch aus Vorwitz, daß sie ja etwas Neues aufbringen und unter den anderen auch hervorleuchten und nicht schlichte Meister seien; wie es denn der christlichen Freiheit überall ergeht, daß wenige sie anders als zu eigener Lust oder Nutzen gebrauchen, und nicht zu Gottes Ehre und des Nächsten Besserung. Wiewohl es aber dem Gewissen eines jeden anheimgestellt ist, wie er von dieser Freiheit Gebrauch macht, sie auch niemandem zu verwehren oder zu verbieten ist, so ist doch darauf zu achten, daß die Freiheit der Liebe und des Nächsten Dienerin ist und sein soll. Wenn es denn also geschieht, daß die Menschen sich ärgern oder beirrt werden über diesen vielfältigen Brauch, sind wir wahrlich verpflichtet, die Freiheit zurückzunehmen und, soviel es möglich ist, zu tun und zu veranlassen, daß die Leute sich an uns bessern und nicht ärgern[1].

Weil nun an dieser äußerlichen Ordnung nichts gelegen ist bezüglich unseres Gewissens vor Gott und sie doch den Nächsten nützlich sein kann, sollen wir gemäß der Liebe, wie St. Paulus lehrt, danach trachten, daß wir einerlei Sinnes sind und so gut wie möglich in Weise und Gebaren gleich sind, gleichwie alle Christen einerlei

Taufe und einerlei Sakrament haben und keinem etwas Eigenes von Gott gegeben ist.

Doch will ich damit nicht begehren, daß diejenigen, die bereits ihre gute Ordnung haben oder sie durch Gottes Gnade besser machen können, diese fahrenlassen und uns Raum geben. Denn es ist nicht meine Meinung, daß das ganze deutsche Land gerade unsere Wittenberger Ordnung annehmen müßte; ist es doch auch bisher nie geschehen, daß die Stifte, Klöster und Pfarreien in allen Stücken gleich gewesen wären. Sondern fein wäre es, wenn in einer jeglichen Herrschaft der Gottesdienst auf einerlei Weise vor sich ginge und die umliegenden Städtchen und Dörfer mit einer Stadt gleiches Gebaren einhielten. Ob die in anderen Herrschaften diese auch einhielten oder etwas Eigenes dazu täten, soll frei und ungescholten sein. Denn summa: Wir stellen diese Ordnung gar nicht um derjenigen willen auf, die bereits Christen sind; denn die bedürfen dieser Dinge keines. Man lebt auch nicht um dieser willen, sondern sie leben um unsertwillen, die wir noch nicht Christen sind, damit sie uns zu Christen machen. Sie haben ihre Gottesdienste im Geist. Aber um derjenigen willen muß man solche Ordnungen haben, die erst noch Christen werden oder es stärker werden sollen, gleichwie ein Christ der Taufe, des Worts und Sakraments nicht bedarf als ein Christ – denn er hat schon alles –, sondern als ein Sünder. Allermeist aber geschieht es um der Einfältigen und des jungen Volks willen, das täglich in der Schrift und Gottes Wort geübt und erzogen werden soll und muß, damit sie an die Schrift gewöhnt, geschickt, bewandert und kundig darin werden, ihren Glauben zu vertreten und andere mit der Zeit zu lehren und das Reich Christi mehren zu helfen. Um dieser willen muß man lesen, singen, predigen, schreiben und dichten, und wenn es hilfreich und erforderlich dafür wäre, wollte ich mit allen Glocken dazu läuten lassen und mit allen Orgeln pfeifen und alles klingen lassen, was klingen kann. Denn deshalb sind die päpstlichen Gottesdienste so verdammlich, weil sie Gesetze, Werke und Verdienste daraus gemacht und damit den Glauben verdrängt und sie nicht auf die Jugend und die Einfältigen ausgerichtet haben, um sie dadurch in der Schrift und Gottes Wort zu üben, sondern haben sich selbst daran geklebt und meinen, sie seien für sie selbst nützlich und nötig zur Seligkeit. Das ist des Teufels. Auf diese Weise haben die Alten sie nicht geordnet noch eingesetzt.

Es gibt aber eine dreifache Unterscheidung des Gottesdienstes und der Messe: Erstens eine lateinische, welche wir früher haben ausgehen lassen und heißt Formula missae[2]. Diese will ich hiermit nicht aufgehoben oder verändert haben, sondern, wie wir sie bisher bei uns gehalten haben, so soll es vorderhand frei sein, sie zu gebrauchen, wo und wann es uns beliebt oder uns ein Grund dazu bewegt. Denn ich will keinesfalls die lateinische Sprache ganz aus den Gottesdiensten verschwinden lassen. Denn es ist alles um die Jugend zu tun. Und wenn ich's vermöchte und die griechische und hebräische Sprache uns so vertraut wäre wie die lateinische und hätte so viel schöne Musik und Gesänge, wie die lateinische hat, so sollte man einen Sonntag um den anderen in allen vier Sprachen, deutsch, lateinisch, griechisch, hebräisch, Messe halten, singen und lesen. Ich halte es überhaupt nicht mit denen, die sich nur so ganz auf eine Sprache verlegen und alle anderen verachten. Denn ich wollte gern solche Jugend und Leute erziehen, die auch in fremden Ländern Christus zunutze sein und mit den Leuten reden könnten, damit es uns nicht erginge wie den Waldensern in Böhmen, die ihren Glauben in ihre eigene Sprache so eingefangen haben, daß sie mit niemandem verständlich und deutlich reden können, es sei denn, daß er ihre Sprache zuvor lernt. So handelte aber der heilige Geist im Anfang nicht. Er wartete nicht, bis alle Welt nach Jerusalem käme und Hebräisch lernte, sondern gab allerlei Sprachen zum Predigtamt, so daß die Apostel reden konnten, wohin sie kamen. Diesem Beispiel will ich lieber folgen. Und es ist auch billig, daß man die Jugend in vielen Sprachen übe. Wer weiß, wie Gott sie mit der Zeit brauchen wird! Dazu sind auch die Schulen eingerichtet worden.

Zweitens gibt es die deutsche Messe und Gottesdienst, von der wir jetzt handeln, welche um der einfältigen Laien willen geordnet werden soll. Aber diese zwei Arten müssen wir so gehen und geschehen lassen, daß sie öffentlich in den Kirchen vor allem Volk gehalten werden, worunter viele sind, die noch nicht glauben oder Christen sind, sondern die Mehrzahl steht da und gafft, daß sie auch etwas Neues sehen, gerade als ob wir mitten unter den Türken oder Heiden auf einem freien Platz oder Feld Gottesdienst hielten. Denn hier gibt es noch keine geordnete und feste Versammlung, in der man nach dem Evangelium die Leute regieren könnte, sondern es ist ein öffentlicher Anreiz zum Glauben und zum Christentum.

Aber die dritte Art, die die richtige Art der evangelischen Ordnung haben sollte, dürfte nicht so öffentlich auf dem Platz geschehen unter allerlei Volk. Sondern diejenigen, die mit Ernst Christen sein wollen und das Evangelium mit Hand und Mund bekennen, müßten sich namentlich einschreiben und irgendwo in einem Haus allein sich versammeln zum Gebet, zum Lesen, zum Taufen, das Sakrament zu empfangen und andere christliche Werke auszuüben. In dieser Ordnung könnte man die, die sich nicht christlich verhielten, erkennen, tadeln, bessern, ausstoßen oder in den Bann tun nach der Regel Christi, Matth. 18,15 ff. Hier könnte man auch den Christen ein allgemeines Almosen auferlegen, das man willig gibt und unter die Armen austeilt nach dem Beispiel von St. Paulus, 2. Kor. 9,1. Hier bedürfte es nicht vielen und großen Gesanges[3]. Hier könnte man auch eine kurze, feine Weise der Taufe und des Sakraments halten und alles auf das Wort und Gebet und die Liebe ausrichten. Hier müßte man einen guten kurzen Katechismusunterricht halten über das Glaubensbekenntnis, die zehn Gebote und das Vaterunser.

Kurz, wenn man die Leute und Personen hätte, die mit Ernst Christen zu sein begehren, so wären die Ordnungen und Weisen bald gemacht. Aber ich kann und mag eine solche Gemeinde oder Versammlung noch nicht ordnen oder einrichten. Denn ich habe noch nicht Leute und Personen dazu. Ich sehe auch nicht viele, die sich danach drängen. Kommt es aber dazu, daß ich's tun muß und dazu gezwungen werde, so daß ich es aus gutem Gewissen nicht unterlassen kann, so will ich das Meine gern dazu tun und, so gut ich es vermag, helfen. Inzwischen will ich es bei den besagten zwei Arten bleiben lassen und öffentlich unter dem Volk diesen Gottesdienst, um die Jugend einzuüben und die andern zum Glauben zu rufen und anzureizen, neben der Predigt fördern helfen, bis die Christen, die mit Ernst das Wort im Sinn haben, sich selbst zusammenfinden und gegenseitig anhalten, damit nicht eine Rotterei[4] daraus werde, wenn ich es aus meinem Kopf dahin bringen wollte. Denn wir Deutschen sind ein wildes, rohes, wahnsinniges Volk, mit dem nicht leicht etwas anzufangen ist, wenn es nicht die höchste Not dazu treibt.

Wohlan in Gottes Namen! Es ist aufs erste im deutschen Gottesdienst ein deutlicher, schlichter, einfältiger, guter Katechismus vonnöten. Katechismus aber heißt ein Unterricht, mit dem man die Heiden, die Christen werden wollen, lehrt und unterweist, was sie glauben, tun, lassen und wissen sollen im Christenstand. Deshalb hat man die Lernwilligen, die zu solchem Unterricht angenommen worden waren und den Glauben lernten, ehe man sie taufte, Katechumenen genannt. Diese Unterrichtung oder Unterweisung weiß ich nicht schlechter oder besser aufzustellen, als sie bereits von Anfang der Christenheit an aufgestellt und bis jetzt geblieben ist, nämlich die drei Stücke: die zehn Gebote, das Glaubensbekenntnis und das Vaterunser. In diesen drei Stücken steht schlicht und kurz nahezu alles, was einem Christen zu wissen nötig ist. Dieser Unterricht muß nun in der Weise geschehen, daß er, solange man noch keine besondere Gemeinde hat, auf der Kanzel zu etlichen Zeiten oder täglich, wie das die Not erfordert, vorgepredigt werde und daheim in den Häusern abends und morgens den Kindern und dem Gesinde, wenn man sie zu Christen machen will, vorgesprochen oder -gelesen werde; nicht allein so, daß sie die Worte auswendig lernen und heruntersagen, wie es bisher geschehen ist, sondern so, daß man sie von Abschnitt zu Abschnitt frage und sie antworten lasse, was ein jeder bedeute und wie sie es verstehen. Kann man auf einmal nicht alles fragen, so nehme man sich einen Abschnitt vor, anderntags einen zweiten. Denn wenn die Eltern oder Vormünder der Jugend diese Mühe für sich selbst oder andere nicht mit ihnen haben wollen, so wird nimmermehr ein Katechismus eingerichtet werden, es sei denn, daß es dazu kommt, daß man eine besondere Gemeinde einrichtet, wie gesagt ist.

Nämlich so soll man fragen: Was betest du? Antwort: Das Vaterunser. Was bedeutet es denn, daß du sprichst: Vater unser im Himmel? Antwort: Daß Gott nicht ein irdischer, sondern ein himmlischer Vater ist, der uns im Himmel reich und selig machen will. Was heißt denn: Dein Name werde geheiligt? Antwort: Daß wir seinen Namen ehren und Rücksicht auf ihn nehmen sollen, auf daß er nicht geschmäht werde. Wie wird er denn geschmäht und entheiligt? Antwort: Wenn wir, die seine Kinder sein sollen, übel leben, unrecht lehren und glauben. Und so weiter, was Gottes Reich heiße, wie es kommt, was Gottes Wille, was tägliches Brot heiße usw. Ebenso auch beim Glaubensbekenntnis: Wie glaubst du? Antwort: »Ich glaube an Gott Vater« bis zum Ende durch.

Danach von Abschnitt zu Abschnitt, wie die Zeit es ergibt, einer oder zwei auf einmal. Also: Was heißt, an Gott den Vater, den Allmächtigen glauben? Antwort: Es heißt, wenn das Herz ihm ganz vertraut und sich auf alle Gnade, Gunst, Hilfe und Trost von ihm fest verläßt, zeitlich und ewiglich. Was heißt an Jesus Christus, seinen Sohn, glauben? Antwort: Es heißt, wenn das Herz glaubt, daß wir alle verloren wären ewiglich, wenn Christus nicht für uns gestorben wäre usw. Ebenso auch bei den zehn Geboten muß man fragen, was das erste, das zweite, das dritte und die anderen Gebote bedeuten. Solche Fragen mag man nehmen aus unserem Betbüchlein[5], wo die drei Stücke kurz ausgelegt sind, oder es selbst anders machen, bis man die ganze summa des christlichen Verständnisses in zwei Stücke wie in zwei Säckchen faßt im Herzen, welches sind Glaube und Liebe.

Das Säckchen des Glaubens habe zwei Beutelchen: In dem einen Beutelchen stecke das Stück, daß wir glauben, wie wir durch Adams Sünde allzumal verderbt, Sünder und Verdammte sind, Röm.5,12; Ps.51. In dem andern stecke das Stückchen, daß wir alle durch Jesus Christ von diesem verderbten, sündlichen, verdammten Wesen erlöst sind, Röm.5,18; Joh.3,16. Das Säckchen der Liebe habe auch zwei Beutelchen: In dem einen stecke dieses Stück, daß wir jedermann dienen und wohltun sollen, wie Christus uns getan hat, Röm.13,8 ff. In dem andern stecke das Stückchen, daß wir alles Böse gern erleiden und dulden sollen.

Wenn nun ein Kind beginnt, das zu begreifen, soll man es gewöhnen, aus den Predigten Sprüche der Schrift mitzubringen und den Eltern aufzusagen bei Tisch, wenn man essen will, gleichwie man vorzeiten das Latein aufzusagen pflegte, und danach die Sprüche in die Säckchen und Beutelchen zu stecken, wie man die Pfennige und Groschen oder Gulden in die Tasche steckt. So sei das Säckchen des Glaubens das goldene Säckchen. In das erste

Beutelchen geht dieser Spruch, Röm. 5,18: »Durch eines einzigen Sünde sind sie alle Sünder und verdammt worden« und Ps. 51,7: »Siehe, in Sünden bin ich empfangen, und in Unrecht trug mich meine Mutter.« Das sind zwei rheinische Gulden in das Beutelchen. In das andere Beutelchen gehen die ungarischen Gulden, wie dieser Spruch, Röm. 4,25: »Christus ist für unsere Sünde gestorben und für unsere Gerechtigkeit auferstanden«; ferner Joh. 1,29: »Siehe, das ist Gottes Lamm, das der Welt Sünde trägt.« Das wären zwei gute ungarische Gulden in das Beutelchen. Das Säckchen der Liebe sei das silberne Säckchen. In das erste Beutelchen gehen die Sprüche vom Wohltun, wie Gal. 5,13: »Dienet untereinander in der Liebe«; Matth. 25,40: »Was ihr einem von meinen Geringsten tut, das habt ihr mir selbst getan.« Das wären zwei silberne Groschen in das Beutelchen. In das andere Beutelchen gehe dieser Spruch, Matth. 5,11: »Selig seid ihr, wenn ihr verfolgt werdet um meinetwillen«; Hebr. 12,6: »Wen der Herr liebt, den züchtigt er; er stäupt aber einen jeglichen Sohn, den er aufnimmt.« Das sind zwei Schreckenberger[6] in das Beutelchen.

Und lasse sich hier niemand zu klug dünken und verachte solch Kinderspiel! Christus, da er Menschen erziehen wollte, mußte Mensch werden. Sollen wir Kinder erziehen, so müssen wir auch Kinder mit ihnen werden. Wollte Gott, daß solch Kinderspiel recht getrieben würde! Man sollte in kurzer Zeit einen großen Schatz von christlichen Leuten sehen und daß Seelen in der Schrift und Erkenntnis Gottes reich würden, bis sie selbst mehr solcher Beutelchen, nämlich Hauptbegriffe[7], machten und die ganze Schrift darein faßten. Sonst geht man täglich zur Predigt und geht wieder davon, wie man hingegangen ist. Denn man meint, es gelte nichts anderes, als die Zeit über zuzuhören, und niemand gedenkt, etwas davon zu lernen und zu behalten. So hört mancher Mensch drei, vier Jahre predigen und lernt doch nicht, daß er auf ein Stück des Glaubens antworten könnte, wie ich täglich wohl erfahre. Es steht in den Büchern genug geschrieben. Ja, es ist aber noch nicht alles in die Herzen getrieben!

Vorrede zu: Unterricht der Visitatoren an die Pfarrherrn im Kurfürstentum zu Sachsen
1528

Durch eine Visitation der Pfarrer und der Gemeinden die Neuordnung der kirchlichen Verhältnisse herbeizuführen, war ein Gedanke, der im Kurfürstentum Sachsen schon seit 1524 zur Geltung gebracht wurde. Die Freigabe solcher Maßnahmen durch den Reichstag zu Speyer 1526 beförderte diese Bestrebungen. Nach alter kirchlicher Ordnung wäre die Durchführung Pflicht der Bischöfe gewesen. Aber sie hatten sich ja der reformatorischen Bewegung versagt. Um so mehr begriffen es die Fürsten als Teil ihrer obrigkeitlichen Befugnisse, die Zuständigkeit für den kirchlichen Bereich wahrzunehmen, um dadurch zugleich ihre Souveränität zu stärken. Wenn Luther sich seinerseits mehrfach wegen der Visitation mit Bitten und Vorschlägen an den Kurfürsten wandte, so leitete ihn dabei allerdings ein anderes Verständnis. Nicht aufgrund ihrer weltlichen Obrigkeit, sondern aus christlicher Liebe sollten sich die Fürsten dieser Aufgabe unterziehen. Das war, von seiner Lehre von den zwei Regimenten Gottes her, nur als vorübergehende Notlösung gedacht, verfestigte sich jedoch unter den gegebenen Verhältnissen zum landesherrlichen Kirchenregiment, das in Deutschland praktisch bis 1918 bestand. Jedenfalls berief der Kurfürst im Jahr 1527 eine Viererkommission und erteilte ihr in einer ausführlichen Instruktion die nötigen Weisungen, vor allem für die Regelung der rechtlichen und finanziellen Angelegenheiten der Gemeinden. Aufgrund erster Erfahrungen und weiterer Beratungen arbeitete Melanchthon dann ein Kompendium über die geistlichen Ziele der Visitation aus, den Unterricht der Visitatoren, der mit einer Vorrede Luthers im Jahr 1528 gedruckt wurde. – WA 26;195-201.

Martin Elze

Ein wie göttliches, heilsames Werk es ist, die Pfarreien und christlichen Gemeinden durch verständige, geeignete Leute zu besuchen, zeigen uns das Neue und Alte Testament zur Genüge an. Denn so lesen wir, daß St. Petrus im jüdischen Land umherzog, Apg.9,32, und St. Paulus mit Barnabas, Apg.15,36, auch aufs neue alle Orte durchzog, wo sie gepredigt hatten. Und in allen Briefen bezeugt er, wie er um alle Gemeinden und Pfarreien besorgt ist, Briefe schreibt, seine Jünger sendet, auch selber läuft, ebenso wie auch die Apostel, Apg.8,14: »Als sie hörten, daß Samaria das Wort angenommen hatte, sandten sie Petrus und Johannes zu ihnen.« Und im Alten Testament lesen wir auch, daß Samuel jetzt zu Rama, jetzt zu Nobe, jetzt zu Gilgal und so weiter nicht aus Lust zu spazieren, sondern aus Liebe und Pflicht seines Amtes, dazu aus Not und Bedürfnis des Volkes umherzog, wie denn auch Elia und Elisa es taten, wie wir in den Königsbüchern (2.Kö.2,1ff.) lesen. Dieses Werk hat auch Christus selbst aufs eifrigste vor allen getan, so daß er deshalb auch nicht einen Ort auf Erden behielt, da er sein Haupt hinlegte, der sein eigen wäre. Ja, noch im Mutterleib fing er damit an, als er mit seiner Mutter über das Gebirge ging und St. Johannes besuchte.

Dieses Beispiel haben auch die alten Väter, die heiligen Bischöfe, vorzeiten mit Eifer betrieben, wie auch noch viel darüber in den päpstlichen Gesetzen zu finden ist. Denn aus dieser Tätigkeit sind ursprünglich die Bischöfe und Erzbischöfe hervorgegangen, je nach dem, wie einem jeglichen viel oder wenig zu besuchen und zu visitieren aufgetragen wurde. Denn eigentlich heißt ein Bischof ein Aufseher oder Visitator, und ein Erzbischof der, der über diese Aufseher und Visitatoren gesetzt ist. Denn ein jeglicher Pfarrer soll seine Pfarrkinder besuchen, auf sie acht haben und darauf sehen, wie man da lehrt und lebt, und der Erzbischof soll solche Bischöfe besuchen, auf sie acht haben und darauf sehen, wie sie lehren. Doch schließlich ist dieses Amt eine solche weltliche, prächtige Herrschaft geworden, in der die Bischöfe sich zu Fürsten und Herren gemacht und dieses Besuchsamt irgendeinem Propst, Vikar oder Dechanten[1] übertragen haben; und hernach, da Pröpste und Dechanten und Domherren auch faule Junker geworden waren, wurde es den Offizialen[2] übertragen, die mit Vorladungen die Leute plagten in Geldsachen und niemanden besuchten.

Endlich, als es nicht mehr schlimmer und tiefer fallen konnte, blieb Junker Offizial auch daheim in der warmen Stube und schickte irgendeinen Schelm oder Buben, der auf dem Land und in den Städten umherlief und, wenn er durch böse Mäuler und Verleumder etwas in den Schenken von Manns- oder Frauenspersonen hörte, es dem Offizial anzeigte; der griff sie dann auf nach seinem Schinderamt, schabte und preßte Geld auch von unschuldigen Leuten und brachte sie außerdem um Ehre und guten Leumund, woraus Mord und Jammer kam. Daher ist auch der heilige Send oder Synodus[3] unterblieben.

Summa: Dieses kostbare, edle Werk ist ganz dahingefallen und nichts davon übriggeblieben, als daß man die Leute um Geldes, Schulden und zeitlichen Gutes willen vorgeladen und in den Bann getan oder eine »göttliche Ordnung«[4] von Antiphonen und Versikeln[5], in den Kirchen zu plärren, aufgestellt hat. Aber wie man lehren, glauben, lieben, wie man christlich leben solle, wie die Armen versorgt werden, wie man die Schwachen tröstet, die Zügellosen straft und was sonst noch zu diesem Amt gehört, dessen ist nie gedacht worden. Bloße Junker und Prasser sind es geworden, die den Leuten das Ihrige verzehrt und nichts, ja vielmehr statt dessen reinen Schaden getan haben. Und so ist dieses Amt ebenso wie alle heilige, christliche alte Lehre und Ordnung auch zum Spott und Gaukelwerk des Teufels und Antichrist geworden, unter greulichem, schrecklichem Verderben der Seelen.

Denn wer kann aufzählen, wie nützlich und notwendig

dieses Amt in der Christenheit ist! Am Schaden kann man's merken, der daraus gekommen ist seit der Zeit, da es dahingefallen und entstellt worden ist; ist doch keine Lehre, kein Stand recht oder rein geblieben, sondern es sind dagegen so viele greuliche Rotten und Sekten aufgekommen, wie die Stifte und Klöster es sind, durch welche die christliche Kirche völlig unterdrückt gewesen, der Glaube erloschen, Liebe in Zank und Krieg verwandelt, das Evangelium unter die Bank gesteckt worden ist und bloßes Menschenwerk, -lehre und -träume anstelle des Evangeliums regiert haben. Da hatte freilich der Teufel leicht handeln, weil er dieses Amt darnieder und unter sich gebracht und lauter geistliche Gespenster und Mönchskälber aufgerichtet hatte, so daß ihm niemand widerstand. Dabei hat man doch schon große Mühe, auch wenn das Amt recht und eifrig in Übung ist, wie Paulus den Thessalonichern, Korinthern und Galatern klagt, daß auch die Apostel selbst alle Hände voll damit zu tun hatten. Was für Nutzen sollten dann die müßigen, faulen Bäuche hier schaffen!

Demnach, da uns jetzt das Evangelium durch unaussprechliche Gnade Gottes so barmherzig wiedergekommen oder sogar erst überhaupt aufgegangen ist und wir dadurch gesehen haben, wie elend die Christenheit verwirrt, zerstreut und zerrissen ist, hätten wir auch dieses rechte bischöfliche und Besuchsamt, als aufs höchste vonnöten, gern wieder eingerichtet gesehen. Aber weil unser keiner dazu berufen war oder mit Gewißheit den Auftrag hatte und St. Petrus in der Christenheit nicht etwas schaffen lassen will, man sei denn gewiß, daß es Gottes Geschäft sei (1.Petr.4,11), hat sich keiner vor dem anderen erdreistet, es auf sich zu nehmen. Da haben wir sicheres Spiel haben wollen[6] und uns an das Amt der Liebe gehalten, welches allen Christen gemeinsam geboten ist, und sind demütig mit Bitten an den durchlauchtigsten hochgeborenen Fürsten und Herrn, Herrn Johann, Herzog zu

Sachsen, des Römischen Reichs Erzmarschall und Kurfürsten, Landgrafen in Thüringen, Markgrafen zu Meißen, unseren gnädigsten Herrn als den Landesfürsten und unsere eindeutige weltliche Obrigkeit, die uns von Gott verordnet ist, herangetreten, daß Seine Kurfürstliche Gnaden aus christlicher Liebe – denn nach weltlicher Obrigkeit sind sie nicht verpflichtet – und um Gottes willen, dem Evangelium zugut und den elenden Christen in S.K.F.G. Landen zu Nutz und Heil gnädiglich etliche tüchtige Personen zu diesem Amt auffordern und verordnen sollten. Welches denn S.K.F.G. gnädig durch Gottes Wohlgefallen getan und ausgerichtet und es den folgenden vier Personen anbefohlen haben, nämlich dem gestrengen, ehrenfesten Herrn Hans Edlen von der Planitz, Ritter usw., dem achtbaren hochgelehrten Herrn Hieronymus Schurff, Doktor der Rechte usw., dem gestrengen und festen Asmus von Haubitz usw. und dem achtbaren, hochgelehrten Herrn Philippus Melanchthon, Magister usw. Gott gebe, daß es allen anderen deutschen Fürsten ein seliges Beispiel sei und werde, fruchtbar danach zu handeln, welches Christus auch zuletzt reichlich vergelten wird. Amen.

Weil aber der Teufel durch seine giftigen, unnützen Mäuler kein göttliches Werk ungeschmäht und ungeschabernackt lassen kann und bereits durch unsere Feinde viel daran auszusetzen und zu verdammen hat, so daß sogar etliche prahlen, unsere Lehren hätten uns gereut und wir seien zurückgewichen und hätten widerrufen – und wollte Gott, daß dies ihr Prahlen von rechter Art wäre und unser Widerrufen bei ihnen gelten müßte, so würden sie freilich viel eher auf unsere Seite als wir auf die ihre treten, würden unsere Lehre bestätigen und ihre Sache widerrufen müssen! –: so bin ich veranlaßt, dieses alles, was die Visitatoren ausgerichtet und schriftlich unserm gnädigsten Herrn angezeigt haben, nachdem ich es, von ihnen mit allem Fleiß zusammengetragen, erhalten habe, öffentlich durch den Druck an den Tag zu geben, damit man sehe, daß wir nicht im Winkel noch im Dunkeln handeln, sondern das Licht fröhlich und gewiß suchen und ertragen wollen. Und wiewohl wir es nicht als strenges Gebot ausgehen lassen können, auf daß wir nicht neue päpstliche Dekretalen aufbringen, sondern als eine Historie oder Geschichte, zudem als ein Zeugnis und Bekenntnis unseres Glaubens, so hoffen wir doch, alle rechtschaffenen, friedsamen Pfarrherren, die sich dem Evangelium mit Ernst ergeben und Lust haben, es demütig und in Übereinstimmung mit uns zu halten, wie St. Paulus Phil.2,2 lehrt, daß wir tun sollen, werden diesen Eifer unseres Landesfürsten und gnädigen Herrn, dazu unsere Liebe und Wohlmeinen, nicht undankbar und stolz verachten, sondern sich willig, ohne Zwang, nach Art der Liebe dieser Visitation unterwerfen und zusammen mit uns friedlich ihr nachleben, bis Gott der heilige Geist durch uns oder durch sie Besseres anfange.

Wenn aber etliche sich ihr mutwillig widersetzen und ohne guten Grund etwas Eigenes machen wollten, wie man denn wilde Köpfe findet, die aus lauter Bosheit nicht etwas Gemeinsames oder Übereinstimmendes ertragen können, sondern deren Herz und Leben es ist, abweichender Meinung und eigensinnig zu sein: so müssen wir sie sich von uns absondern lassen wie die Spreu von der Tenne und um ihretwillen nicht unsere gerechte Sache verlassen, obwohl wir auch in dieser Hinsicht unseres gnädigsten Herrn Hilfe und Rat nicht ungesucht lassen wollen. Denn obgleich S.K.F.G. zu lehren und geistlich zu regieren nicht aufgetragen ist, so sind sie doch als weltliche Obrigkeit schuldig, darauf zu halten, daß sich nicht Zwietracht, Rotten und Aufruhr unter den Untertanen erheben, wie auch der Kaiser Constantinus die Bischöfe nach Nicäa vorlud, weil er die Zwietracht nicht dulden wollte noch durfte, die Arius unter den Christen im Kaiserreich angerichtet hatte, und sie zu einträchtiger Lehre und Glauben anhielt.[7]

Aber Gott, der Vater aller Barmherzigkeit, gebe uns durch Jesus Christus, seinen lieben Sohn, den Geist der Einigkeit und Kraft, seinen Willen zu tun. Denn auch wenn wir aufs allerschönste einträchtig sind, haben wir dennoch alle Hände voll zu tun, daß wir Gutes tun und in der göttlichen Kraft beständig bleiben. Was sollte denn daraus werden, wenn wir uneins und ohne Übereinstimmung untereinander sein wollten? Der Teufel ist nicht fromm und gut geworden dieses Jahr, wird's auch nimmermehr. Darum laßt uns wachen und sorgsam sein, die geistliche Einigkeit, wie Paulus lehrt, zu halten im Band der Liebe und des Friedens (Eph.4,3).

Eine Predigt Martin Luthers, daß man Kinder zur Schule halten solle

1530

Auf Weisung seines Kurfürsten mußte Luther sich während des Augsburger Reichstages auf der Feste Coburg aufhalten. In dieser Zeit ist die Schrift entstanden. Sie wendet sich an Lazarus Spengler und den Rat der Stadt Nürnberg. Hier hatte Melanchthon 1526 die Obere Schule zu St. Ägidien gegründet. Luther will die Nürnberger in ihrem Bestreben, die Schulbildung zu fördern, bestärken und sie gleichzeitig als Muster für andere Städte hinstellen. In der Zielsetzung unterscheidet sich seine Argumentation von der thematisch ähnlich gelagerten Schrift an die Ratsherren (1524) dadurch, daß sie größeren Nachdruck legt auf die Ausbildung einer Führungsschicht in Kirche und Staat, veranlaßt durch den seither noch verstärkten Niedergang des Schulwesens im Zusammenhang mit den sozialen Unruhen jener Jahre und durch eine gewisse Ernüchterung infolge der inzwischen gemachten praktischen Erfahrungen. Aber die Grundgedanken jener früheren Schrift haben für Luther durchaus ihre Gültigkeit behalten. – WA 30,2;517-588.

Dietz Lange

Dem ehrbaren, weisen Lazarus Spengler, Syndicus der Stadt Nürnberg, meinem besonders lieben Herrn und Freunde.

Gnade und Friede in Christus, unserem lieben Herrn und treuen Heilande. Amen.

Ehrbarer, weiser, lieber Herr und Freund! Ich habe eine Rede verfaßt an die Prediger an allen Orten, daß sie die Leute ermahnen, ihre Kinder zur Schule zu schicken. Sie ist mir unter den Händen gewachsen und fast ein Buch geworden, wiewohl ich mich mit Gewalt habe zurückhalten müssen, daß sie nicht allzu lang würde; so inhaltsreich ist dieses Thema. Ich wollte wirklich gern, daß sie viel Nutzen schüfe. Ich habe sie auch unter Eurem Namen ausgehen lassen, in keiner anderen Absicht, als daß sie damit um so mehr Ansehen gewinnen möge und, wenn sie's wert ist, auch bei Euch unter Euren Bürgern gelesen werde. Denn obwohl ich annehmen kann, daß Eure Prediger hierin eifrig genug sein werden und die Dinge (als von Gott hochbegnadete Leute) so kennen und fördern, daß sie gottlob weder meines Ermahnens noch Unterrichts bedürfen, so schadet's doch nichts, daß viele gemeinsam ihre Stimme erheben und dem Teufel um so stärker entgegentreten.

Denn es kann gewiß nicht gut ausbleiben, daß in einer so großen Stadt unter einer so großen Menge von Bürgern der Teufel auch seine Kunst erproben wird und etliche anfechten, so daß sie das Wort Gottes und die Schulen verachten und insbesondere die Kinder von der Schule abwenden zum Dienst des Mammons, denn dazu gibt es viele Anlässe (z. B. das Handelswesen). Ohne Zweifel richtet er seine Gedanken darauf. Wenn er in Nürnberg das Wort und die Schule verächtlich gemacht hätte, so wäre ihm ein nicht geringer Teil seines Plans gelungen, insofern er damit ein Zeichen gesetzt hätte, das im ganzen deutschen Lande ein gewaltiges Aufsehen erregen und fürwahr allen Schulen in anderen Städten einen schweren Schlag versetzen würde. Denn Nürnberg leuchtet wahrlich ins ganze deutsche Land wie eine Sonne unter Mond und Sternen, und es beeinflußt andere Städte sehr stark in dem, was dort üblich ist.

Aber Gott sei gelobt und gedankt, der des Teufels Gedanken längst zuvorgekommen ist und einem ehrbaren, weisen Rat eingegeben hat, eine so schöne, herrliche Schule zu stiften und einzurichten mit großen Kosten und großem Aufwand. Er hat die allerbesten Leute dazu erwählt und eingesetzt, so daß gewiß (ich will's nicht zu hoch rühmen) keine hohe Schule, und wenn es Paris wäre, zuvor so gut mit Dozenten versorgt gewesen ist, wie mir das bezeugen müssen, die mit mir erzogen worden sind in hohen Schulen. Denn ich verstehe ihre Wissenschaft, habe sie auch gelernt und beherrsche sie auch noch – leider – allzu gut. Das sollte doch gewiß ein herrlicher, schöner Erfolg sein und eine Leistung dieser berühmten Stadt und ihrem weitbekannten weisen Rat wohl anstehend und angemessen. Dadurch haben sie ja christlich und reichlich ihre Untertanen bedacht und mit aller Treue zu ihrem Heil ewiglich und auch zu Nutzen und Ehre zeitlich gefördert. Dieses Werk wird Gott auch gewiß mit reichem Segen und Gnade unterstützen, je länger desto mehr, obgleich sich der Teufel eine Zeitlang dagegen sperren wird. Denn er kann ja nicht froh darüber sein, daß unserm Herrn ein so schönes Tabernakel[1] gebaut ist unter dieser Sonne. Er muß Wolken, Nebel und Staub zusammentreiben und allenthalben trachten, daß solcher Glanz nur ja nicht weit leuchte oder doch ja dunkel werde. Was sollte er anderes tun?

Sodann hoffe ich auch, daß die Bürgerschaft solche Treue und Liebe ihrer Herren anerkennen werde und dieses Wirken unterstütze, indem sie ihre Kinder zur Schule schickt, da sie ja sieht, daß für ihre Kinder so reichlich und eifrig gesorgt und alles bereitgestellt ist, ohne daß es sie etwas kostet – insbesondere wenn es die

Prediger kräftig einprägen. Denn wenn diese es nicht einprägen, wird der einfache Mann durch Gedanken vom Satan angefochten und überwältigt, so daß er leicht davon abläßt und vor lauter anderen Geschäften die Sache doch nicht so durchdenken kann, wie's ein Prediger tun kann: worauf es ankommt, wie groß der Nutzen oder Schaden hier sei. Darum muß man auch Geduld mit ihnen haben, sofern sie nicht verstockt und böse sind. Denn ich kenne Nürnberg so weit schon, daß es gottlob viele gute christliche Bürger hat, die von Herzen gern tun, was sie tun sollen, wenn sie es nur wissen oder es ihnen gesagt wird. Diesen Ruhm haben sie nicht allein bei mir, sondern überall.

Es ist hier kein anderer Schaden zu befürchten, als daß etwa ein Vergötzer oder Knecht eines Götzen (ich meine den Mammon) seinen Sohn von der Schule nimmt und behauptet: Wenn mein Sohn rechnen und lesen kann, so kann er genug; man hat jetzt deutsche Bücher usw., und damit ein schlechtes Beispiel gibt den anderen rechtschaffenen Bürgern; dem würden sie dann, ohne ihren Nachteil zu bedenken, folgen, im guten Glauben, es sei ganz recht getan und müsse so sein. Diesem Schaden können die Prediger durchaus abhelfen. Denn es muß eine Gemeinde und besonders eine solche Stadt mehr Menschen als nur Kaufleute haben, auch andere Leute, die mehr können als rechnen und deutsche Bücher lesen. Deutsche Bücher sind vornehmlich für den einfachen Mann gemacht, daß er sie zu Hause liest. Aber zum Predigen, Regieren und Rechtsprechen, im geistlichen wie im weltlichen Stande, reichen gewiß alle Wissenschaften und Sprachen in der Welt nicht aus (geschweige denn die deutsche allein), besonders jetzt zu unserer Zeit, da man mit mehr und anderen Leuten zu reden hat als mit Nachbar Hans. Aber solche Götzendiener denken an das Regieren nicht, merken auch nicht, daß sie, wenn es das Predigen und Regieren nicht gäbe, ihrem Götzen auch nicht eine Stunde lang dienen könnten.

Ich möchte durchaus glauben, daß unter so vielen Leuten ein Götzendiener oder etliche sind, die nichts danach fragen, ob die löbliche Stadt Nürnberg Ehre oder Schande erntet, solange sie nur ihren Gewinn haben. Aber dann darf man umgekehrt nach diesem gefährlichen Götzendiener auch nichts fragen und muß ihn fahrenlassen mit seinem schlechten Beispiel. Statt dessen muß man denken: So hoher Ruhm es ist für diese Stadt, daß ein ehrbarer Rat so treulich und redlich verfährt mit der Schule, so große Schande wäre es andererseits, wenn die Bürger solche Treue und Wohltat ihrer Herren verachteten und sich dadurch mitschuldig machten an dem schlechten Beispiel und Ärgernis, das allen anderen Städten damit gegeben wäre, die daraufhin sagen dürften: Ja, so macht man's in Nürnberg, wo auch vornehme Leute sind; warum sollten wir's dann besser machen?

Willst du Götzendiener nicht bedenken, was göttlich und ehrenhaft ist, und allein auf deinen Götzen achten, so wird Gott dennoch Leute finden, die es bedenken. Denn ich hab' gottlob recht viele Städte kennengelernt, wo der Rat nicht sehr um Wort Gottes und Schule bemüht war, wo aber so viele rechtschaffene Bürger sich fanden, die durch tägliches Bitten den Rat dann doch gezwungen haben, Schulen und Pfarren einzurichten. So wird, wenn Gott will, in Nürnberg die Schande, die deinetwegen käme, auch nicht hervortreten, daß nämlich die Bürger nach deinem Beispiel die Schulen verachten, die ein ehrbarer Rat mit so großer Treue und solchen Kosten stiftet und unterhält, während es doch in viel geringeren Städten die Bürger zuwege bringen, obgleich der Rat nicht darauf achtet.

Aber wohin gerate ich mit meinem Geschwätz, lieber Herr und Freund? Ich meine, es sei die Art dieser Dinge, daß man oft davon reden müsse, jedoch ich will hiermit unter Eurem Namen mit allen Bürgern Eurer Stadt so geredet haben. Ich bitte freundlich, mir das zugute zu halten und, wie Ihr ohnehin bisher getan habt und noch tut, zu helfen, diese Sache zu Ehren zu bringen und zu fördern. Denn ich meine es wahrlich gut, das weiß Gott. Christus, unser Herr, stärke und erhalte Euch bis zu jenem Tag, an dem wir uns, wenn Gott will, fröhlich sehen werden in einer anderen Gestalt. Denn der Euch so viel hat tun lassen an seinem Werk und Wort, der wird auch fortfahren und das alles vollenden. Dem sei Lob und Dank in Ewigkeit. Amen.

Euer dienstwilliger Martinus Luther

Allen meinen lieben Herren und Freunden, Pfarrherren und Predigern, die Christus mit Treue suchen, Martinus Luther.

Gnade und Friede in Christus Jesus, unserem Herrn.

Meine liebsten Herren und Freunde, ihr seht vor Augen, wie der leidige Satan uns jetzt von allen Seiten mit Gewalt und auch mit List auf vielfache Weise angreift und uns alles mögliche Unglück zufügt, um das heilige Evangelium und Gottes Reich zu zerstören oder, wenn er's nicht zerstören kann, um es doch auf jede Weise zu behindern und nur ja abzuwenden, daß es Fortschritte mache oder die Oberhand gewinne. Unter diesen seinen Listen ist das gewiß der größten eine (wenn nicht gar die größte), daß er die einfachen Leute so betört und betrügt, daß sie ihre Kinder weder zur Schule schicken noch zum Studium erziehen wollen. Er gibt ihnen diese gefährlichen Gedanken ein: Da es keine Hoffnung gebe auf die Möncherei, Nonnerei, Pfafferei, wie's bisher gewesen ist, so bedürfe man keiner Gelehrten noch vielen Studierens mehr, sondern müsse zusehen, wie man Nahrung und Reichtum bekomme.

Das soll mir doch wahrlich ein rechtes Meisterstück der teuflischen Kunst sein: Während er sieht, daß er's zu unseren Zeiten nicht machen und schaffen kann, wie er gern wollte, so gedenkt er dann doch bei unseren Nachkommen seinen Willen zu bekommen, die er jetzt vor unseren Augen so zurüstet, daß sie nichts lernen oder wissen werden. So gedenkt er, wenn wir nun tot sind, ein nacktes, bloßes, wehrloses Volk vor sich zu haben, mit dem er's machen kann, wie er will. Denn wenn die Schrift und Gelehrsamkeit untergeht, was soll da bleiben in deutschen Landen als ein wüster, wilder Haufen Tataren oder Türken, ja vielleicht ein Saustall und eine Horde von lauter wilden Tieren? Solches läßt er sie aber jetzt nicht sehen und blendet sie meisterlich, damit er dann, wenn es so weit käme und sie durch Erfahrung solches sehen müßten, sich über alle Klage und alles Heulen ins Fäustchen lachen könne. Denn sie könnten dann nicht mehr, wenn sie's auch gern wollten, der Sache steuern oder abhelfen und müßten sagen: Man hat zu lange gewartet. Sie würden dann gern hundert Gulden geben für einen halben Gelehrten, während sie jetzt nicht zehn gegeben hätten für zwei ganze Gelehrte.

Es geschähe ihnen auch ganz recht. Sie wollen tüchtige, ehrbare, anständige Schulmeister und Lehrer, von Gott dargeboten, jetzt nicht ernähren oder unterhalten, die ihre Kinder zu Gottesfurcht, Zucht, Wissenschaft, Gelehrt- und Geehrtsein erziehen mit viel Arbeit, Fleiß und Mühe, obendrein mit geringen Kosten und geringem Entgelt. So sollen sie dafür Hilfslehrer und Vagabunden kriegen, ungebildete Esel und Tölpel, wie sie früher gehabt haben, die ihre Kinder mit hohen Kosten und für hohes Entgelt dann doch nichts anderes lehren, als reine Esel zu sein, und dafür ihre Frauen, Töchter, Mägde schänden, und die obendrein Herren über ihre Häuser und Güter sind, wie's bisher geschehen ist. Solches soll der Lohn sein für ihre große, schändliche Undankbarkeit, in die sie der Teufel so listig hineinführt.

Weil wir nun gegenüber solcher und anderer bösen List

als Seelsorger wachen sollen gemäß der Pflicht unseres Amtes, dürfen wir wahrlich in dieser Sache nicht schlafen, auf die so viel ankommt, sondern müssen anstoßen, ermahnen, locken, treiben mit aller Kraft, mit Fleiß und Fürsorge, damit sich der einfache Mann nicht so jämmerlich betrügen und verführen lasse vom Teufel. Darum sehe ein jeder auf sich und nehme seine Aufgabe wahr, daß er hier nicht schlafe und lasse den Teufel Gott und Herrn sein. Wenn wir nämlich hier schweigen und schlafen, so daß die Jugend so vernachlässigt wird und unsere Nachkommen Tataren oder wilde Tiere werden, so wird es unseres Schweigens und Schnarchens Schuld sein, und wir werden schmerzliche Rechenschaft dafür geben müssen.

Zwar weiß ich, daß viele von euch sowieso, auch ohne mein Ermahnen, dieses besser ins Werk setzen, als ich's darlegen kann. Außerdem habe ich auch früher an die Ratsherren in den Städten ein besonderes Büchlein darüber ausgehen lassen. Doch für den Fall, daß irgendwelche Leute dieses vergessen oder daß sie meinem Beispiel noch eifriger folgen wollen, habe ich diese meine Predigt, die ich mehr als einmal bei den Unseren gehalten habe, euch zukommen lassen, damit ihr spürt, daß ich gewiß auch treulich mit euch hieran arbeite und wir so überall das Unsere tun und vor Gott in bezug auf unser Amt ohne Schuld sind. Es liegt wahrlich jetzt an uns, da wir doch sehen, daß auch die, welche man die Geistlichen heißt, sich so zu der Sache stellen, als wollten sie alle Schulen, Erziehung und das Studium zugrunde gehen lassen oder gar selbst hinabstürzen helfen, weil sie ihre Willkür nicht ungehindert durchsetzen dürfen wie bisher. Das betreibt in der Tat der Teufel durch sie. Gott helfe uns. Amen.

EIN SERMON ODER EINE PREDIGT, DASS MAN KINDER ZUR SCHULE HALTEN SOLLE

Liebe Freunde, weil ich sehe, daß sich der einfache Mann ablehnend verhält gegen die Erhaltung der Schule und seine Kinder ganz und gar vom Studium abzieht und allein auf die Nahrung und den Bauch sich verlegt und daneben nicht bedenken will oder kann, welch eine greuliche, unchristliche Sache er sich damit vornimmt und wie großen, mörderischen Schaden, dem Teufel zu Diensten, er in aller Welt anrichtet, habe ich mir vorgenommen, diese Ermahnung an euch zu richten, für den Fall, daß vielleicht noch irgendwelche Leute da sind, die noch ein wenig glauben, daß ein Gott im Himmel und eine Hölle für den Ungläubigen vorhanden ist (denn es benimmt sich fast alle Welt, als gäbe es weder Gott im Himmel noch den Teufel in der Hölle), und diese Ermahnung beachten. So will ich aufzeigen, was in dieser Sache von Nutzen oder Schaden ist.

Zuerst wollen wir den geistlichen oder ewigen Nutzen und Schaden uns vornehmen, danach den zeitlichen oder weltlichen. Ich hoffe ja, daß die Gläubigen und wer Christ heißen will sehr wohl wissen, daß der geistliche Stand von Gott eingesetzt und gestiftet ist – nicht mit Gold oder Silber, sondern mit dem teuren Blut und bitteren Tode seines einzigen Sohnes, unseres Herrn Jesus Christus. Denn aus seinen Wunden fließen wahrlich (wie man's vorzeiten auf die Druckblätter malte) die Sakramente, und er hat es wahrlich teuer erkauft, daß man in der ganzen Welt dieses Amt hat, zu predigen, zu taufen, zu lösen, zu binden, Sakramente zu reichen, zu trösten, zu warnen, zu ermahnen mit Gottes Wort und was sonst zum Amt der Seelsorge gehört. Denn dieses Amt fördert auch nicht allein hier das zeitliche Leben und alle weltlichen Stände und hilft sie erhalten, sondern gibt das ewige Leben und erlöst vom Tod und der Sünde, welches denn seine eigentliche, vornehmste Wirkung ist. Und zwar steht und bleibt die Welt überhaupt allein um dieses Standes willen, sonst wäre sie längst zugrunde gegangen.

Ich meine aber nicht den jetzigen geistlichen Stand in Klöstern und Stiften mit seinem ehelosen Unwesen. Denn dieser ist längst von seiner ursprünglichen löblichen Stiftung abgefallen und nun nicht mehr als ein Stand, der für Geld und Verzinsung gestiftet ist durch menschliche Weisheit, hat auch nichts Geistliches an sich, außer daß sie nicht verehelicht sind (sie bedürfen dessen auch nicht, sie haben sicher anderes statt dessen). Ohnehin ist's alles rein äußerliches, zeitliches, vergängliches Gepränge, denn sie achten das Wort und Predigtamt nicht. Wo aber das Wort nicht ergeht, da muß schlechte Geistlichkeit sein. Sondern den Stand meine ich, der das Predigtamt und den Dienst des Wortes und der Sakramente hat, das den Geist gibt und alle Seligkeit, die man mit keinem Gesinge und Gepränge erlangen kann, nämlich das Pfarramt, Lehrer, Prediger, Lektoren, Priester (die man Kaplane nennt), Küster, Schulmeister und was zu solchen Ämtern und Personen noch gehört, welchen Stand die Schrift wahrlich hoch rühmt und lobt. St. Paulus nennt sie Gottes Haushalter und Knechte, Bischöfe, Doktoren, Propheten, dazu auch Gottes Boten, zu versöhnen die Welt mit Gott, 2.Kor.5,20. Joel nennt sie die Heilande[2], David nennt sie Könige und Fürsten, Ps.68,13. Haggai nennt sie Engel (1,13), und Maleachi spricht: »Die Lippen des Priesters bewahren das Gesetz, denn er ist ein Engel des Herrn Zebaoth« (2,7), wie sie Christus selbst nennt, nicht nur Matth.11,10, wo er den Täufer Johannes einen Engel nennt, sondern auch im ganzen Buch der Offenbarung des Johannes.

Darum haben die Alten diesen Stand sehr gemieden und sich gescheut, ihn zu übernehmen, um seiner großen Würde und Bedeutung willen, so daß man sie dazu hat zwingen und treiben müssen, wiewohl es hernach und bis jetzt viele gegeben hat, die diesen Stand gepriesen haben, um des Messehaltens willen mehr als um des Predigens willen. Dieser Preis und Ruhm ist bis heute gewachsen, so sehr, daß sie das priesterliche Amt und den priesterlichen Stand (das Meßopfer zu bringen) über Maria und die Engel gesetzt haben, weil die Engel und Maria nicht die Messe halten können, was doch ein Priester könne. Und es ist eine herrliche Sache gewesen um einen neuen Priester und eine erste Messe, und selig war die Frau, die einen Priester getragen hatte (vgl. Luk.11,27), während doch das Wort und Predigtamt das Allerhöchste und Vornehmste ist, das man nicht so hoch geachtet hat. Kurz: Ein Priester hat geheißen, wer Messe halten konnte, auch wenn er nicht ein Wort zu predigen gewußt hat und ein ungebildeter Esel gewesen ist. Das ist im Grunde der jetzige geistliche Stand noch heutzutage.

Ist nun das gewiß und wahr, daß Gott den geistlichen Stand selbst eingesetzt und gestiftet hat mit seinem eigenen Blut und Tode, so ist's wohl zu verstehen, daß er ihn hoch geehrt haben und nicht dulden will, daß er untergehen soll oder aufhören, sondern ihn erhalten haben will bis zum Jüngsten Tag. Denn es muß ja das Evangelium und die Christenheit bestehen bleiben bis zum Jüngsten Tag, wie Christus spricht Matth.28,20: »Siehe, ich bin bei euch bis an der Welt Ende.« Durch wen soll er aber erhalten werden? Ochsen und Pferde, Hunde und Säue werden's nicht tun, Holz und Steine auch nicht. Wir Menschen werden es tun müssen, denn es ist ja dieses Amt weder Ochsen noch Pferden anvertraut, sondern uns Menschen. Woher soll man aber Menschen dazu nehmen außer von denen, die Kinder haben? Wenn du dein Kind nicht dazu erziehen willst, jener auch nicht und so fort, wenn kein Vater oder Mutter ihr Kind unserm Gott hierzu geben will, wo sollen dann das geistliche Amt und der geistliche Stand bleiben? Die Alten, die jetzt darin sind, werden nicht ewig leben, sondern sterben täglich dahin, und es sind keine anderen da an ihrer Statt. Was wird Gott am Ende dazu sagen? Meinst du, er werde daran Gefallen haben, daß wir sein göttlich gestiftetes Amt, zu seinem Lob und Ehre und zu unserem Heil so teuer erworben, so schändlich verachten und mit solchem Undank verfallen und untergehen lassen?

Er hat die Kinder gegeben und Nahrung dazu – nicht darum, daß du bloß deine Lust an ihnen haben sollst oder sie zu weltlichem Ruhm erziehen. Es ist dir ernstlich geboten, daß du sie erziehen sollst zu Gottes Dienst – oder aber du sollst mit Kindern und allem ganz ausgerottet werden, daß alles verdammt sei, was du ihnen zuwendest, wie das erste Gebot sagt: »Ich suche heim der Väter Missetat an den Kindern bis ins dritte und vierte Glied denen, die mich hassen.« (2.Mose 20,5) Wie willst du sie aber zu Gottes Dienst erziehen, wenn das Predigtamt und der geistliche Stand darniederliegt und verfallen ist? Und deine Schuld ist's, der du sehr wohl etwas hättest dazu tun können und helfen, ihn zu erhalten, wenn du dein Kind hättest lernen lassen. Denn wenn du es tun kannst und dein Kind dazu fähig ist oder Lust hat, und du tust es nicht, sondern hinderst es – hörst du es wohl? –, so bist du schuldig an dem Schaden, daß der geistliche Stand verfällt und weder Gott noch Gottes Wort in der Welt bleibt. Denn soviel an dir ist, lässest du ihn verfallen, und weil du ein Kind nicht dafür hergeben willst, so tätest du's ebenso auch mit allen, wenn du die Welt voll Kinder hättest, so daß um deinetwillen Gottes Dienst einfach zugrunde geht.

Es hilft dir nichts, wenn du sagen wolltest: Mein Nachbar schickt seinen Sohn zur Schule, ich brauch's nicht. Denn dein Nachbar kann auch so reden, und so fort alle Nachbarn. Wo kriegt Gott derweil die Leute her zu seinem geistlichen Amt? Du hast die Person und kannst sie hergeben, aber du willst's nicht tun, dein Nachbar auch nicht – also geht's denn zugrunde, soviel an euch ist. Weil du denn deinem Gott sein gestiftetes und eingesetztes Amt, so hoch und teuer erkauft, verwüsten lässest und mit solcher greulichen Undankbarkeit untergehen, darum wirst du auch selbst verflucht sein und sowohl an deinen Kindern als auch an dir selbst lauter Schande und Leid erleben oder doch auf andere Weise so geplagt werden, daß du nicht allein hier auf Erden, sondern auch dort ewiglich in der Hölle samt ihnen verdammt wirst. Das wird dir nicht erspart bleiben, damit du lernest, die Kinder seien nicht so ganz und gar dein, daß du Gott nichts davon geben müssest. Er will auch ein Recht darauf haben, und sie sind auch mehr sein als dein.

Damit du nicht denkst, ich setze dir hiermit zu hart zu, so will ich dir Nutzen und Schaden zum Teil vorstellen (denn wer kann es alles aufzählen), die du anrichtest, so daß du selbst sagen mußt, du seiest mit vollem Recht des Teufels Eigentum und verdientermaßen zur Hölle ewiglich verdammt, wenn du dich sträflich hierein ergibst und dich nicht besserst. Umgekehrt kannst du dich auch von Herzen freuen und fröhlich sein, wenn du dich darein findest, daß du von Gott dazu erwählt bist, mit deinem Besitz und deiner Arbeit einen Sohn zu erziehen, der ein frommer, christlicher Pfarrer, Prediger oder Schulmeister wird. Damit hast du dann für Gott selbst einen besonderen Diener erzogen, ja, wie oben gesagt ist, einen Engel Gottes, einen rechten Bischof vor Gott, einen Heiland vieler Leute, einen König und Fürsten in Christi Reich und in Gottes Volk einen Lehrer, ein Licht der Welt. Und wer will oder kann alle Ehre und Tugend eines rechten, treuen Pfarrers aufzählen, die er vor Gott hat? Es ist ja kein teurerer Schatz, kein edleres Ding auf Erden und in diesem Leben als ein rechter treuer Pfarrer oder Prediger.

Denn urteile du selbst, welchen Nutzen das liebe Predigtamt und die Seelsorge schafft. Den schafft gewiß auch dein Sohn, der solches Amt treulich ausübt, indem so viele Seelen täglich durch ihn belehrt, bekehrt, getauft und zu Christus gebracht und selig gemacht werden und von Sünde, Tod, Hölle und Teufel erlöst, zur ewigen Gerechtigkeit, zum ewigen Leben und Himmel durch ihn kommen, wie mit Recht Dan. 12,3 sagt, daß diejenigen, die andere lehren, leuchten sollen wie der Himmel, und die so viele zur Gerechtigkeit weisen, sollen sein wie die Sterne in Ewigkeit. Denn weil Gottes Wort und Amt, wenn es recht in Erscheinung tritt, ohne Unterlaß große Dinge tun wird und reine Wunderwerke vollbringen, so wird dein Sohn auch ohne Unterlaß große, reine Wunder tun vor Gott, z. B. Tote auferwecken, Teufel austreiben, Blinde sehend, Taube hörend, Aussätzige rein, Stumme redend, Lahme gehend machen. Wenn's nicht leiblich geschieht, so geschieht's doch geistlich in der Seele, wo es viel gewichtiger ist, wie Christus spricht Joh. 14,12: »Wer an mich glaubt, der wird die Werke tun, die ich tue, und noch größere Werke tun.« Kann solches ein Glaubender tun an einzelnen Personen, wieviel mehr wird solches ein öffentlicher Prediger tun an und in einer ganzen Menge! Nicht daß er's tue als ein Mensch, sondern sein Amt, von Gott dazu eingesetzt, das tut's, und das Wort Gottes, das er lehrt, denn er ist ja das Werkzeug eben dazu.

Tut er nun solche großen Werke und Wunder geistlich, so folgt daraus, daß er sie auch leiblich tut oder jedenfalls Anstifter und Ursache dazu ist. Denn woher kommt's, daß die Christen am Jüngsten Tage von den Toten auferstehen werden, daß alle Tauben, Blinden, Lahmen – daß alles, was es an Plagen des Leibes gegeben hat, aufhören muß und ihre Leiber nicht allein schön, hübsch, gesund, sondern auch so hell und schön leuchten werden wie die Sonne, wie Christus spricht (Matth. 13,43)? Kommt's nicht daher, daß sie durchs Wort Gottes hier auf Erden bekehrt sind, gläubig, getauft und Christus einverleibt? Wie Paulus sagt Röm. 8,11, daß Gott unsere sterblichen Leiber auferwecken wird um seines Geistes willen, der in uns wohnt. Wer verhilft nun den Menschen zu solchem Glauben und Anfang der leiblichen Auferstehung außer dem Predigtamt und dem Wort Gottes, das dein Sohn führt? Ist das nun nicht ein unermeßlich größeres, herrlicheres Werk und Wunder, als wenn er leiblich oder zeitlich Tote wieder zu diesem Leben auferweckte oder Blinden, Tauben, Stummen, Aussätzigen hülfe in der Welt und im vergänglichen Dasein?

Wenn du gewiß wärest, daß dein Sohn dieser Werke eines an einem einzigen Menschen tun würde, nämlich daß er nur einen Blinden sehend machen, einen Toten auferwecken, eine Seele dem Teufel nehmen, einen Menschen aus der Hölle erretten würde oder was derlei mehr ist, solltest du nicht von Rechts wegen und voller Freude dein Gut daransetzen, daß er zu diesem Amt und Werk erzogen werden möge, und vor großer Freude springen, daß du mit deinem Geld vor Gott eine so große Sache gestiftet hättest? Denn was sind alle Stifte und Klöster, wie sie jetzt sind und wie sie beschäftigt sind mit ihren eigenen Werken, gegen einen solchen Pfarrer, Prediger oder Schulmeister? Obwohl sie vorzeiten und ursprünglich von frommen Königen und Herren allesamt zu diesem teuren Werk gestiftet sind, daß man solche Prediger und Pfarrer darin erziehen sollte, sind sie jetzt leider durch den Teufel in den jammervollen Zustand geraten, daß es Mordgruben und lauter Vorburgen der Hölle geworden sind, zum Verderben und Schaden der Christenheit.

Nun sieh: Dein Sohn tut von solchen Werken nicht allein eines, sondern viele, ja allesamt, und das täglich. Und was das Allerbeste ist: Für Gott tut er sie; dafür sieht der sie an und hält sie so hoch in Ehren, wie gesagt, obgleich es die Menschen nicht erkennen oder beachten. Ja, wenn die Welt ihn gleich einen Ketzer, Verführer, Lügner, Aufrührer schilt: Das ist um so besser und ein gutes Zeichen, daß er ein rechtschaffener Mann ist und seinem Herrn Christus ähnlich. Mußte doch Christus selbst auch ein aufrührerischer Mörder und Verführer sein und darum mit den Mördern hingerichtet und gekreuzigt werden. Was kümmerte es mich, wenn ich ein Prediger wäre, daß mich die Welt einen Teufel hieße, wenn ich weiß, daß mich Gott seinen Engel heißt? Die Welt heiße mich einen Verführer, solange sie will; indessen heißt mich Gott seinen treuen Diener und Hausknecht, die Engel heißen mich ihren Gesellen, die Heiligen heißen mich ihren Bruder, die Gläubigen heißen mich ihren Vater, die bekümmerten Seelen heißen mich ihren Heiland, die Unwissenden heißen mich ihr Licht, und Gott spricht Ja dazu, es sei so, und auch die Engel samt allen Kreaturen. Ei, wie hübsch hat mich dann die Welt samt dem Teufel betrogen mit ihrem Lästern und Schmähen? Ei, wieviel hat sie an mir gewonnen? Wie großen Schaden hat sie mir angetan? Die liebe, gute!

Das ist nun gesagt von den Werken und Wundern, die dein Sohn tut an den Seelen, um von Sünde, Tod und Teufel zu helfen. Darüber hinaus tut er auch an der Welt lauter große, mächtige Werke, nämlich daß er alle Stände unterrichtet und unterweist, wie sie äußerlich in ihren Ämtern und Ständen sich verhalten sollen, womit sie vor Gott recht tun; er kann die Betrübten trösten, Rat geben, böse Streitsachen schlichten, irrende Gewissen zurechtbringen, helfen Frieden zu halten, versöhnen, einigen – und Werke ohne Zahl, viel und täglich. Denn ein Prediger bestätigt, stärkt und hilft erhalten alle Obrigkeit, allen zeitlichen Frieden, wehrt den Aufrührerischen, lehrt Gehorsam, Sitten, Zucht und Ehre, unterweist den Vaterstand, Mutterstand, Kinderstand, Knechtsstand – kurz: alle weltlichen Ämter und Stände. Dies sind gewiß die geringsten guten Werke eines Pfarrers; dennoch sind sie so hoch und edel, daß unter allen Heiden noch kein Weiser sie jemals erkannt noch verstanden, viel weniger zu tun vermocht hat, auch noch kein Jurist, keine hohe Schule, kein Stift oder Kloster solche Werke kennt, daß sie auch weder im geistlichen noch im weltlichen Recht gelehrt werden. Denn da ist niemand, der solche weltlichen Ämter Gottes große Gaben oder gnädige Ordnung hieße; sondern das Wort Gottes und das Predigtamt allein preist und ehrt sie so hoch.

Darum, wenn man die Wahrheit sagen will: Der zeitliche Friede, der das größte Gut auf Erden ist, in dem auch alle anderen zeitlichen Güter inbegriffen sind, ist eine ureigene Frucht des rechten Predigtamtes. Denn wo dieses ausgeübt wird, bleiben Krieg, Hader und Blutvergießen wohl aus; wo es aber nicht recht ausgeübt wird, da ist's auch kein Wunder, daß da Krieg ist oder jedenfalls ständige Unruhe, Lust und Wille, Krieg zu führen und Blut zu vergießen. So sehen wir jetzt, daß die Sophisten[3] nichts anderes als nach Blut schreien und Feuer speien können; sie vergießen der unschuldigen Pfarrer Blut um der Ehe willen[4], während doch selbst der Papst und ihr eigenes geistliches Recht, wenn sie solche Ehe streng bestrafen, die Pfarrer absetzen vom Priesteramt, sie aber Leben und Gut und christliche Ehre behalten lassen. Noch weniger verdammen sie sie zur Hölle, halten sie auch nicht für Ketzer, wie alle Juristen und alle Welt bezeugen müssen und wie es auf dem Reichstage zu Nürnberg Gesetz geworden ist. Aber die blinden Bluthunde haben sich vom Predigtamt fort der Lüge ergeben. Darum können sie auch das Morden nicht lassen, wie der Teufel, ihr Gott, auch tut, der von Anfang an ein Lügner und Mörder gewesen ist und bleibt, Joh. 8,44.

So wird nun Menschen an Leib und Seele, an Gut und Ehre gedient von einem rechten Pfarrer. Darüber hinaus sieh nun, wie er Gott dient und was für herrliche Opfer und Gottesdienste er darbringt; denn durch sein Amt und Wort wird das Reich Gottes in der Welt erhalten, die Ehre, der Name und Ruhm Gottes, die rechte Erkenntnis Gottes, der rechte Glaube und das rechte Verständnis Christi, die Frucht des Leidens und Blutes und Sterbens

Christi, die Gaben, Werke und Kraft des heiligen Geistes, der rechte heilsame Gebrauch der Taufe und Sakramente, die richtige, reine Lehre des Evangeliums, die rechte Weise, den Leib zu züchtigen und zu kreuzigen, und dergleichen viel. Wer könnte eines der genannten Dinge jemals genug preisen? Und was ist noch davon zu sagen? Wieviel er damit tut, daß er gegen den Teufel, die Weltweisheit und den fleischlichen Dünkel so viel Streit aushält, so viele Siege davonträgt, so viel Irrtum niederschlägt, so vielen Ketzereien wehrt! Denn er muß gegen der Hölle Pforten streiten und kämpfen und den Teufel überwinden – und tut's auch nicht er, sondern sein Amt und Wort: Das alles sind unzählige und unaussprechliche Werke und Wunder des Predigtamtes. Kurz: Erst wenn man Gott selbst gebührend loben wird, wird man sein Wort und seine Predigt auch gebührend loben, denn es ist Gottes Amt und Wort.

Wenn du nun gleich ein König wärest, so solltest du doch dich nicht für dessen würdig halten, daß du deinen Sohn mit all deinem Gut, das du daran gesetzt hast, zu solchem Amt hingeben und erziehen darfst: Ist nicht hier dein Pfennig oder die Arbeit, die du für einen solchen Sohn aufwendest, allzu hoch geehrt, allzu herrlich gesegnet, allzu kostbar angelegt und besser als jedes Königreich und Kaisertum vor Gottes Augen angesehen? Auf den Knien sollte einer solchen Pfennig an der Welt Ende tragen, wenn er wüßte, daß er dort so herrlich und lohnend angelegt werden sollte; und sieh: Du hast's in deinem Hause und auf deinem Schoß, wofür du es so herrlich anlegen kannst. Pfui und abermals pfui und noch einmal pfui über unsere blinde und schändliche Undankbarkeit, daß wir nicht sehen, was für einen besonders schönen Gottesdienst wir vollbringen, ja, welche großen Herren wir sein könnten vor Gott mit geringem Tun, obendrein mit unserem eigenen Geld und Gut.

Die Sophisten schelten uns, daß wir Lutherischen nicht

gute Werke lehrten. Fürwahr, das sind feine Gesellen, sie verstehen sich nicht übel auf gute Werke. Sind diese oben genannten Dinge nicht gute Werke? Was sind aller Stifte und Klöster Werke gegen diese herrlichen Wunder? Es ist ein Dohlen-und Rabengekrächze und doch nicht so gut wie das Krächzen der Dohlen, denn diese krächzen doch mit Liebe und Lust; sie aber heulen ihr Gekrächze mit Unlust wie die Uhus und Nachteulen. Hat man nun früher Großes von den ersten Messen und neuen Priestern gehalten und sind Vater und Mutter samt allen Freunden fröhlich gewesen, daß sie einen Sohn zum müßigen, faulen, unnützen Meßpfaffen oder Freßpfaffen erzogen haben, der Gott mit seinen lästerlichen Meßopfern und mit vergeblichem Gebet geschändet und die Welt mit zuchtlosem Leben geärgert und geplündert hat, wieviel mehr solltest du dich nun freuen, wenn du einen Sohn zu einem dieser Ämter erzogen hättest, wo du gewiß bist, daß er Gott so herrlich dient, den Menschen so reichlich hilft und den Teufel so ritterlich schlägt! Da hast du ja dein Kind Gott recht geopfert, so daß dich selbst die Engel als ein großes Wunder ansehen müssen.

Andererseits sollst du auch wissen, was du für Schaden anrichtest, wenn du in dieser Sache das Gegenteil tust. Denn wenn dir Gott ein Kind gegeben hat, geeignet und fähig zu solchem Amt, und du erziehst es nicht dazu, siehst allein auf den Bauch und zeitliche Nahrung, so nimm dir vor das Register, das droben aufgestellt ist, und geh dasselbe durch nach den darin aufgeführten guten Werken und Wundern, so wirst du sehen und finden, was für ein Frömmler und was für ein kümmerliches Pflänzchen du bist. Denn soviel an dir ist, entziehst du Gott einen Engel, einen Diener, einen König und Fürsten in seinem Reich, einen Heiland und Tröster der Menschen an Leib und Seele, an Gut und Ehre, einen Hauptmann und Ritter gegen den Teufel. Damit leistest du Vorschub dem Teufel und förderst ihm sein Reich, so daß er die

Seelen in Sünden, Tod und Hölle behält und täglich noch viel mehr hineinbringt und überall die Oberhand gewinnt. Die Welt bleibt in Ketzerei, Irrtum, Unfrieden, Krieg und Haß und wird täglich ärger; überdies geht Gottes Reich, christlicher Glaube, die Frucht des Leidens und Blutes Christi, das Werk des heiligen Geistes, das Evangelium und aller Gottesdienst unter; und aller Teufelsdienst und Falschglaube nimmt überhand. Das alles hätte unterbleiben können und verhindert, sogar gebessert werden, wenn dein Kind dazu erzogen und dahin gelangt wäre.

Wie willst du bestehen, wenn dich Gott am Totenbette oder im Jüngsten Gericht darauf ansprechen wird und sagen: Ich bin hungrig, durstig, ein Gast, nackt, krank, gefangen gewesen, und du hast mir nicht gedient. Denn was du für die Leute auf Erden und für mein Reich oder Evangelium nicht getan hast, sondern hast geholfen, es zu unterdrücken, die Seelen verderben zu lassen, das hast du mir selbst angetan, denn du hättest wohl helfen können (Matth.25,42 ff.). Ich hatte dir auch Kind und Gut dazu gegeben, aber du hast mutwillig mich und mein Reich und alle Seelen notleiden und verschmachten lassen und damit – mir und meinem Reich zuwider – dem Teufel und seinem Reich gedient; der sei nun auch dein Lohn. Fahr mit ihm hin in der Hölle Abgrund. Mein Himmelreich und mein Erdenreich hast du nicht geholfen zu bauen und zu bessern, sondern zu zerstören und zu schwächen; dem Teufel aber hast du geholfen, seine Hölle zu bauen und zu mehren. So wohne nun auch in dem Hause, das du dir gebaut hast!

Was meinst du? Ob dich hier nicht plötzlich überfallen werden nicht nur Tropfen, sondern ganze Wolkenbrüche von Sünden? Die beachtest du jetzt nicht und gehst sicher daher, als tätest du ganz recht daran, daß du dein Kind nicht zum Studium erziehst. Dann aber wirst du sagen müssen, daß du rechtens in den Abgrund der Hölle verdammt seiest als der ärgsten, gefährlichsten Menschen einer, die auf Erden gelebt haben. In der Tat, wenn du dich nur jetzt im Leben besännest, müßtest du wahrlich vor dir selbst erschrecken, denn es vermag kein Gewissen zu ertragen, wenn es an einem der oben genannten Dinge sich schuldig findet. Wieviel weniger kann es das ertragen, wenn diese Dinge allesamt plötzlich hereinbrechen, die nicht zu zählen sind, so daß dein Herz schreien muß, deine Sünden seien mehr als Laub und Gras, außerdem größer als Himmel und Erde. Und du wirst mit Manasse, dem Könige Judas, sagen: »Meine Sünde ist mehr als Sand am Meer, und meine Missetat ist groß.« (Gebet Manasses, 9) Denn das sagt auch das Naturrecht: Wer Schaden verhüten kann und tut's nicht, der ist auch selbst schuldig an solchem Schaden als der, der sicher Vergnügen und Gefallen daran hat und es selber täte, wenn er Gründe oder Gelegenheit dazu hätte. Darum sind solche Leute gewiß ebenso gut wie der Teufel selbst, weil sie Gott und der Welt so feind sind, daß sie helfen, das Himmelreich und das Erdenreich zu verderben, und dem Teufel so treulich dienen. Kurz: Wenn man den Teufel viel schelten kann, so kann man solche Leute auch viel schelten, die solches Werk und Amt Gottes hindern, denn sie sind des Teufels Diener.

Hiermit will ich nicht darauf gedrungen haben, daß jedermann sein Kind zu solchem Amt erziehen müsse, denn es müssen nicht alle Knaben Pfarrer, Prediger, Schulmeister werden. Und es ist gut zu wissen, daß Kinder von Herren und großen Leuten hier nicht zu gebrauchen sein werden, denn die Welt muß auch Erben und vornehme Leute haben – man zerstörte sonst die weltliche Obrigkeit. Ich rede von den einfachen Leuten, die doch früher ohnehin ihre Kinder um der Pfründen und Lehen willen hätten lernen lassen und sie jetzt allein um der Nahrung willen davon fernhalten, obgleich sie keine Erben brauchen. Sie halten sie dennoch von der Schule fern, ungeachtet dessen, daß die Kinder begabt und tauglich für diese Ämter wären und daß sie gut, ohne alle Not und Behinderung, Gott damit dienen könnten. Solche tüchtigen Knaben sollte man zum Studium anhalten, besonders der armen Leute Kinder, denn dazu sind aller Stiftungen und Klöster Pfründen und Zinsen bestimmt, wiewohl daneben doch auch die anderen Knaben, auch wenn sie nicht so sehr begabt sind, auch lernen sollten, zumindest Latein zu verstehen, zu schreiben und zu lesen. Denn man braucht nicht allein hochgelehrte Doktoren und Magister der Schrift; man muß auch einfache Pfarrer haben, die das Evangelium und den Katechismus verbreiten beim jungen und ungebildeten Volk, taufen, Sakramente reichen usw., auch wenn sie nicht zum Streit gegen die Ketzer taugen: Darauf kommt's nicht an. Man muß zu einem guten Gebäude nicht allein Quadersteine, sondern auch Füllsteine haben; so muß man auch Küster und andere Personen haben, die dienen und helfen dem Predigtamt und Wort Gottes.

Und wenn schon ein solcher Knabe, der Latein gelernt hat, danach ein Handwerk lernt und Bürger wird, hat man ihn in Reserve für den Fall, daß man ihn einmal als Pfarrer oder sonst für das Wort brauchen sollte. Es schadet ihm auch solche Bildung nichts für den Broterwerb; er kann sein Haus um so besser regieren und ist außerdem vorgebildet und verfügbar fürs Predigtamt oder Pfarramt, wenn man seiner bedarf. Besonders zu unseren Zeiten ist's ja leicht, solche Personen zu erziehen, die das Evangelium und den Katechismus lehren können, weil jetzt nicht allein die heilige Schrift, sondern auch allerlei Gelehrsamkeit reichlich zu Gebote steht, mit so vielen Büchern, mit Lesen und Predigen (gottlob), daß man in drei Jahren mehr lernen kann als früher in zwanzig. Auch Frauen und Kinder wissen aus den deutschen Büchern und Predigten jetzt mehr (ich sage die Wahrheit) von Gott und Christus, als früher alle hohen Schulen, Stifte und Klöster, das ganze Papsttum und alle Welt gewußt haben. Aber Lateinisch müssen die einfachen Pfarrer und Prediger können und dürfen darauf nicht verzichten, sowenig wie die Gelehrten auf das Griechische und Hebräische verzichten sollen, wie St. Augustinus spricht und sogar das geistliche Recht es bestimmt.

Ja, sprichst du, wie, wenn es mir schlecht gerät, so daß mein Sohn ein Ketzer oder sonst ein Bube wird? Denn die Gelehrten heißt man die Verkehrten. Wohlan, das mußt du riskieren. Dein Fleiß und deine Arbeit sind darum nicht vergeblich; Gott wird dennoch deinen treuen Dienst gelten lassen und ihn dir so anrechnen, als wäre er gleichwohl gut angelegt. Mußt du es doch auch in allen anderen Dingen, wozu du ihn erziehen willst, darauf ankommen lassen, wie er gerate. Wie ging's dem lieben Abraham, dem sein Sohn Ismael auch nicht geriet, Isaak sein Sohn Esau auch nicht, Adam sein Sohn Kain auch nicht? Hätte Abraham darum aufhören sollen, seinen Sohn Isaak, und Isaak seinen Sohn Jakob, und Adam seinen Sohn Abel zu Gottes Dienst zu erziehen? Wie viele böse Könige und Leute hat es gegeben in dem heiligen, auserwählten Volk Israel, die mit Ketzereien und Abgöttereien all das Unglück anrichteten und alle Propheten erwürgten; hätten darum die Priester Levis das ganze Volk fahrenlassen sollen und niemanden mehr zum Gottesdienst erziehen? Wie viele böse Priester und Leviten gab es in dem Stamm Levi, den Gott selbst zum Priesteramt erwählt hatte? Wie viele Leute hat Gott auf Erden, die all seine Güte und seine Schöpfung mißbrauchen? Sollte er darum seine Güte fahren lassen und keinen Menschen leben lassen oder aufhören, Gutes zu tun?

Damit du übrigens nicht zu sehr sorgest, wo dein Sohn ernährt werde, wenn er sich zum Studieren begibt und zu solchem göttlichen Amt und Dienst, so hat dich Gott hierin auch nicht verlassen oder vergessen, damit du ja nicht sorgen noch klagen sollst. Er hat verheißen durch

St.Paulus 1.Kor.9,14: »Wer dem Evangelium dient, soll vom Evangelium ernährt werden.« Und Christus selbst sagt Matth.10,10: »Ein Arbeiter ist seines Lohnes wert.« Eßt und trinkt, was sie haben! Im alten Bund erwählte und nahm er sich das ganze Geschlecht Levi, damit sein Predigtamt nicht unterginge, nämlich den zwölften Teil des ganzen Volkes Israel. Er gab ihm den Zehnten vom ganzen Volk, dazu die ersten Früchte, allerlei Almosen, eigene Städte, Vorstädte, Äcker, Wiesen, Vieh und was dazu gehört. Im neuen Bund, sieh nur, wie reichlich vorzeiten Kaiser, Könige, Fürsten und Herren gegeben haben für dieses Amt, das jetzt die Stifte und Klöster innehaben, womit sie Könige und Fürsten übertreffen. Er wird und kann nicht verlassen, die ihm treulich dienen. Er hat sich zu sehr durch sein Versprechen gebunden und gesagt Hebr.13,5: »Ich will dich nicht verlassen noch vernachlässigen.«

Ferner bedenke du selbst, wie viele Pfarreien und Predigtstellen, Schulen und Küstereien vorhanden sind, die jetzt noch größtenteils ausreichend versorgt sind, aber täglich frei werden. Was sind das anderes als Küchen und Keller, von Gott hergerichtet für deinen Sohn, so daß ihm seine Nahrung schon bereitet ist, ehe er sie braucht, daß er sie nicht erst erwerben muß? Als ich ein junger Student war, hörte ich sagen, daß im Fürstentum Sachsen (wenn ich's recht weiß) an die 1800 Pfarreien wären. Wenn das wahr ist und wenn auf jede Pfarrei zumindest zwei Personen gehören, nämlich ein Pfarrer und ein Küster, abgesehen davon, was es in den Städten an Predigern, Kaplanen, Diakonen, Schulmeistern und Hilfslehrern gibt, so gehören allein in dieses Fürstentum an die 4000 gebildete Personen, von denen jeweils in zehn Jahren wohl der dritte Teil stirbt. Nun möchte ich wetten, daß es innerhalb Deutschlands jetzt 4000 Studenten gibt. Nun, ich schätze, daß es doch wenigstens 800 Pfarreien in dem Fürstentum gibt – wie viele werden's wohl im ganzen deutschen Lande sein? Ich möchte gern sehen, woher man in drei Jahren Pfarrer, Schulmeister, Küster nehmen will. Werden wir nun nichts dazu tun und besonders die Fürsten sich nicht darum kümmern, daß sowohl Knabenschulen als auch hohe Schulen in rechter Weise eingerichtet werden, so wird ein solcher Mangel an Personen entstehen, daß man drei oder vier Städte einem Pfarrer und zehn Dörfer einem Kaplan wird anvertrauen müssen, wenn man sie dann überhaupt noch bekommen kann.

Da stehen die hohen Schulen Erfurt, Leipzig und noch andere leer, ebenso wie die Knabenschulen mancherorts, so daß es jammervoll anzusehen ist, und ganz allein das geringe Wittenberg muß jetzt das Beste tun. Und solchen Mangel werden ja die Stifte und Klöster, glaube ich, auch fühlen. Mögen sie eine gute Ernte haben! Sie werden nicht so hochmütig bleiben, wie sie es anfangs waren, wären sie auch noch so widerhaarig, sondern sie werden solche Personen annehmen müssen und mit Bitten angehen in ihren Konventen, von denen sie sich früher nicht einmal freiwillig hätten ansehen lassen. Darum laß nur getrost lernen dein Kind. Es wird an Leuten eher mangeln als an Gütern. Vielleicht, wenn die Welt länger besteht und Gott Gnade gibt, daß die Fürsten und Städte dazu beitragen, werden die Güter der Stifte und Klöster auch wieder die Verwendung finden, für die sie gestiftet sind. Und was braucht's viel Sorgens für den Bauch? Da steht Christus und spricht Matth. 6,31-33: »Sorget nicht, was ihr essen und trinken werdet! Euer himmlischer Vater weiß wohl, daß ihr dessen bedürfet. Sucht zuerst das Reich Gottes und seine Gerechtigkeit, so soll euch das alles zukommen.« Wer das nicht glaubt, der sorge nur immer weiter und sterbe dann doch am Hunger.

Freilich ist es wahr, daß vor etlichen Jahren viele Pfarrer großen Hunger gelitten haben und noch leiden; daran muß man die Schuld geben der Bosheit der Welt, daß die Leute so schlecht, undankbar und geizig sind und außerdem das Evangelium verfolgen. Damit prüft uns Gott, ob wir verläßlich sind, was nicht anders zu verstehen ist, als sei es zur Zeit der Märtyrer, als die frommen Lehrer auch große Not und Armut litten, wie selbst Paulus rühmt (2.Kor.11,27) und auch Christus verkündigt Matth.9,15: »Wenn der Bräutigam von ihnen genommen wird, dann werden sie fasten.« Das ist das rechte evangelische Fasten. Es ist auch selten Gottes Wort aufgegangen, ohne daß zugleich eine Teuerungszeit gekommen wäre, wie zu Abrahams, Isaaks, Jakobs, Josephs, Elias, Elisas Zeiten grausame Teuerungen waren neben so großem Licht der Wahrheit, und im Anfang des Evangeliums war eine große Teuerung in der ganzen Welt, Apg.11,28. Das muß dann des lieben Evangeliums und des Wortes Gottes Schuld sein und nicht die Schuld früherer Missetat und gegenwärtiger verstockter Undankbarkeit der Welt. So gaben die Juden für all ihren Jammer die Schuld der Lehre Jeremias, Jer.44,16 ff. Und die Römer, als sie von den Goten vernichtet wurden, wußten auch niemandem die Schuld zu geben als der Tatsache, daß sie Christen geworden waren, wogegen St.Augustinus ein großes Buch geschrieben hat: Vom Gottesstaat.

Aber laß schwatzen, wer da schwatzt. Die Welt ist Welt; wie jene zu Lügnern geworden und untergegangen sind, so sollen diese auch zu Lügnern werden und vergehen, damit Christus und sein Wort doch bleiben. Er sitzt gewiß so fest und hoch, wie geschrieben steht: »Der Herr sprach zu meinem Herrn: ›Setze dich zu meiner Rechten!‹« (Ps.110,1) Da sitzt er. Wer Lust dazu hat und böse ist, der reiße ihn herunter. Solange er aber da sitzen bleibt, werden wir auch bleiben; was gilt's? Kurz: Dein Kind kann vom Predigtamt leicht ebensoviel Einkünfte haben wie von einem Handwerk.

Es sei denn, daß du nach großem Gut trachtest, um aus deinem Sohn einen großen Herrn zu machen vor der Welt, wie die Bischöfe und Domherren sind. Steht dahin dein Sinn, so geht dich diese Rede nichts an. Ich rede jetzt mit den Gläubigen, die das Predigtamt ehren und höher achten als allen Reichtum, als nächst Gott selber den höchsten Schatz, den Menschen gegeben, damit sie wissen, einen wie großen Dienst sie Gott damit tun können und sollen als solche, die lieber an diesem Werke teilhaben wollen, auch mit geringem Gut, als der Welt Güter haben und dieses entbehren. Diese werden klar erkennen, daß die Seele mehr ist als der Bauch und daß der Bauch leicht genug haben kann und zudem das Überflüssige zurücklassen muß. Aber die Reichtum suchen, die werden alle ihr Gut mit sich nehmen und nichts zurücklassen; wie kann's ihnen fehlschlagen?

Das sei zum ersten Teil dieser Predigt eilends und kurz ausgeführt vom geistlichen Nutzen und Schaden, den man hat von der Schulen Erhaltung und Verachtung.

Der zweite Teil soll handeln vom zeitlichen oder weltlichen Nutzen und Schaden. Zum ersten ist's wohl wahr, daß weltliche Obrigkeit oder weltliches Amt in gar keiner Weise zu vergleichen ist dem geistlichen Predigtamt, wie es St.Paulus nennt (Kol.1,25). Denn es ist nicht so teuer und kostbar erkauft durch das Blut und Sterben des Sohnes Gottes wie das Predigtamt. So kann es auch nicht solche großen Wunderwerke tun wie das Predigtamt. Denn alle Werke dieses Standes wirken und gehören allein in dies zeitliche, vergängliche Leben, zu erhalten Leib, Weib, Kind, Haus, Gut und Ehre und was zu dieses Lebens Bedürfnissen gehört. So weit nun das ewige Leben das zeitliche Leben übertrifft, so weit und hoch geht auch das Predigtamt über weltliche Ämter, das heißt: Diese sind wie ein Schatten gegen den Körper selbst. Weltliche Herrschaft ist ein Bild, Schatten und Symbol der Herrschaft Christi. Denn das Predigtamt (wenn es ist, wie es Gott bestimmt hat) bringt und gibt ewige Gerechtigkeit, ewigen Frieden und ewiges Leben, wie St.Paulus solches hoch preist, 2.Kor.4,14; aber das weltliche Regiment erhält zeitlichen und vergänglichen Frieden, Recht und Leben.

Aber dennoch ist's eine herrliche göttliche Ordnung und eine treffliche Gabe Gottes, der es auch gestiftet und eingesetzt hat und auch will erhalten haben als das, was man durchaus nicht entbehren kann. Wenn es nicht wäre, könnte kein Mensch vor dem anderen sicher sein; es müßte einer den anderen fressen, wie es die unvernünftigen Tiere untereinander tun. Darum: Wie es des Predigtamts Werk und Ehre ist, daß es aus Sündern lauter Heilige, aus Toten Lebendige, aus Verdammten Selige, aus Teufelsdienern Gottes Kinder macht, so ist es des weltlichen Regiments Werk und Ehre, daß es aus wilden Tieren Menschen macht und Menschen davor bewahrt, daß sie wilde Tiere werden. Es bewahrt einem jeden seinen Leib, daß ihn nicht jedermann erwürgen dürfe; es erhält jedem sein Weib, daß nicht jedermann es nehmen und schänden dürfe; es erhält jedem sein Kind, Tochter und Sohn, daß es ihm nicht jedermann entführen oder entwenden dürfe; es erhält jedem sein Haus und seinen Hof, daß nicht jedermann dort einbrechen oder darin freveln dürfe; es erhält jedem seinen Acker, Vieh und Güter aller Art, daß diese nicht jedermann angreifen, stehlen, rauben, beschädigen dürfe. Das alles gibt es unter den Tieren nicht und gäbe es auch nicht unter den Menschen, wenn es kein weltliches Regiment gäbe, sondern es würden gewiß aus Menschen lauter Tiere werden. Meinst du nicht, wenn die Vögel und Tiere reden könnten und das weltliche Regiment unter den Menschen sähen, daß sie sagen würden: O ihr lieben Menschen, ihr seid nicht Menschen, sondern reine Götter gegen uns! Wie gänzlich sicher ihr sitzt, lebt und alle Dinge habt! Wir aber, deren gar keines vor dem anderen eine Stunde sicher ist, weder des Lebens noch des Hauses noch der Nahrung! Wehe eurer Undankbarkeit, daß ihr nicht seht, was für ein herrliches

Leben euch unser aller Gott im Vergleich mit uns Tieren gegeben hat!

Es ist nun dies gewiß, daß es eine göttliche Einrichtung und Ordnung, überdies für uns Menschen in diesem Leben ein notwendiges Amt und ein Stand ist, den wir ebensowenig entbehren können wie das Leben selber, weil eben ohne dieses Amt das Leben nicht bestehen kann. Daher ist's leicht zu verstehen, daß Gott es uns nicht dazu anvertraut und gestiftet hat, daß es untergehen solle, sondern es erhalten haben will, wie es bei Paulus Röm. 13,4 und 1. Petr. 2,13 f. deutlich steht, daß sie die Frommen schützen sollen und die Bösen strafen. Wer soll's nun erhalten, wenn nicht wir Menschen, denen es Gott anvertraut hat, und die auch selbst seiner wahrlich bedürfen? Die wilden Tiere werden's nicht tun, Holz und Steine auch nicht. Welche Menschen aber können's erhalten? Fürwahr nicht allein die, die mit der Faust herrschen wollen, wie jetzt viele sich einbilden, denn wenn die Faust allein regieren soll, so wird gewiß zuletzt ein viehisches Treiben daraus: Wer den anderen überwindet, macht ihm den Garaus. So sehen wir vor unseren Augen sicher Beispiele genug dafür, was eine Faust ohne Weisheit oder Vernunft Gutes schafft.

Darum sagt auch Salomo Spr. 8,14 f., daß Weisheit regieren müsse und nicht die Gewalt, und spricht von ihr folgendermaßen: »Mein ist beides, Rat und Hilfe, mein ist beides, Verstand und Vermögen. Durch mich sollen Könige Könige sein und Ratsherren Recht setzen.« Und Pred. 9,18: »Weisheit ist besser als Harnisch oder Waffen«; und abermals: »Weisheit ist besser als Kraft.« (v. 16) Das alles beweisen alle Erfahrungen in allen Geschichtserzählungen, daß niemals Gewalt ohne Vernunft oder Weisheit etwas ausgerichtet hat; daß sogar auch die Mörder und Tyrannen, wenn sie nicht klug verfahren und irgendwelche Rechte, Richtlinien und Gesetze untereinander und füreinander benennen (obgleich sie böse sind), wonach sie die Faust und ihre Gewalt richten und gebrauchen, nicht bestehen können, sondern sie werden untereinander uneins und vergehen von selbst. Kurzum: Nicht Faustrecht, sondern Kopfrecht, nicht Gewalt, sondern Weisheit oder Vernunft muß regieren, sowohl unter den Bösen als auch unter den Guten.

Demnach, weil unsere Regierung in deutschen Landen nach dem römischen, kaiserlichen Recht sich richten muß und soll – das ist unserer Regierung Weisheit und Vernunft, von Gott gegeben –, so folgt, daß diese Regierung nicht erhalten werden kann, sondern zugrunde gehen muß, wenn man dieses Recht nicht aufrechterhält. Wer soll's nun erhalten? Faust und Harnisch tun's nicht, es müssen die Köpfe und Bücher tun. Es muß gelernt und gewußt werden, was unseres weltlichen Reiches Recht und Weisheit ist, wiewohl es schön ist, wenn ein Kaiser, Fürst oder Herr selbst von Natur so weise und klug ist, daß er auswendig Recht sprechen kann, wie Herzog Friedrich von Sachsen[5] und Herr Fabian von Feylitzsch (von denen ich das erfahren habe) es konnten. (Die Lebenden will ich nicht nennen.) Aber weil solche Vögel selten sind und überdies das Beispiel gefährlich ist, auch um der anderen willen, die solches von Natur nicht vermögen, ist's besser, durch beständiges Regieren das einfache Buchrecht zu halten; so hat es um so mehr Ansehen und Ehre und bedarf keiner Wunder- oder Sonderart.

So sind nun die Juristen und Gelehrten in diesem weltlichen Reich die Personen, die dieses Recht und dadurch das weltliche Reich erhalten. Und so wie ein frommer Theologe und rechtschaffener Prediger in Christi Reich Gottes Engel, ein Heiland, Prophet, Priester, Hausknecht und Lehrer heißt (wie oben gesagt), ebenso könnte man einen tüchtigen Juristen und einen treuen Gelehrten im weltlichen Reich des Kaisers sehr wohl Prophet, Priester, Engel und Heiland heißen. Umgekehrt, wie ein Ketzer oder falscher Prediger im Reich Christi ein Teufel, Dieb,

Mörder, Lästerer ist, so ist ein falscher, ungetreuer Jurist in des Kaisers Hause oder Reich ein Dieb und Schurke und Verräter, Bösewicht und des ganzen Reiches Teufel. Wenn ich aber von den Juristen rede, meine ich nicht allein die Doktoren, sondern den ganzen Berufsstand, wie Kanzler, Schreiber, Richter, Anwälte, Notare und was zum Rechtswesen der Regierung gehört, auch die großen Herren, die man Hofräte nennt, denn sie üben auch das Geschäft der Rechtsprechung oder das Amt der Juristen aus. Und wie das Wort Räte nicht weit von dem Wort Verräter ist, so sind auch viele von ihnen nicht weit von der Tat: Sie raten zuweilen ihren Herren mit solcher Treue, daß sie kein Verräter so gut verraten könnte.

Nun siehst du, welchen Nutzen ein tüchtiger Rechtskundiger oder Jurist schaffen kann. Fürwahr, wer will's oder kann's alles aufzählen? Was Gottes Werk und Ordnung ist, das schafft jederzeit so viele und große Früchte, daß sie nicht zu zählen noch zu begreifen sind. Vor allem erhält er und hilft zu fördern mit seinem Buch (auf göttliche Anordnung) das ganze weltliche Regiment, Kaiser, Fürsten, Herren, Städte, Land und Leute (wie oben gesagt). Denn diese alle müssen durch Weisheit und Recht erhalten werden. Wer wird dieses Werk nur genug preisen? Dadurch hast du ja Schutz und Schirm deines Leibes und Lebens gegen Nachbarn, Feinde, Mörder sowie Schutz und Frieden für dein Weib, Tochter, Sohn, Haus, Hof, Gesinde, Geld, Gut, Acker und was du hast. Denn das ist alles im Recht festgelegt und mit einer Schutzmauer umgeben und sicher bewahrt. Wie wichtig das alles ist, könnte man in Büchern niemals erschöpfend beschreiben, denn wer will aussprechen, was der liebe Friede für ein unaussprechliches Gut ist? Wieviel er in nur einem Jahr gibt und auch erspart?

All solche großen Werke kann nun dein Sohn tun und solch eine nützliche Person werden, wenn du ihn dazu anhältst und lernen läßt. Und du kannst an alledem teilhaben und dein Geld so lohnend anlegen. Sollte dir's nicht wohltun und eine große Ehre sein, wenn du deinen Sohn siehst als einen Engel im Reich und einen Apostel des Kaisers, zudem einen Eckstein und ein Fundament des zeitlichen Friedens auf Erden, und bei alledem gewiß, daß Gott selbst es so ansieht und es in Wahrheit so ist? Denn wiewohl man durch solche Werke weder Gott gefällig noch selig wird, so ist doch das eine beglückende Zusage, daß Gott solche Werke so wohlgefallen – und noch mehr gefallen, wenn ein solcher Mann überdies auch ein Glaubender und in Christus reich ist; denn damit dankt man ihm für seine Wohltat und bringt das schönste Dankopfer, den höchsten Gottesdienst dar.

Du müßtest ja ein grober, undankbarer Klotz und rechtens von den Menschen zu den Tieren zu jagen sein, wenn du sähest, daß dein Sohn ein Mann werden könnte, der dazu beiträgt, dem Kaiser sein Reich, Schwert und Krone zu erhalten, dem Fürsten sein Land zu regieren, Städten und Ländern beizustehen und zu helfen, so manchem seinen Leib, sein Weib, Gut und Ehre zu schützen, und du wolltest nicht so viel daransetzen, daß er lernen und so weit kommen könne. Sage mir, was tun alle Stifte und Klöster dergleichen? Ich würde eines treuen, ehrbaren Juristen und Schreibers Arbeit vorziehen der Heiligkeit aller Pfaffen, Mönche und Nonnen, auch wenn sie die besten wären. Und wenn dich solche großen, guten Werke nicht bewegen, sollte dich doch wohl allein Gottes Ehre und Wohlgefallen bewegen, da du weißt, daß du Gott damit so herrlich dankst und einen so großen Dienst tust, wie gesagt wurde. Es ist jedenfalls eine schändliche Verachtung Gottes, daß wir solche herrlichen, göttlichen Werke unseren Kindern nicht gönnen und sie bloß in des Bauches und Geizes Dienst stecken, sie nichts lernen lassen als Nahrung zu suchen und wie eine Sau mit der Nase immer im Kot zu wühlen, und sie nicht erziehen zu solchem würdigen Stand und Ansehen. Wir müssen gewiß von Sinnen sein oder haben unsere Kinder nicht recht lieb.

Höre aber weiter zu! Wie, wenn's Gott von dir haben will und fordert dein Kind zu diesem Amt? Denn du bist ja schuldig deinem Gott, diesen Stand mit zu erhalten, wenn du kannst. Nun kann er nicht erhalten werden, wenn man Knaben nicht zum Studium und in die Schule schickt, da gibt's ja keinen Zweifel. Und er bedarf wohl in diesem Stande fähigerer Leute als im Predigtamt, so daß es hier nötig sein wird, die besten Knaben herzugeben. Denn im Predigtamt tut's Christus ganz und gar durch seinen Geist. Aber im weltlichen Reich muß man aus der Vernunft (aus der das Recht auch gekommen ist) handeln. Denn Gott hat der Vernunft unterworfen dieses zeitliche Regiment und die leibliche Existenz, 1. Mose 2,19, und nicht den heiligen Geist vom Himmel dazu gesandt. Darum ist's auch schwerer, weil es die Gewissen nicht regieren kann, und es muß sozusagen im Finstern handeln.

Hast du nun ein Kind, das zum Studium tauglich ist, und kannst es dazu anhalten, tust's aber nicht, gehst hin und fragst nicht danach, wo das weltliche Reich bleibe mitsamt Recht und Frieden usw., so handelst du, soviel an dir ist, gegen die weltliche Obrigkeit wie der Türke, ja, wie der Teufel selbst. Denn du entziehst dem Reich, Fürstentum, Land, der Stadt einen Heiland, Schutz, Eckstein, Helfer und Retter. Und deinetwegen verliert der Kaiser Schwert und Krone, das Land verliert Schutz und Frieden, und du bist der Mann, durch dessen Schuld (so viel an dir ist) kein Mann seinen Leib, Weib, Kind, Haus, Hof, Güter sicher bewahren kann. Vielmehr opferst du sie alle rücksichtslos dahin auf die Schlachtbank und gibst Anlaß, daß aus allen Menschen reine Tiere werden, und sie fressen zuletzt eines das andere. Dies alles tust du in der Tat, besonders wenn du wissentlich dein Kind von diesem heilsamen Stand um des Bauches willen abziehst. Bist du nicht ein feiner, nützlicher Mann in der Welt? Du nimmst täglich das Reich und seinen Frieden in Anspruch, aber du raubst ihm zum Dank dafür deinen Sohn und steckst ihn in den Geiz und strebst so mit aller Energie danach, daß niemand da sei, der das Reich, die Ruhe und den Frieden erhalten helfe, sondern daß alles zugrunde gehe, während du doch selbst deinen Leib und Leben, Gut und Ehre durch dieses Regiment hast und behältst.

Was meinst du, was du hiermit verdienst? Bist du überhaupt wert, daß du bei Menschen wohnst? Was wird Gott aber dazu sagen, der dir Kind und Gut dazu gegeben hat, daß du ihm damit dienen sollst und dein Kind zu Gottes Dienst anhalten? Heißt's aber nicht Gott dienen, wenn man seine Ordnung und weltliches Regiment hilft zu erhalten? Nun verläßt du solchen Dienst, als ginge er dich nichts an oder als wärest du allen Menschen gegenüber frei und nicht schuldig, Gott zu dienen, sondern könntest mit deinem Kind und Gut machen, was dir gefällt, ob Gott auch mitsamt weltlichem und geistlichem Reich in den Abgrund falle. Gleichwohl willst du täglich des Reiches Schutz, Frieden und Recht in Anspruch nehmen und das Predigtamt und Gottes Wort zu deiner Verfügung haben und dir dienen lassen, so daß Gott dein Diener sein müsse ganz umsonst, mit dem Predigtamt wie mit dem weltlichen Amt, damit du ohne Sorge dein Kind derweil von ihm abwenden kannst und es allein dem Mammon dienen lehren. Meinst du nicht, Gott werde deinem Geiz und deiner Bauchsorge einmal die Mahlzeit segnen, so daß du mitsamt Kind und allem hier und dort verderbest? Lieber, erschrickt dein Herz nicht vor solchem greulichen Greuel deiner Abgötterei, Gottesverachtung, Undankbarkeit, Zerstörung aller beider Stiftungen und Ordnungen Gottes, ja, aller Menschen Schaden und Verderben? Wohlan, ich will dir's gesagt und dich gewarnt haben. Sieh du zu; du hörst sowohl vom Nutzen als auch vom Schaden, den du anrichten kannst. Tu davon, was du willst, so wird dir's Gott nach Verdienst vergelten.

Ich will hier davon schweigen, was für ein Vergnügen es ist, wenn ein Mann gelehrt ist, auch wenn er niemals ein Amt hätte, so daß er daheim für sich selbst allerlei lesen, mit gelehrten Leuten reden und umgehen, in fremden Ländern reisen und Handel treiben kann. Denn was solches Vergnügen bereitet, bewegt vielleicht wenige Leute. Aber weil du dich ja nun so sehr um den Mammon und die Nahrung bemühst, so sieh doch, wie viele und große Güter Gott hier für die Schulen und Gelehrten gestiftet hat, so daß du Studium und Wissenschaft nicht wegen der Armut zu verachten brauchst. Sieh doch: Kaiser und Könige müssen Kanzler und Schreiber, Räte, Juristen und Gelehrte haben; da ist kein Fürst, der nicht Kanzler, Juristen, Räte, Gelehrte und Schreiber haben muß; ebenso müssen auch alle Grafen, Herren, Städte und Schlösser Syndici, Stadtschreiber und sonstige Gebildete haben; da ist doch kein Edelmann, der nicht einen Schreiber haben muß. Und damit ich auch von gewöhnlichen Gebildeten spreche: Wo sind doch die Bergwerke, Kaufleute, Handelsleute? Zähle doch, wieviel Könige, Fürsten, Grafen, Herren, Städte und Flecken es gibt. Woher will man denn nach drei Jahren gebildete Leute nehmen, da doch bereits überall der Mangel anhebt? Ich halte wahrlich dafür: Könige müssen Fürsten, Fürsten müssen Kanzler, Grafen und Herren müssen Schreiber, Bürgermeister müssen Küster werden.

Steuert man dem nicht beizeiten, so müssen wir Tataren und Türken werden, oder es wird wiederum ein ungebildeter Unterlehrer oder Vagabund ein Doktor und Rat bei Hofe werden. Darum behaupte ich, daß nie eine bessere Zeit gewesen sei zum Studieren als jetzt, nicht allein deshalb, weil die Gelehrsamkeit jetzt so reichlich und wohlfeil vorhanden ist, sondern auch weil sich viel Gut und Ehre daran knüpfen wird. Die zu dieser Zeit studieren, werden teure Leute sein, da sich doch um einen Gelehrten zwei Fürsten und drei Städte reißen werden. Denn blickst du über dich oder um dich herum, so findest du, daß unzählige Ämter auf die Gelehrten warten, ehe noch zehn Jahre vergehen, und daß es doch wenige sind, die dazu erzogen werden. Und es ist nicht nur ein so großes Vermögen für solche Schulen und Schüler von Gott vorgesehen – es ist überdies auch ein ehrliches, göttliches Vermögen, denn es wird verdient durch einen göttlichen, ehrlichen Stand mit vielen herrlichen, guten, nützlichen Werken, die Gott gefallen und sein Dienst heißen. Dagegen der Geizwanst erwirbt sein Vermögen mit Verachtung (wenn's nicht sogar gottlose und sündige Werke sind) und mit bösen Taten, bei denen er kein fröhliches Gewissen haben, auch nicht sagen kann, daß es Gott dienen heiße. Da wollte ich wahrlich lieber zehn Gulden verdienen mit einer Arbeit, die Gottes Dienst hieße, als tausend Gulden mit einer Arbeit, die nicht Gottes Dienst hieße, sondern allein meinem Eigennutz und dem Mammon diente.

Außer solchem ehrlichen Vermögen haben sie auch Ehre. Denn Kanzler, Stadtschreiber, Juristen und das Volk in seinen Ämtern müssen mit obenan sitzen, mitberaten und mitregieren, wie oben gesagt wurde, und sie sind in der Tat die Herren auf Erden, obwohl sie es der Person, Geburt und dem Stande nach nicht sind. Denn Daniel spricht, er habe des Königs Arbeit tun müssen (Dan. 8,27). Es ist auch wahr: Ein Kanzler muß kaiserliche, königliche, fürstliche Arbeiten und Verrichtungen ausführen; ein Stadtschreiber muß des Rates und der Stadt Arbeit tun, und das alles mit Gott und mit Ehre, wozu Gott Segen, Glück und Gesundheit gibt. Und was sind selbst ein Kaiser, König oder Fürst, solange sie nicht Krieg führen, sondern mit dem Recht regieren, als lauter Schreiber oder Juristen, wenn man nach ihrer Tätigkeit geht? Denn sie gehen ja mit dem Recht um, welches eine

Juristen- oder Schreiberarbeit ist. Und wer regiert Land und Leute, solange Friede und nicht Krieg ist? Tun's die Soldaten oder Hauptleute? Ich meine doch, das tue die Schreibfeder. Was macht nun indes der Geizwanst mit seinem Mammon, der zu solchen Ehren nicht kommt und beschmutzt sich derweil mit seinem rostzerfressenen Gelde?

Ebenso hebt selbst der Kaiser Justinian hervor: Kaiserliche Majestät, spricht er, muß nicht allein mit Harnisch oder Waffen geziert, sondern auch mit dem Recht geharnischt oder gerüstet sein.[6] Sieh, wie abenteuerlich verdreht dieser Kaiser seine Worte, daß er die Gesetze seinen Harnisch und seine Waffen nennt, und die Waffen nennt er seinen Schmuck und seine Zierde; er will seine Schreiber auch zu Kürassieren und Kriegern machen – und es ist doch wahrlich schön gesagt: Die Gesetze sind doch in der Tat der rechte Harnisch und die Waffen, die Land und Leute, ja, das Reich und weltliche Regiment erhalten und schirmen, wie auch oben zur Genüge ausgeführt wurde, daß Weisheit besser sei als Macht. Es sind auch die tüchtigen Juristen die rechten Kürassiere, die den Kaiser und Fürsten schützen. Es wären viele solche Sprüche auch aus den Poeten und Geschichtsbüchern dafür anzuführen – aber es wird zu lang. Selbst Salomo rühmt Pred.9,15, daß ein armer Mann eine Stadt durch seine Weisheit errettet habe vor einem mächtigen König.

Nicht daß ich hier den Kriegern, Soldaten und was sonst zum Kampf gehört, wollte Abbruch getan, sie verachtet oder verworfen haben. Sie helfen ja (wenn sie gehorsam sind), den Frieden und alles zu schützen mit der Faust. Ein jeder hat seine Ehre von Gott ebenso wie seinen Stand und Beruf. Aber ich muß mein Handwerk auch einmal preisen, weil mir die Nachbarn so übel geraten sind und ich verachtet werden soll; so wie auch St. Paulus sein Amt immerzu preist, so daß manche meinen, er tue dessen zuviel und sei hoffärtig. Wer die Faust und die

Kriegsleute loben und ehren will, der findet genug, womit sie zu loben sind. So habe ich's auch in anderen Büchlein (hoffe ich) redlich und weidlich getan.[7] Freilich gefallen mir die Juristen und Schreiberlinge auch nicht, die sich derart loben, daß sie andere Stände verachten oder verspotten, als wären sie es alleine und als taugte sonst niemand in der Welt als sie, wie die geschorenen Pfaffen das bisher auch getan haben samt dem ganzen Papsttum. Man soll alle Stände und Handwerke Gottes aufs höchste loben, wie man's nur immer kann, und keinen um des anderen willen verachten, denn es steht geschrieben: »Was Gott macht, das ist hübsch und fein« (Ps. 111,3), und weiter Ps. 104,31: »Gott gefallen seine Werke wohl.« Besonders sollen Prediger den Leuten, Schulmeister den Knaben und Eltern den Kindern solche Gedanken von Jugend auf einprägen, daß sie genau lernen, welche Stände und Ämter Gottes heißen oder von Gott eingerichtet sind; und wenn sie es dann wissen, daß sie ja keinen verachten, verspotten oder Schlechtes von ihm reden, sondern sie allesamt ehren und hochschätzen. Das gefällt Gott sehr und dient zu Frieden und Einigkeit. Denn Gott ist ein großer Herr und hat mancherlei Hausgesinde.

Andererseits findet man auch etliche Prahlhänse, die sich einbilden, der Name Schreiber sei kaum wert, daß sie ihn nennen oder hören sollten – wohlan, kehre dich nicht daran, denke so: Die guten Gesellen müssen auch einmal Kurzweil und Spaß haben. So laß ihnen doch diesen Spaß. Du bleibst ja doch durchaus ein Schreiber vor Gott und der Welt. Während sie lange prahlen, siehst du doch, daß sie im Gegenteil die Feder aufs allerhöchste ehren: Sie setzen sie oben auf Hut und Helm, als wollten sie durch die Tat bekennen, daß die Feder das Oberste sei in der Welt, ohne welche sie auch weder gerüstet zum Kampf noch im Frieden dahergehen könnten, noch weniger so sicher prahlen. Denn sie müssen auch den Frieden in Anspruch nehmen, den des Kaisers Prediger und Lehrer (die Juristen) lehren und erhalten. Darum siehst du, daß sie unser Handwerkszeug, die liebe Feder, zuoberst setzen (und zu Recht), während sie ihr Handwerkszeug, das Schwert, um die Lenden gürten. Da hängt's auch recht und gut für ihre Aufgabe; auf dem Kopf stünde es ihnen nicht gut, da muß die Feder schwanken. Haben sie gesündigt an dir, wohlan, so büßen sie hiermit, und du solltest's ihnen vergeben.

Doch weil ich soeben darauf komme, daß die Schreiberei so verhaßt ist bei vielen Herren: Sie wissen oder beachten's nicht, daß sie ein göttliches Amt und Handwerk ist, sehen auch nicht, wie nötig und nützlich es für die Welt ist, und wenn sie es (was Gott verhüten möge) sehen würden, so hätten sie auf alle Fälle zu lange gewartet. Darum sollst du so handeln: Laß sie fahren und sieh dich um nach guten, rechtschaffenen Edelleuten wie Graf Georg von Wertheim selig, Herr Hans von Schwarzenberg, Herr Georg von Frundsberg und dergleichen Verstorbene (ich will von den Lebenden schweigen). An denen labe und tröste dich und denke: Gott ehrt um des einen Mannes Lot willen die ganze Stadt Zoar (1. Mose 19,21) und um eines Naeman willen das ganze Land Syrien (2. Kön. 5,1) und um eines Joseph willen das ganze Königreich Ägypten (1. Mose 41,47). Warum solltest du nicht auch den ganzen Adel ehren um vieler redlicher Edelleute willen, von denen du ohne Zweifel viele vor dir hast? Und wenn du diese ansiehst, mußt du denken, es sei kein Böser mehr da. Wie käme der schöne Baum, der liebe Adel, dazu, daß nicht auch zur Unzeit Früchte von ihm fallen und etliche nicht auch wurmstichig oder warzig sein sollten? Der Baum ist darum nicht verdammt oder böse. So handeln die Kinder Gottes, denn Gott selbst verschont das ganze menschliche Geschlecht um eines Menschen willen, der Jesus Christus heißt. Wollte er die Menschen allein ansehen, so wäre da nichts als Zorn.

Doch sollen Predigtamt und weltliche Obrigkeit sich

nicht so verhalten, daß sie kein Böses beachten oder anrechnen wollten. Denn sie sollen die Bösen strafen, jenes mit dem Wort, diese mit dem Schwert. Ich rede jetzt mit einzelnen Personen als mit Christen, damit sie lernen sollen zu unterscheiden, was Gottes Werk sei und was Menschenbosheit sei. Es gibt in allen göttlichen Ämtern und Ständen viel böse Menschen. Aber der Stand ist und bleibt dennoch gut, wie sehr auch die Menschen ihn mißbrauchen. Man findet viel böse Weiber, viel falsche Knechte, viel untreue Mägde, viel gefährliche Amtsleute und Räte – aber nichtsdestoweniger sind der Frauenstand, Knechts- und Magdstand und alle Ämter gleichwohl Gottes gestiftetes Werk und Ordnung. Die Sonne bleibt gut, obwohl die ganze Welt sie mißbraucht, einer zum Rauben, einer zum Morden, einer um dies, der andere um jenes Böse auszuführen. Wer könnte etwas Böses tun, wenn nicht die Sonne ihm dazu leuchtete, die Erde ihn trüge und ernährte, die Luft erhielte und Gott selbst ihn so behütete? Es heißt und bleibt dabei: »Alle Kreatur ist unterworfen der Nichtigkeit, aber ohne ihren Willen«, Röm. 8,20.

Es meinen wohl etliche, das Schreiberamt sei ein leichtes, geringes Amt, aber im Harnisch reiten, Hitze, Frost, Staub, Durst und anderes Ungemach ertragen, das sei eine Mühsal. Ja, das ist das alte, gewöhnliche, tägliche Lied, daß keiner sieht, wo den anderen der Schuh drückt. Jeder sieht allein sein Unbehagen und gafft auf des anderen Wohlbehagen. Wahr ist's! Mir wäre es schwer, im Harnisch zu reiten. Aber ich möchte auch gern umgekehrt den Reiter sehen, der mir einen ganzen Tag still sitzen könnte und in ein Buch sehen, wenn er sich auch um gar nichts sorgen, nichts schreiben, denken oder lesen müßte. Frag einen Kanzleischreiber, Prediger oder Redner, was Schreiben oder Reden für eine Mühsal ist; frag einen Schulmeister, was Lehren und Knaben erziehen für eine Mühsal ist. Leicht ist die Schreibfeder, das ist wahr. Es ist auch in allen Handwerken kein Werkzeug leichter herzustellen als das der Schreiberei; denn sie braucht allein die Gänseflügel, von denen man umsonst überall genug findet. Aber es muß gleichwohl der beste Teil (der Kopf) und das edelste Glied (die Zunge) und die größte Kraft (die Rede), die zum Menschenleib gehören, hier herhalten und am meisten arbeiten, während sonst bei anderen entweder die Faust oder Fuß, Rücken oder dergleichen Glieder allein arbeiten, und sie können daneben fröhlich singen und frei scherzen, was ein Schreiber bestimmt unterlassen muß. Drei Finger tun's (sagt man von Schreibern), aber der ganze Leib und die ganze Seele arbeiten daran.

Ich habe von dem löblichen, teuren Kaiser Maximilian sagen hören, wenn die großen Herren darüber murrten, daß er so viele Schreiber gebrauchte als Gesandte und auch sonst, daß er gesagt haben soll: Was soll ich tun? Die werden sich nicht gebrauchen lassen, so muß ich Schreiber dazu nehmen!, und weiter: Ritter kann ich machen, aber Doktoren kann ich nicht machen. So habe ich auch von einem feinen Edelmann gehört, daß er sagte: Ich will meinen Sohn studieren lassen. Es ist keine große Kunst, zwei Beine über ein Roß zu hängen und Reiter zu werden – das hat er mir schnell gelernt. Das ist gut und recht geredet. Dies will ich umgekehrt nicht gesagt haben, um den Reiterstand oder irgendeinen anderen Stand verächtlich zu machen, sondern gegen die nichtsnutzigen Prahlhänse, die alles Studium und alle Wissenschaft verachten und sich nichts rühmen können, als daß sie Harnisch tragen und zwei Beine über ein Roß hängen, wiewohl sie dieses selten tun müssen und dafür das ganze Jahr Ruhe, Vergnügen, Freude, Ehre und Gutes genug haben. Es ist wohl wahr: Wissen ist leicht zu tragen (sagt man) und Harnisch schwer zu tragen, aber andererseits ist Harnisch zu tragen schnell gelernt. Aber Wissen ist nicht schnell gelernt und nicht leicht auszuüben und zu gebrauchen.

Damit ich aber dieses Geschwätzes einmal ein Ende mache: Wir sollen wissen, daß Gott ein wunderbarer Herr ist. Sein Handwerk ist, aus Bettlern Herren zu machen, so wie er aus nichts alle Dinge macht. Solches Handwerk wird ihm niemand legen noch behindern. Er läßt's gar herrlich in aller Welt von sich singen, Ps. 113,5-8: »Wer ist wie der Herr, der so hoch sitzt und so tief herniedersieht? Der den Geringen aufrichtet aus dem Staube und erhöht den Armen aus dem Kot, damit er ihn sitzen lasse neben den Fürsten, ja neben den Fürsten seines Volkes.« Sieh dich um an aller Könige und Fürsten Höfen und in Städten und Pfarreien: Was gilt's, ob nicht dieser Psalm mit vielen eindrucksvollen Beispielen darin regiert? Da wirst du finden Juristen, Doktoren, Räte, Schreiber, Prediger, die gemeinhin arm und ganz gewiß allesamt Schüler gewesen sind und sich durch die Feder so emporgeschwungen haben und aufgestiegen sind, daß sie Herren sind, wie dieser Psalm sagt, und wie die Fürsten Land und Leute regieren helfen. Gott will's nicht haben, daß geborene Könige, Fürsten, Herren und Adel allein regieren sollen und Herren sein, er will auch seine Bettler dabei haben. Sie dächten sonst, die edle Geburt allein mache Herren und Regenten und nicht Gott alleine.

Man spricht, und es ist die Wahrheit: Der Papst ist auch ein Schüler gewesen. Darum verachte mir nicht die Gesellen, die vor der Tür »Brot um Gottes willen«[8] sagen und das Brotlied singen: Du hörst (wie dieser Psalm sagt) große Fürsten und Herren singen. Ich bin auch ein solcher Bettelschüler gewesen und habe das Brot vor den Häusern angenommen, besonders in Eisenach, meiner lieben Stadt, wiewohl mich hernach mein lieber Vater mit aller Liebe und Treue in der hohen Schule zu Erfurt unterhielt und mir durch seinen sauren Schweiß und seine Arbeit dahin geholfen hat, wohin ich gekommen bin. Aber dennoch bin ich ein Bettelschüler gewesen und nach diesem Psalm durch die Schreibfeder so weit gekommen, daß ich jetzt nicht mit dem türkischen Kaiser tauschen wollte, wenn ich sein Gut haben sollte und auf meine Wissenschaft verzichten. Ja, ich wollte der Welt Gut, vielfach aufeinandergehäuft, nicht dafür nehmen. Und ich wäre doch ohne Zweifel nicht dahin gekommen, wenn ich nicht in die Schule und ins Schreiberhandwerk geraten wäre.

Darum laß deinen Sohn getrost studieren. Und sollte er auch derweil um Brot betteln, so gibst du unserm Herrgott ein feines Hölzchen, aus dem er dir einen Herrn schnitzen kann. Es wird doch dabei bleiben, daß dein und mein Sohn, das heißt gewöhnlicher Leute Kinder, die Welt regieren müssen, sowohl im geistlichen als auch im weltlichen Stande, wie dieser Psalm bezeugt. Denn die reichen Geizwänste können's und wollen's nicht tun. Sie sind des Mammons Kartäuser und Mönche; den müssen sie Tag und Nacht verwalten. Ebenso vermögen's die geborenen Fürsten und Herren alleine nicht, und besonders vermögen sie das geistliche Amt gar nicht zu versehen. So müssen durchaus beide Regimente auf Erden bei den armen, mittelmäßigen und gewöhnlichen Leuten bleiben und bei ihren Kindern.

Kehre dich nicht daran, daß jetzt der gewöhnliche Geizwanst die Wissenschaft so tief verachtet und spricht: Ha, wenn mein Sohn Deutsch schreiben, lesen oder rechnen kann, so kann er genug. Ich will ihn zum Kaufmann geben! Sie werden in Kürze so kirre werden, daß sie gern einen Gelehrten zehn Ellen tief mit den Fingern aus der Erde grüben. Denn der Kaufmann wird mir nicht lange Kaufmann sein, wenn die Predigt und das Recht verfallen. Das weiß ich fürwahr: Wir Theologen und Juristen müssen bleiben, oder sie werden allesamt mit uns untergehen, das wird mir nicht ausbleiben. Wo die Theologen verschwinden, da verschwindet Gottes Wort, und es bleiben lauter Heiden, ja, lauter Teufel; wo die Juristen verschwinden, da verschwindet das Recht samt dem Frieden, und es bleibt lauter Raub, Mord, Frevel und Gewalt, ja, lauter wilde Tiere. Was aber der Kaufmann erwerben und gewinnen wird, wenn der Friede verschwindet, das will ich ihm alsdann sein Hauptbuch sagen lassen, und wie nützlich ihm alsdann sein Gut sein wird, wenn die Predigt fehlt, das soll ihm sein Gewissen wohl zeigen.

Es ist insbesondere ärgerlich, daß solche ungeschliffenen, unchristlichen Worte diejenigen reden, die ganz evangelisch sein wollen, die jedermann zu schulmeistern und zu überschreien wissen mit der Schrift. Sie gönnen derweil weder Gott selbst noch ihren eigenen Kindern soviel Ehre oder Gutes, daß sie diese zur Schule erzögen, wo sie zu solchen herrlichen, göttlichen Berufen, Gott und der Welt zu dienen, kommen könnten, die sie doch gewiß vor Augen sehen, gestiftet, erreichbar und wohlversorgt mit Gut und Ehre. Sondern sie wenden sie davon ab und stoßen sie in des Mammons Dienst, wo sie doch nichts Gewisses vor Augen haben, außerdem in ständiger Gefährdung des Leibes und Gutes und auch der Seele stehen müssen, und wo überdies kein Gottesdienst ist und keiner sein kann.

Hier sollte ich auch aufzählen, wieviel Gelehrte man haben muß in der Heilkunst und anderen freien Wissenschaften, über welche beide Gegenstände wohl ein dickes Buch zu schreiben und ein halbes Jahr zu predigen wäre. Wo sollten Prediger und Juristen und Ärzte herkommen, wenn nicht die Grammatik und Rhetorik vorhanden wären? Aus dieser Quelle müssen sie alle herfließen. Aber es würde mir jetzt zu lang und zuviel werden.

Dies sage ich in aller Kürze: Einen fleißigen, ehrbaren Schulmeister oder Magister, oder wer es ist, der Knaben treulich erzieht und lehrt, den kann man niemals genug belohnen und mit keinem Geld bezahlen, wie auch der Heide Aristoteles sagt. Dennoch wird's bei uns so schändlich verachtet, als sei es gar nichts, und sie wollen dennoch Christen sein. Aber ich, wenn ich vom Predigtamt und anderen Dingen lassen könnte oder müßte, so wollte ich kein Amt lieber haben, als Schulmeister oder Knabenlehrer zu sein. Denn ich weiß, daß dieser Beruf nächst dem Predigtamt der allernützlichste, wichtigste und beste ist. Ich weiß noch nicht einmal, welcher von beiden der bessere ist; denn es ist schwer, alte Hunde zahm und alte Bösewichte fromm zu machen, woran doch das Predigtamt arbeitet und viel vergeblich arbeiten muß. Aber die jungen Bäumchen kann man besser biegen und aufziehen, obgleich auch manche dabei zerbrechen. Lieber, laß es der höchsten Tugenden eine sein auf Erden, fremden Leuten ihre Kinder treulich zu erziehen, welches gar wenige und fast niemand tut mit seinen eigenen.

Daß aber die Ärzte Herren sind, das sieht man klar vor Augen, und daß man sie auch nicht entbehren kann, lehrt klar die Erfahrung. Daß es für die Welt ein nützlicher, tröstlicher, heilsamer Stand, überdies ein wohlgefälliger Gottesdienst ist, von Gott geschaffen und gestiftet, gibt aber nicht allein der Beruf selbst zu erkennen, sondern das bezeugt auch die Schrift Sir. 38,1-8, wo fast ein ganzes Kapitel sich im Rühmen der Ärzte ergeht und spricht: »Du sollst den Arzt ehren, denn man kann seiner nicht entraten, und Gott hat ihn eingesetzt, denn alle Arznei ist von Gott. Die Kunst des Arztes bringt ihn zu Ehren, und er wird vor den großen Herren hochgeschätzt. Gott hat die Arznei aus der Erde geschaffen, und es gibt keinen vernünftigen Menschen, der sie verachtet. Denn so wie zur Zeit des Mose das bittere Wasser durchs Holz süß wurde, so hat er auch hierin den Menschen kundtun wollen, was Arznei vermag, und hat solches Wissen darum auch den Menschen gegeben, daß man seine Wunder preisen solle. Denn hiermit kann der Arzt allerlei Schmerzen lindern und viel süße, gute Arznei machen und Salben zubereiten, durch welche die Kranken gesund werden, und diese seine Werke sind ohne Zahl.« Wohlan, es ist mir jetzt zuviel; die Prediger können wohl alle diese

Dinge reichlicher ausführen und den Leuten einprägen, was sie an Schaden und Nutzen hier schaffen können für die ganze Welt und unsere Nachkommen, besser als ich's schreiben kann.

Ich will's hierbei bewenden lassen und einen jeden, der hierzu helfen kann, treulich ermahnt und gebeten haben. Denn denke doch selbst, wie viele Güter dein Gott dir umsonst gegeben hat und noch täglich gibt, nämlich Leib und Seele, Haus, Hof, Weib und Kind, dazu weltlichen Frieden, Dienst und Gebrauch aller seiner Kreatur im Himmel und auf Erden, zu alledem auch das Evangelium und Predigtamt, Sakrament und den ganzen Schatz seines Sohnes und seines Geistes – nicht allein ohne dein Verdienst, sondern auch ohne deine Kosten und Mühe. Denn du brauchst jetzt weder Schulen noch Pfarreien zu erhalten, wozu du doch nach dem Evangelium sehr wohl verpflichtet wärest. Und du solltest dennoch so ein verfluchter, undankbarer Schuft sein, daß du nicht ein Kind hergeben wolltest, das solche Gaben Gottes zu erhalten erzogen würde, alles und alles umsonst haben wolltest und nicht ein Tröpfchen Dank bezeigen, sondern Gottes Reich und der Seelen Heil untergehen lassen und helfen zu Boden zu stoßen?

Sollte Gott hierüber nicht zornig werden? Sollte nicht Teuerungszeit kommen? Sollten nicht Pest, Influenza, Syphilis und andere Plagen uns befallen? Sollten nicht verblendete Leute, wilde, wüste Tyrannen regieren? Sollte nicht Krieg und Hader entstehen? Sollte nicht eine böse Regierung in deutschen Landen kommen? Sollten nicht Türken und Tataren uns ausplündern? Ja, es wäre kein Wunder, wenn Gott Türen und Fenster in der Hölle öffnete und lauter Teufel unter uns schneien und hageln oder vom Himmel Schwefel und höllisches Feuer regnen ließe und uns allesamt in den Abgrund der Hölle versenkte wie Sodom und Gomorra. Denn hätten Sodom und Gomorra so viel gehabt, so viel gehört oder gesehen, sie stünden gewiß noch heutigentages. Denn sie sind nicht zu einem Zehntel so böse gewesen, wie jetzt Deutschland ist, denn sie haben Gottes Wort und Predigtamt nicht gehabt. Wir dagegen haben's umsonst und verhalten uns wie solche, die wollen, daß Gott und sein Wort und alle Zucht und Ehre untergehen. Und tatsächlich fangen die Sektierer mit der Unterdrückung des Wortes Gottes gehörig an; so legen der Adel und die Reichen auch tüchtig Hand daran, Zucht und Ehre zu stürzen, damit wir solche Leute werden, wie wir es verdient haben.

Denn daß wir das Evangelium und Predigtamt haben, was ist's anderes als Blut und Schweiß unseres Herrn? Er hat's ja durch seinen blutigen Angstschweiß erworben, durch sein Blut und Kreuz verdient und uns geschenkt; wir haben's ganz umsonst, haben nichts dafür getan oder gegeben. Ach Herr Gott, wie herzlich bitter und sauer ist's ihm geworden! Wie freundlich und gern hat er's dennoch getan! Wieviel haben die lieben Apostel und alle Heiligen dafür gelitten, daß es bis auf uns kommen möge! Wie viele wurden zu unserer Zeit dafür getötet! Und daß ich mich auch rühme: Wie manches Mal habe ich den Tod dafür leiden müssen und ist's mir auch so herzlich sauer geworden und wird's noch, damit ich meinen Deutschen dadurch diente. Aber alles ist nichts gegen das, was Christus, Gottes Sohn, unser liebes Herz, darangesetzt hat. Und er soll nun nichts anderes damit verdient haben von uns, als daß etliche dieses sein teuer erworbenes Amt verfolgen, verdammen, es tiefer als alle Teufel in Grund und Boden verlästern, die anderen aber die Hand abziehen, weder Pfarrer noch Prediger ernähren noch etwas dazu geben, daß sie doch unterhalten würden, überdies die Kinder auch davon abwenden, damit dieses Amt nur ja bald zugrunde gehe und Christi Blut und Marter umsonst sei. Sie gehen dennoch sicher daher, haben kein Gewissen, keine Reue oder Bedauern für solche höllische und mehr als höllische Undankbarkeit und viele unaussprechliche Sünden und Laster, zeigen keine Furcht und Scheu vor Gottes Zorn, keine Lust und Liebe zu dem lieben Heiland für seine saure, schwere Marter, sondern wollen mit solchen schrecklichen Greueln auch noch evangelisch und Christen sein.

Wenn's so in deutschen Landen zugehen soll, so tut mir's leid, daß ich als Deutscher geboren bin oder je deutsch geredet oder geschrieben habe. Und wenn ich's vor meinem Gewissen tun könnte, würde ich zur Strafe dazu helfen und beitragen, daß der Papst mit allen seinen Greueln wieder über uns komme und uns ärger bedrücke, schände und verderbe, als je zuvor geschehen ist. Früher, als man dem Teufel diente und Christi Blut schändete, da standen alle Beutel offen und war des Gebens für Kirchen, Schulen und alle Greuel kein Ende. Da konnte man Kinder in Klöster, Stifte, Kirchen, Schulen treiben, stoßen und zwingen mit unsäglichen Kosten, was alles vergeblich war. Jetzt aber, da man rechte Schulen und rechte Kirchen stiften soll (vielmehr nicht stiften, sondern allein erhalten in ihrem baulichen Zustand, denn Gott hat's gestiftet und genug dazu gegeben, sie auch zu erhalten, und wir wissen's, daß es Gottes Wort ist und daß die rechte Kirche bauen heißt: Christi Blut und Marter ehren), jetzt sind alle Beutel mit eisernen Ketten zugeschlossen, da kann niemand etwas dazu geben. Und überdies reißen sie auch die Kinder davon weg und gönnen ihnen nicht, daß sie von der Kirche (wo wir nichts dazugeben) ernährt werden und zu solchen heilsamen Ämtern, in denen sie doch auch zeitlich ohne ihr Zutun versorgt sind, kommen können, Gott zu dienen, Christi Blut und Marter zu ehren und zu bewahren. Sondern sie stoßen sie lieber dem Mammon in den Rachen und treten Christi Blut derweil mit Füßen und sind dennoch gute Christen.

Ich bitte Gott um ein gnädiges letztes Stündlein, daß er mich von hier fortnehme und nicht sehen lasse den Jammer, der über Deutschland kommen muß. Denn ich behaupte: Wenn zehn Mose dastünden und für uns beteten, würden sie doch nichts ausrichten. So fühle ich's auch, wenn ich für mein liebes Deutschland beten will, daß mir das Gebet zurückprallt und nicht hinaufdringen will, wie es sonst tut, wenn ich um andere Dinge bitte. Denn es wird geschehen, daß Gott Lot erlösen wird und Sodom vernichten. Gott gebe, daß ich lüge und in dieser Sache ein falscher Prophet sei. Das würde geschehen, wenn wir uns besserten, auch unseres Herrn Wort und sein teures Blut und Sterben anders ehrten, als bisher geschehen, und dem jungen Volk zu den göttlichen Ämtern (wie gesagt wurde) verhülfen und sie dazu erzögen.

Ich halte aber dafür, daß auch die Obrigkeit nun schuldig sei, die Untertanen zu zwingen, ihre Kinder zur Schule zu schicken, besonders die, von denen oben die Rede war. Denn sie ist wahrlich verpflichtet, die oben genannten Ämter und Stände zu erhalten, damit Priester, Juristen, Pfarrer, Schreiber, Ärzte, Schulmeister und dergleichen bleiben, denn man kann sie nicht entbehren. Kann sie die Untertanen zwingen, die dazu taugen, daß sie Spieße und Büchsen tragen, auf die Mauern laufen und anderes tun, wenn man Krieg führen muß, wieviel mehr kann und soll sie hier die Untertanen zwingen, daß sie ihre Kinder zur Schule schicken. Denn hier steht gewiß ein ärgerer Krieg bevor mit dem leidigen Teufel, der im Sinne hat, daß er Städte und Fürstentümer heimlich so aussaugen und von tüchtigen Personen entleeren will, bis er den Kern ganz ausgebohrt hat und eine leere Hülse da stehen läßt von lauter unnützen Leuten, mit denen er spielen und Possen treiben kann, wie er will. Das heißt ungehindert eine Stadt oder ein Land aushungern und ohne Kampf innerlich verderben, ehe man sich umsieht. Da tut doch der Türke etwas ganz anderes: Er nimmt jedes dritte Kind in seinem ganzen Reich und erzieht's, wozu er will. Wieviel mehr sollten unsere Herren sich doch etliche Knaben für die Schule nehmen, da doch den

Eltern das Kind damit nicht genommen, sondern zu ihrem Besten und zum allgemeinen Nutzen erzogen würde für das Amt, in dem ihm genug gegeben wird.

Darum wache hier, wer wachen kann: die Obrigkeit, wenn sie einen tüchtigen Knaben sieht, daß sie ihn zur Schule schicken lasse. Ist der Vater arm, so helfe man mit Kirchengütern aus. Hierzu sollten die Reichen ihre Testamente einsetzen, wie denn die getan haben, die etliche Stipendien gestiftet haben; das hieße der Kirche dein Geld recht widmen. Hier erlösest du nicht der Verstorbenen Seelen aus dem Fegfeuer, sondern hilfst durch Erhaltung der göttlichen Ämter sowohl den Lebenden als auch den Zukünftigen, die noch nicht geboren sind, daß sie nicht ins Fegfeuer hineinkommen, ja, daß sie aus der Hölle erlöst werden und zum Himmel fahren, und den Lebenden, daß sie Frieden und Sicherheit haben. Das dürfte ein löbliches, christliches Testament sein; daran hätte Gott seine Lust und Freude und würde dich seinerseits segnen und ehren, so daß du auch Lust und Freude an ihm haben würdest. Wohlan, ihr lieben Deutschen, ich hab's euch zur Genüge gesagt, ihr habt euren Propheten gehört. Gott gebe uns, daß wir seinem Wort folgen, zu Lob und Dank unserm lieben Herrn für sein teures Blut, für uns so barmherzig dargebracht, und behüte uns vor dem greulichen Laster der Undankbarkeit und des Vergessens seiner Wohltat. Amen.

Ein Sendbrief D. Martin Luthers vom Dolmetschen und Fürbitte der Heiligen 1530

Das Manuskript des Sendbriefs sandte Luther während des Augsburger Reichstags von der Coburg am 12. 9. 1530 seinem Freund Wenzeslaus Link in Nürnberg zur Weitergabe an Georg Rottmaier und zur Drucklegung. Link schrieb am 15. 9. das Vorwort und besorgte den Druck. Unklar ist, ob Rottmaier der von Luther angeredete Adressat N. war. – Die Form des offenen Briefs lag zu Fragen allgemeiner Bedeutung besonders nahe, da Luther eben diese in Augsburg von den Seinen zu »leise« vertreten sah und das nun indirekt kundtat. 1. Seine Übersetzung von Röm.3,28 mit »allein durch den Glauben« verspottete Johann Eck in Augsburg als Ärgernis, weil sie ethische Gleichgültigkeit fördere. Darauf geht Luther ein (nach Anm. 9) und wirft den Altgläubigen als ethisch anstößiger vor, daß sie die Sache zugeben, aber ihre Bekenner verfolgen. 2. Das im Briefschluß erörterte Anrufen der Heiligen war im Augsburger Bekenntnis, Artikel 21, so zahm dargestellt, daß Luther jetzt die Haupteinwände einklagte: Die unerträgliche Menschenvergottung und die Berufung auf »allgemeinen Brauch der Christenheit«, die verschleiere, daß er das Anrufen Christi verdränge. – Berühmter und oft zitiert ist Luthers Rechenschaft über die Art und Absicht seiner Bibelübersetzung. Sie soll »gut deutsch« reden, was nicht nur »die Mutter im Haus« lehrt, sondern auch »großer Vorrat von Worten« und Sinn für Worte, die »ins Herz dringen und klingen«; das ist kein Rezept für simple Anpassung an Vulgärsprache. Vor allem aber soll die im Urtext gemeinte »Sache selbst« zur Sprache kommen, die nur ein »christlich erfahrenes Herz« beurteilen kann und deren Einzigartigkeit notfalls »der deutschen Sprache Abbruch tun« muß. – WA 30,2; 632-646.

Gerhard Krause

Gottes Gnade und Barmherzigkeit. Der weise Salomo spricht Spr. 11,26: »Wer Korn einbehält, dem fluchen die Leute. Aber Segen kommt über den, der es verkauft.« Dieser Spruch ist eigentlich zu verstehen von allem, was zu allgemeinem Nutzen oder Trost der Christenheit dienen kann. Darum schilt auch der Herr im Evangelium den untreuen Knecht einen faulen Schalk, weil er sein Geld in die Erde vergraben und verborgen hatte (Matth. 25,26 ff.). Solchen Fluch des Herrn und der ganzen Gemeinde zu vermeiden, hab ich diesen Sendbrief, der mir durch einen guten Freund in die Hände gekommen, nicht vorenthalten wollen, sondern öffentlich in Druck gegeben. Denn weil wegen der Verdolmetschung des Alten und Neuen Testaments sich viel Gerede zugetragen hat, daß nämlich die Feinde der Wahrheit vorgeben, der Text wäre an vielen Stellen geändert oder auch verfälscht, wodurch viele einfältige Christen, auch unter den Gelehrten, denen die hebräische und griechische Sprache nicht bekannt, Verwunderung oder Scheu ergreift, so darf man der guten Hoffnung sein, daß mindestens zum Teil hiermit den Gottlosen ihr Lästern verhindert und den Frommen ihr Bedenken genommen werde, vielleicht auch veranlaßt wird, daß etwas mehr über solche Fragen oder Materie geschrieben werde. Ich bitte deshalb einen jeden Liebhaber der Wahrheit, er wolle sich dies aufs beste empfohlen sein lassen und Gott ehrlich bitten um rechtes Verständnis der göttlichen Schrift zur Besserung und Mehrung der allgemeinen Christenheit. Amen.

Zu Nürnberg am 15. September im Jahre 1530.

DEM EHRBAREN UND UMSICHTIGEN N., MEINEM GENEIGTEN HERRN UND FREUNDE

Gnad und Friede in Christus. Ehrbarer, umsichtiger, lieber Herr und Freund! Ich habe Euer Schreiben empfangen mit den zwei Quaestionen oder Fragen, darin Ihr meinen Unterricht begehrt: Erstens, warum ich die Worte von St. Paulus im Römerbrief Kapitel 3,28 »arbitramur hominem iustificari ex fide absque operibus« so verdeutscht habe: »Wir halten (dafür), daß der Mensch gerecht werde ohne des Gesetzes Werke, allein durch den Glauben.« Dabei weist Ihr darauf hin, wie die Papisten sich über die Maßen unnütz ereifern, weil im Text des Paulus nicht das Wort »sola« (allein) steht und solcher Zusatz von mir in Gottes Worten nicht zu dulden sei usw. Zweitens, ob auch die verstorbenen Heiligen für uns bitten, weil wir lesen, daß sogar die Engel für uns bitten usw. (Hiob 33,32 ff.). Auf die erste Frage mögt Ihr (wenn es euch gelüstet) Euern Papisten meinetwegen so antworten.

Zum ersten: Wenn ich, D. Luther, hätte vermuten können, daß die Papisten alle auf einen Haufen so geschickt wären, daß sie ein Kapitel in der Schrift richtig und gut verdeutschen könnten, so wollte ich mich wahrlich demütig gezeigt und sie um Beistand und Hilfe gebeten haben, das Neue Testament zu verdeutschen. Aber weil ich wußte und noch vor Augen sehe, daß keiner von ihnen recht weiß, wie man dolmetschen oder deutsch reden soll, habe ich sie und mich mit solcher Mühe verschont. Das merkt man aber gut, daß sie aus meinem Übersetzen und Deutsch lernen, deutsch zu reden und zu schreiben, und mir so meine Sprache stehlen, von der sie vorher wenig gewußt haben; sie danken mir aber dafür nicht, sondern brauchen sie viel lieber gegen mich. Aber ich gönn' es ihnen gern, denn es tut mir doch wohl, daß ich auch meine undankbaren Jünger, dazu meine Feinde, reden gelehrt habe.

Zum zweiten könnt Ihr sagen, daß ich das Neue Testament verdeutscht habe nach meinem besten Vermögen und aufs gewissenhafteste. Damit habe ich niemanden gezwungen, daß er's lese, sondern es frei gelassen und allein denen zu Dienst getan, die es nicht besser machen können. Es ist niemandem verboten, ein besseres zu machen. Wer's nicht lesen will, der laß es liegen; ich bitte und lobe niemanden darum. Es ist mein Testament und meine Übersetzung und soll mein bleiben und sein. Hab ich darin etwas verfehlt (was mir doch nicht bewußt ist und ich gewiß nicht gern einen Buchstaben mutwillig falsch übersetzen wollte), – darüber will ich die Papisten als Richter nicht dulden; denn sie haben zur Zeit noch zu lange Ohren dazu und ihr iah, iah ist zu schwach, um über mein Übersetzen zu urteilen. Ich weiß gut, aber sie wissen's weniger als des Müllers Tier, wieviel Kunst, Fleiß, Vernunft, Verständnis zum guten Übersetzer gehört, denn sie haben's nicht versucht.

Es heißt: Wer am Wege baut, der hat viele Meister. So geht mir's auch. Diejenigen, die noch nie haben recht reden können, geschweige denn übersetzen, die sind allzumal meine Meister, und ich muß ihrer aller Jünger sein. Und wenn ich sie hätte fragen sollen, wie man die ersten zwei Worte Matth. 1, 1 »Liber generationis« verdeutschen sollte, so hätte keiner von ihnen gewußt, gack dazu zu sagen.[1] Und nun kritisieren sie mir das ganze Werk, die feinen Gesellen. So ging es auch St. Hieronymus; als er die Bibel übersetzte, da war alle Welt sein Meister, er allein war es, der nichts konnte.[2] Diejenigen verurteilten dem guten Mann sein Werk, die ihm nicht genug gewesen wären, daß sie ihm die Schuhe hätten wischen sollen. Darum gehört große Geduld dazu, wenn jemand etwas öffentlich Gutes tun will; denn die Welt will Meister Klügling bleiben und muß immer das Roß vom Schwanz her aufzäumen, alles meistern und selbst nichts können. Das ist ihre Art, davon sie nicht lassen kann.

Ich wollte dennoch gern den Papisten sehen, der sich hervortäte und etwa einen Brief von St. Paulus oder einen Propheten verdeutschte, sofern er des Luthers Deutsch und Dolmetschen nicht dazu gebrauchte. Da würde man ein feines, schönes, löbliches Deutsch oder Übersetzen sehen! Denn wir haben ja den Sudelkoch zu Dresden gesehen, der mein Neues Testament gemeistert hat (ich will seinen Namen in meinen Büchern nicht mehr nennen, zudem hat er nun auch seinen Richter und ist sonst wohl bekannt). Der bekennt, daß mein Deutsch süß und gut sei, und sah genau, daß er's nicht besser machen könnte, wollte es dennoch zuschanden machen, griff zu und nahm sich mein Neues Testament vor, fast Wort für Wort, wie ich's gemacht hab, ließ meine Vorrede, Anmerkungen und Namen weg, schrieb seinen Namen, Vorrede und Anmerkungen hin und verkaufte so mein Neues Testament unter seinem Namen. Ei, liebe Kinder, wie geschah mir da so wehe, als sein Landesfürst mit einer greulichen Vorrede verdammte und verbot, des Luthers Neues Testament zu lesen, doch daneben gebot, des Sudlers Neues Testament zu lesen, welches doch eben dasselbe ist, das der Luther gemacht hat.[3]

Und damit hier nicht jemand denke, ich lüge, so nimm dir beide Testamente vor, Luthers und des Sudlers, halte sie nebeneinander, dann wirst du sehen, wer in allen beiden der Übersetzer sei. Denn was er an wenig Stellen geflickt und geändert hat (wiewohl mir's nicht alles gefällt), das kann ich doch gern leiden und schadet mir nicht besonders, soweit es den Text betrifft. Darum hab ich auch nie dagegen schreiben wollen, sondern hab über die große Weisheit lachen müssen, daß man mein Neues Testament so greulich gelästert, verdammt, verboten hat, weil es unter meinem Namen ausgegangen ist, aber es dennoch hat müssen lesen, als es unter eines andern Namen ausgegangen ist. Trotzdem: Was das für eine Tugend sei, einem andern sein Buch lästern und schänden, danach dasselbe stehlen und unter eigenem Namen dennoch ausgehen lassen, und so durch fremde verlästerte Arbeit eigenes Lob und Namen suchen, – das laß ich seinen Richter finden. Mir ist's indes genug, und ich bin froh, daß meine Arbeit (wie St. Paulus auch rühmt Phil. 1,18) auch durch meine Feinde gefördert und des Luthers Buch ohne Luthers Namen unter seiner Feinde Namen gelesen werden muß. Wie könnt ich mich besser rächen?

Und daß ich wieder zur Sache komme: Wenn sich euer Papist viel unnötig ereifern will mit dem Wort »sola« (allein), so sagt ihm flugs dies: Doktor Martinus Luther will's so haben und spricht, Papist und Esel sei dasselbe. Sic volo, sic iubeo, sit pro ratione voluntas *[so will ich's, so befehl ich's, als Begründung gelte mein Wille]*.[4] Denn wir wollen nicht der Papisten Schüler und Jünger, sondern ihre Meister und Richter sein, wollen auch einmal stolzieren und prahlen vor den Eselsköpfen. Und wie Paulus sich gegenüber seinen tollen Heiligen rühmt (2. Kor. 11,21 ff.), so will ich mich auch gegenüber diesen meinen Eseln rühmen. Sie sind Doktoren? Ich auch. Sie sind gelehrt? Ich auch. Sie sind Prediger? Ich auch. Sie sind Theologen? Ich auch. Sie sind Disputatoren? Ich auch. Sie sind Philosophen? Ich auch. Sie sind Dialektiker? Ich auch. Sie halten Vorlesungen? Ich auch. Sie schreiben Bücher? Ich auch.

Und ich will weiter rühmen: Ich kann Psalmen und Propheten auslegen. Das können sie nicht. Ich kann übersetzen. Das können sie nicht. Ich kann die heilige Schrift lesen. Das können sie nicht. Ich kann beten. Das können sie nicht. Und um zu geringeren Diensten überzugehen: Ich kann ihre eigene Dialektik und Philosophie besser als sie allesamt selbst und weiß außerdem wahrlich, daß von ihnen keiner ihren Aristoteles versteht. Und wenn einer unter ihnen allen ist, der ein Proömium oder Kapitel bei Aristoteles richtig versteht, dann will ich mich prellen lassen.[5] Ich rede jetzt nicht zu viel, denn ich bin in all ihrer Kunst erzogen und erfahren von Jugend auf, weiß sehr gut, wie tief und weit sie ist. Ebenso wissen auch sie recht gut, daß ich alles weiß und kann, was sie können. Dennoch handeln die heillosen Leute gegen mich, als wäre ich in ihrer Kunst ein Gast, der überhaupt erst heute morgen gekommen wäre und noch nie weder gesehen noch gehört hätte, was sie lehren oder können. So gar herrlich prahlen sie mit ihrer Kunst und lehren mich, was ich vor zwanzig Jahren an den Schuhen zerrissen habe, so daß ich auch mit jener Dirne auf all ihr Plärren und Schreien singen muß: Ich hab's vor sieben Jahren gewußt, daß Hufnägel aus Eisen sind.

Das sei auf Eure erste Frage geantwortet; und ich bitte Euch, wollet solchen Eseln ja nichts andres noch mehr antworten auf ihr unnützes Geplärre vom Wort »sola«, als so viel: Luther will's so haben und sagt, er sei ein Doktor über alle Doktoren im ganzen Papsttum, da soll's bei bleiben. Ich will sie hinfort nur verachten und verachtet haben, solange sie solche Leute (ich wollt sagen Esel) sind. Denn es sind so unverschämte Tröpfe unter ihnen, die auch ihre eigene, der Sophisten, Kunst nie gelernt haben, wie Doktor Schmidt und Doktor Rotzlöffel und ihresgleichen, und stellen sich gleichwohl in dieser Sache gegen mich, die nicht allein über die Sophisterei hinausgeht, sondern auch (wie St. Paulus sagt 1.Kor.1,20) über aller Welt Weisheit und Vernunft.[6] Freilich braucht ein Esel nicht viel zu singen, man kennt ihn ohnedem gut an den Ohren.

Euch aber und den Unsern will ich anzeigen, warum ich das Wort »sola« habe brauchen wollen, obwohl Röm.3,28 nicht »sola«, sondern »solum« oder »tantum« von mir gebraucht ist.[7] So genau sehen die Esel meinen Text an! Doch hab ich anderswo sonst »sola fide« (aus Glauben allein) gebraucht und will auch beides haben, »solum« und »sola«. Ich habe mich beim Übersetzen eifrig bemüht, daß ich rein und klar Deutsch geben möchte. Es ist uns sehr oft begegnet, daß wir vierzehn Tage, drei, vier Wochen ein einziges Wort gesucht und erfragt haben, haben's dennoch zuweilen nicht gefunden. Im Buch Hiob mühten wir uns so, Magister Philipp Melanchthon, Aurogallus und ich, daß wir in vier Tagen zuweilen kaum drei Zeilen fertigbringen konnten. Mein Lieber, jetzt, wo es verdeutscht und zubereitet ist, kann's ein jeder lesen und meistern. Jetzt läuft einer mit den Augen über drei, vier Blätter und stößt nicht einmal an, wird aber nicht gewahr, welche Steine und Klötze da gelegen haben. Wo er jetzt drüber hingeht, wie über ein gehobeltes Brett, da haben wir schwitzen müssen und uns ängsten, ehe wir dann solche Steine und Klötze aus dem Weg räumten, damit man so fein dahergehen könne. Es ist gut pflügen, wenn der Acker gereinigt ist. Aber den Wald und die Stubben ausroden und den Acker zurichten, da will niemand heran. Es ist bei der Welt kein Dank zu verdienen. Kann doch Gott selbst mit der Sonne, ja, mit Himmel und Erde, noch mit seines eigenen Sohnes Tod keinen Dank verdienen; sie ist und bleibt Welt in des Teufels Namen, weil sie ja nicht anders will.

Ebenso habe ich hier Römer 3,28 sehr gut gewußt, daß im lateinischen und griechischen Text das Wort »solum« nicht steht, und solches hätten mich die Papisten nicht zu lehren brauchen. Wahr ist's: Diese vier Buchstaben sola stehen nicht drinnen. Diese Buchstaben sehen die Eselsköpfe an wie die Kühe ein neues Tor, sehen aber nicht, daß gleichwohl die Absicht des Textes das »sola« in sich hat, und wo man's klar und eindringlich verdeutschen will, da gehört es hinein. Denn ich habe deutsch, nicht lateinisch noch griechisch reden wollen, da ich beim Übersetzen mir vorgenommen hatte, deutsch zu reden. Das ist aber die Art unserer deutschen Sprache, wenn sie von zwei Dingen redet, von denen man das eine bejaht und das andere verneint, dann braucht man das Wort

»solum« (allein) neben dem Wort »nicht« oder »kein«. So wenn man sagt: Der Bauer bringt allein Korn und kein Geld. Nein, ich hab wahrlich jetzt nicht Geld, sondern allein Korn. Ich hab allein gegessen und noch nicht getrunken. Hast du allein geschrieben und nicht durchgelesen? Und dergleichen unzählige Weisen im täglichen Gebrauch.

Ob es gleich in all diesen Redewendungen die lateinische oder griechische Sprache nicht tut, so tut es doch die deutsche, und es ist ihre Art, daß sie das Wort »allein« hinzusetzt, damit das Wort »nicht« oder »kein« desto vollständiger und deutlicher sei. Denn obwohl ich auch sage: Der Bauer bringt Korn und kein Geld, so klingt doch das Wort »kein Geld« nicht so vollständig und deutlich, wie wenn ich sage: Der Bauer bringt allein Korn und kein Geld. Denn hier hilft das Wort »allein« dem Wort »kein« dazu, daß es eine vollständige deutsche, klare Rede wird. Denn man muß nicht die Buchstaben in der lateinischen Sprache fragen, wie man deutsch reden solle, wie's diese Esel tun, sondern man muß die Mutter im Hause, die Kinder auf der Gasse, den einfachen Mann auf dem Markt danach fragen und denselben auf das Maul sehen, wie sie reden, und danach übersetzen; da verstehen sie es dann und merken, daß man deutsch mit ihnen redet.

So wenn Christus spricht: »Ex abundantia cordis os loquitur.« (Matth. 12,34) Wenn ich den Eseln folgen soll, werden die mir die Buchstaben vorlegen und so übersetzen: »Aus dem Überfluß des Herzens redet der Mund.« Sage mir, ist das deutsch geredet? Welcher Deutsche versteht so etwas? Was ist »Überfluß des Herzens« für ein Ding? Das kann kein Deutscher sagen, er wolle denn sagen, daß einer ein allzu großes Herz habe oder zuviel Herz habe, obwohl das auch noch nicht richtig ist. Denn »Überfluß des Herzens« ist kein Deutsch, so wenig wie das Deutsch ist: »Überfluß des Hauses«, »Überfluß des Kachelofens«, »Überfluß der Bank«; sondern so redet die

Mutter im Haus und der einfache Mann: »Wes das Herz voll ist, des geht der Mund über.« Das heißt gut deutsch geredet, dessen ich mich befleißigt, aber leider nicht immer erreicht noch getroffen habe; denn die lateinischen Buchstaben hindern über die Maßen, sehr gutes Deutsch zu reden.

Ebenso wenn der Verräter Judas Matth.26,8 sagt: Ut quid perditio haec? und Markus 14,4: Ut quid perditio ista unguenti facta est? Folge ich den Eseln und Buchstabilisten, dann muß ich's so verdeutschen: »Warum ist diese Verlierung der Salbe geschehen?« Was ist das aber für Deutsch? Welcher Deutsche redet so: »Verlierung der Salbe ist geschehen?« Und wenn er's recht versteht, so denkt er, die Salbe sei verloren und er müsse sie etwa wieder suchen; obwohl das auch noch dunkel und ungewiß klingt. Wenn das nun gutes Deutsch ist, warum treten sie nicht hervor und machen uns nicht ein solch feines, hübsches deutsches Neues Testament und lassen des Luthers Testament liegen? Ich meine ja, sie sollten ihre Kunst an den Tag bringen. Aber der deutsche Mann redet so (Ut quid etc.): »Was soll doch solche Verschwendung?« Oder: »Was soll doch solcher Schade?« Nein, sondern: »Es ist schade um die Salbe«, das ist gutes Deutsch, woraus man versteht, daß Magdalena mit der verschütteten Salbe verschwenderisch umgegangen sei und Schaden angerichtet habe. Das war Judas' Meinung, denn er dachte, einen besseren Zweck damit zu erfüllen.

Weiter, als der Engel Maria grüßt und sagt: »Gegrüßet seist du, Maria, voll Gnaden, der Herr mit dir.« (Luk.1,28) Nun wohl, so ist's bisher einfach nach den lateinischen Buchstaben verdeutscht. Sage mir aber, ob solches auch gutes Deutsch sei? Wo redet der deutsche Mann so: »Du bist voll Gnaden?« Und welcher Deutsche versteht, was damit gesagt sei: »voll Gnaden«? Er muß an ein Faß voll Bier denken oder an einen Beutel voll Geld. Darum hab ich's verdeutscht: »Du holdselige«, womit doch ein Deutscher sich sehr viel besser vorstellen kann, was der Engel mit seinem Gruß meint. Aber hier wollen die Papisten über mich toll werden, weil ich den Engelischen Gruß verdorben habe, obwohl ich dennoch damit nicht das beste Deutsch getroffen habe. Und würde ich hier das beste Deutsch genommen und den Gruß so verdeutscht haben: »Gott grüße dich, du liebe Maria« (denn so viel will der Engel sagen, und so würde er geredet haben, wenn er sie deutsch hätte grüßen wollen), ich glaube, sie würden sich wohl selbst erhängt haben aus großer Schwärmerei für die liebe Maria, weil ich den Gruß so zunichte gemacht hätte.

Aber was frage ich danach, ob sie toben oder rasen? Ich will nicht wehren, daß sie verdeutschen, was sie wollen; ich will aber auch verdeutschen, nicht wie sie wollen, sondern wie ich will. Wer es nicht haben will, der laß mir's stehen und behalte seine Meisterschaft für sich, denn ich will sie weder sehen noch hören, und sie brauchen für mein Übersetzen nicht Verantwortung zu übernehmen noch Rechenschaft zu geben. Das hörst du wohl: Ich will sagen »du holdselige Maria«, »du liebe Maria«, und lasse sie sagen »du vollgnaden Maria«. Wer deutsch kann, der weiß gut, welch ein herzlich feines Wort das ist: die liebe Maria, der liebe Gott, der liebe Kaiser, der liebe Fürst, der liebe Mann, das liebe Kind. Und ich weiß nicht, ob man das Wort »liebe« auch so herzlich und erschöpfend in lateinischer oder anderer Sprache ausdrücken kann, daß es so ins Herz dringe und klinge, durch alle Sinne, wie es tut in unserer Sprache.

Denn ich meine, St. Lukas als Meister in hebräischer und griechischer Sprache habe das hebräische Wort, das der Engel gebraucht, mit dem griechischen »kecharitomene« treffen und verdeutlichen wollen. Und ich denke mir, der Engel Gabriel habe mit Maria geredet, wie er mit Daniel redet, und nennt ihn »chamudoth« und »isch chamudoth«, vir desideriorum, das ist: Du lieber Daniel

(Dan.9,23). Denn das ist Gabriels Weise zu reden, wie wir es im Buch Daniel sehen. Wenn ich nun den Buchstaben nach, aus der Esel Kunst, des Engels Wort verdeutschen sollte, müßte ich so sagen: Daniel, du Mann der Begehrungen, oder: Daniel, du Mann der Lüste. O, das wäre schönes Deutsch! Ein Deutscher hört zwar, daß »Mann«, »Lüste« und »Begehrung« deutsche Worte sind, obwohl es nicht ganz reine deutsche Worte sind, sondern »Lust und Begier« wohl besser wären. Aber wenn sie so zusammengefaßt werden: »Du Mann der Begehrungen«, dann weiß kein Deutscher, was gesagt ist, und denkt, daß Daniel vielleicht voll böser Lust stecke. Das hieße dann fein übersetzt. Darum muß ich hier die Buchstaben fahren lassen und forschen, wie der deutsche Mann das ausdrückt, was der hebräische Mann »isch chamudoth« nennt. Da finde ich, daß der deutsche Mann so sagt: »Du lieber Daniel«, »du liebe Maria« oder »du holdselige Maid«, »du niedliche Jungfrau«, »du zartes Weib« und dergleichen. Denn wer dolmetschen will, muß großen Vorrat von Worten haben, damit er die Wahl haben könne, wenn eins nicht an allen Stellen stimmen will.

Und was soll ich viel und lange vom Dolmetschen reden? Sollte ich für alle meine Worte die Ursachen und die meiner Übersetzung zugrunde liegenden Erwägungen anzeigen, müßte ich wohl ein Jahr daran zu schreiben haben. Was für Kunst und Mühe das Übersetzen sei, das hab ich wohl erfahren. Darum will ich keinen Papstesel oder Maulesel, die nichts versucht haben, hierin als Richter oder Tadler mir gefallen lassen. Wer mein Dolmetschen nicht will, der lasse es beiseite. Der Teufel danke dem, der es nicht mag oder es ohne meinen Willen und Wissen schulmeistert. Soll's geschulmeistert werden, so will ich's selber tun. Wo ich's selber nicht tue, da lasse man mir mein Dolmetschen in Frieden und mache jeder, was er will, für sich selbst und lasse sich's wohl gehen.

Das kann ich mit gutem Gewissen bezeugen, daß ich

darin meine höchste Treue und Fleiß erwiesen und nie Hintergedanken gehabt habe. Denn ich habe keinen Heller dafür genommen, weder erstrebt, noch gewonnen. Ebenso hab ich darin nicht meine Ehre gesucht, das weiß Gott, mein Herr, sondern hab's getan zu Dienst den lieben Christen und zur Ehre dem, der droben sitzt, der mir alle Stunde so viel Gutes tut, daß, wenn ich tausendmal so viel und fleißig gedolmetscht hätte, ich dennoch nicht eine Stunde verdient hätte, zu leben oder ein gesundes Auge zu haben. Es ist alles seine Gnade und Barmherzigkeit, was ich bin und habe; ja, es ist aus seinem teuren Blut und sauren Schweiß, darum soll's auch (so Gott will) alles ihm zu Ehren dienen, mit Freuden und von Herzen. Lästern mich die Sudler und Papstesel, wohlan, dann loben mich die frommen Christen samt ihrem Herrn Christus, und ich bin allzu reichlich belohnt, wenn mich nur ein einziger Christ als treuen Arbeiter anerkennt. Ich frage nichts nach Papsteseln; sie sind nicht wert, daß sie meine Arbeit anerkennen sollten, und es sollte mir im Grund meines Herzens unerträglich sein, wenn sie mich lobten. Ihr Lästern ist mein höchster Ruhm und Ehre. Ich will dennoch ein Doktor, ja, ein ausgezeichneter Doktor sein, und den Namen sollen sie mir nicht nehmen bis an den Jüngsten Tag, das weiß ich fürwahr.

Doch hab ich andererseits nicht allzu frei die Buchstaben fahrenlassen, sondern mit meinen Gehilfen in großer Sorgfalt darauf gesehen, daß, wo es etwa an einer Stelle darauf ankommt, da hab ich's nach den Buchstaben behalten und bin nicht so frei davon abgewichen, wie z. B. Joh. 6,27, wo Christus sagt: »Diesen hat Gott der Vater versiegelt.« Da wäre wohl besseres Deutsch gewesen: »Diesen hat Gott der Vater gezeichnet« oder »diesen meint Gott der Vater«. Aber ich habe eher der deutschen Sprache Abbruch tun wollen, als von dem Wort zu weichen. Ach, es ist Dolmetschen ja nicht eines jeden Kunst, wie die tollen Heiligen meinen. Es gehört dazu ein recht, fromm, treu, fleißig, furchtsam, christlich, gelehrt, erfahren, geübt Herz. Darum meine ich, daß kein falscher Christ oder Rottengeist treulich übersetzen könne, wie das deutlich wird in den »Propheten, zu Worms verdeutscht«. Darin ist ja wahrlich großer Fleiß angewendet und meinem Deutsch sehr gefolgt. Aber es sind Juden dabei gewesen, die Christo nicht große Huld erwiesen haben. Abgesehen davon wäre Kunst und Fleiß genug da.[8]

Das sei vom Dolmetschen und der Art der Sprachen gesagt. Aber nun hab ich nicht allein der Art der Sprache vertraut und Folge geleistet, als ich Römer 3,28 »solum« (allein) hinzugesetzt habe, sondern der Text und die Absicht des Paulus fordern und erzwingen es unwiderstehlich. Denn er behandelt daselbst ja das Hauptstück christlicher Lehre, nämlich daß wir durch den Glauben an Christus ohne alle Werke des Gesetzes gerecht werden; und er schneidet alle Werke so vollständig ab, daß er sogar sagt: Des Gesetzes (das doch Gottes Gesetz und Wort ist) Werke helfen nicht zur Gerechtigkeit. Und er gibt als Beispiel Abraham, daß derselbe so ganz ohne Werke gerecht geworden sei, so daß auch das höchste Werk, das damals von Gott neu geboten wurde, vor und über alle andern Gesetze und Werke, nämlich die Beschneidung, ihm nicht zur Gerechtigkeit geholfen habe. Sondern er sei ohne die Beschneidung und ohne alle Werke gerecht geworden durch den Glauben, wie er sagt Kapitel 4,2: »Ist Abraham durch die Werke gerecht geworden, so mag er sich rühmen, aber nicht vor Gott.« Wo man aber alle Werke so vollständig abschneidet, da muß ja die Meinung sein, daß allein der Glaube gerecht mache. Und wer deutlich und klar von solchem Abschneiden der Werke reden will, der muß sagen: »Allein« der Glaube und nicht die Werke machen uns gerecht. Das erzwingt die Sache selbst neben der Art der Sprache.

Ja, sagen sie, es klingt ärgerlich, und die Leute lernen

daraus verstehen, daß sie keine guten Werke zu tun brauchen. Lieber, was soll man sagen? Ist's nicht viel ärgerlicher, daß St. Paulus selbst nicht sagt: »Allein der Glaube«, sondern sagt's noch deutlicher heraus, stößt dem Faß den Boden aus und spricht: »Ohne des Gesetzes Werke«? Und Gal.2,16 steht: »Nicht durch die Werke des Gesetzes«, und so an andern Stellen sehr oft. Denn das Wort »allein der Glaube« könnte noch eine erklärende Anmerkung finden, aber das Wort »ohne Werke des Gesetzes« ist so grobschlächtig, ärgerlich, schändlich, daß man mit keiner Wegerklärung helfen kann. Wieviel mehr möchten die Leute daraus lernen, keine guten Werke zu tun, wenn sie mit so einfachen, starken Worten über die Werke selbst predigen hören: »kein Werk«, »ohne Werk«, »nicht durch Werk«; wie sollt' es dann schon ärgerlich sein, wenn man nur dies »allein der Glaube« predigt?

Und das ist noch ärgerlicher: St. Paulus verwirft nicht nur schlichte, allgemein übliche Werke, sondern die des Gesetzes selbst. Darüber möchte sich wohl jemand noch mehr ärgern und sagen, das Gesetz sei vor Gott verdammt und verflucht und man solle nur Böses tun, wie es die in Röm.3,8 meinten: »Laßt uns Böses tun, auf daß es gut werde«, wie es auch ein Rottengeist[9] zu unserer Zeit anfing. Sollte man um solcher Ärgernisse willen St. Paulus' Worte verleugnen oder nicht frisch und frei vom Glauben reden? Lieber, gerade St. Paulus und wir wollen solch Ärgernis haben und lehren um keiner andern Ursache willen so unmittelbar gegen die Werke und drängen allein auf den Glauben, als daß die Leute sich ärgern, anstoßen und fallen sollen, damit sie lernen und wissen können, daß sie durch ihre guten Werke nicht fromm werden, sondern allein durch Christi Tod und Auferstehen. Können sie nun durch gute Werke des Gesetzes nicht fromm werden, wieviel weniger werden sie fromm werden durch böse Werke und ohne Gesetz? Darum gilt die Schlußfolgerung nicht: Helfen gute Werke nicht, dann helfen böse Werke; gleichwie man nicht gut folgern kann: Hilft die Sonne dem Blinden nicht, daß er sehe, darum muß ihm die Nacht und Finsternis zum Sehen helfen.

Mich wundert aber, daß man sich in dieser offenkundigen Sache so sperren kann. Sage mir doch, ob Christi Tod und Auferstehen unser Werk sei, das wir tun, oder nicht? Es ist doch nicht unser Werk, noch irgendeines Gesetzes Werk. Nun macht uns ja allein Christi Tod und Auferstehen frei von Sünden und fromm, wie Paulus sagt Röm.4,25: »Er ist gestorben um unserer Sünde willen und auferstanden um unserer Gerechtigkeit willen.« Weiter sage mir: Welches ist das Werk, womit wir Christi Tod und Auferstehen erfassen und festhalten? Es darf doch kein äußerlich Werk, sondern allein der ewige Glaube im Herzen sein; derselbe allein, ja, ganz allein und ohne alle Werke erfaßt solchen Tod und dies Auferstehen, wo sie gepredigt werden durchs Evangelium. Was ist's denn nun, daß man so tobt und wütet, verketzert und verbrennt, obwohl die Sache im Grunde selbst klar daliegt und beweist, daß allein der Glaube Christi Tod und Auferstehen ohne alle Werke erfasse und derselbe Tod und Auferstehen sei unser Leben und Gerechtigkeit. Wenn es denn an sich offenkundig so ist, daß allein der Glaube uns solch Leben und Gerechtigkeit bringt, faßt und gibt, warum soll man dann nicht auch so reden? Es ist nicht Ketzerei, daß der Glaube allein Christus fasset und das Leben gibt, aber Ketzerei soll es sein, wenn einer das sagt und ausspricht. Sind sie nicht toll, töricht und unsinnig? Die Sache bekennen sie als recht und strafen doch die Rede von derselben Sache als Unrecht. Keine Sache aber kann zugleich recht und unrecht sein.

Auch bin ich's nicht allein noch der erste, der da sagt, allein der Glaube mache gerecht. Es haben vor mir Ambrosius, Augustinus und viele andere gesagt. Und wer St. Paulus lesen und verstehen würde, der muß sicher so sagen und kann nicht anders. Seine Worte sind zu stark und dulden kein, ganz und gar kein Werk. Ist's kein Werk, dann muß es der Glaube allein sein. O, wie würde das eine ganz und gar feine, bessernde, unärgerliche Lehre sein, wenn die Leute es lernten, daß sie neben dem Glauben auch durch Werke fromm werden könnten! Das würde genau bedeuten, daß nicht allein Christi Tod unsere Sünde wegnähme, sondern unsere Werke täten auch etwas dazu; das hieße Christi Tod fein geehrt, daß unsere Werke ihm hülfen und könnten auch dasselbe tun, was er tut, auf daß wir ihm gleich gut und stark wären. Es ist der Teufel, der Christi Blut nicht ungeschändet lassen kann.

Weil nun im Grunde die Sache selbst fordert, daß man sage, »allein der Glaube macht gerecht«, und es unserer deutschen Sprache Art ist, die auch lehrt, solches so auszudrücken, ich dazu der heiligen Väter Vorbild habe und auch die Gefährdung der Leute dazu zwingt, daß sie nicht an den Werken hängen bleiben, den Glauben verfehlen und Christus verlieren – besonders zu dieser Zeit, da sie so lange schon an Werke gewöhnt und mit Macht davon loszureißen sind –, so ist's nicht allein recht, sondern auch hoch vonnöten, daß man aufs allerdeutlichste und vollkommenste heraussage: Allein der Glaube ohne Werke macht fromm. Es reuet mich, daß ich nicht auch dazu gesetzt habe »alle« und »aller«, also: »ohne alle Werke aller Gesetze«, so daß es voll und rund herausgesprochen wäre. Darum soll's in meinem Neuen Testament bleiben, und sollten alle Papstesel toll und töricht werden, so sollen sie's mir nicht herausbringen. Das sei jetzt davon genug. Weiter will ich (so Gott Gnade gibt) davon reden im Büchlein De iustificatione.[10]

Auf die andere Frage, ob die verstorbenen Heiligen für uns bitten, will ich jetzt nur kurz antworten, denn ich denke, einen Sermon von den lieben Engeln ausgehen zu lassen, in dem ich dies Stück ausführlicher (will's Gott) behandeln werde.[11] Erstens wißt ihr, daß im Papsttum nicht allein das gelehrt ist, daß die Heiligen im Himmel für uns beten, welches wir doch nicht wissen können, weil uns die Schrift solches nicht sagt, sondern auch, daß man die Heiligen zu Göttern gemacht hat, daß sie unsere Patrone haben sein müssen, die wir anrufen sollen, einige auch, die nie gelebt haben, und einem jeden Heiligen besondere Kraft und Macht zugeeignet, einem über Feuer, diesem über Wasser, diesen über Pestilenz, Fieber und allerlei Plage, so daß Gott selbst hat ganz müßig sein müssen und die Heiligen anstatt seiner wirken und schaffen lassen. Diesen Greuel fühlen die Papisten jetzt wohl und ziehen heimlich die Pfeifen ein, putzen und schmücken sich nun mit der Fürbitte der Heiligen. Aber dies will ich jetzt aufschieben. Aber was gilt's, ob ich's vergessen und solches Putzen und Schmücken so ungestraft hingehen lassen werde?

Zweitens wißt ihr, daß Gott mit keinem Wort geboten hat, Engel oder Heilige um Fürbitte anzurufen, habt auch in der Schrift dafür kein Beispiel, denn man findet, daß die lieben Engel mit den Vätern und Propheten geredet haben, aber nie ist einer von ihnen um Fürbitte gebeten worden, so daß auch der Erzvater Jakob nicht seinen Kampfengel um Fürbitte bat, sondern von ihm allein den Segen nahm (1.Mose 32,24 ff.). Man findet aber wohl das Gegenteil in der Offenbarung des Johannes, daß der Engel sich nicht von Johannes anbeten lassen wollte (22,9); so ergibt sich, daß Heiligendienst ein bloßer Menschentand sei und ein Fündlein ohne Gottes Wort und die Schrift.

Weil uns aber in Gottes Dienst nichts vorzunehmen gebührt ohne Gottes Befehl – und wenn es einer vornimmt, ist das eine Herausforderung Gottes –, darum ist's nicht zu raten noch zu ertragen, daß man die verstorbenen Heiligen um Fürbitte anrufe oder anzurufen lehre, sondern soll's vielmehr verdammen und vermeiden lehren.

Deshalb will ich auch nicht dazu raten und mein Gewissen nicht mit fremder Missetat beschweren. Es ist mir selber über die Maßen sauer geworden, mich von den Heiligen loszureißen, denn ich bin über die Maßen tief drin gesteckt und ersoffen gewesen. Aber das Licht des Evangeliums ist nun so helle am Tag, daß hinfort niemand entschuldigt ist, wenn er in der Finsternis bleibt. Wir wissen alle sehr wohl, was wir tun sollen.

Darüber hinaus ist's an sich ein gefährlicher, ärgerlicher Dienst, daß sich die Leute gewöhnen, sich gar leicht von Christus abzuwenden, und schnell lernen, mehr Zuversicht auf die Heiligen zu setzen als auf Christus selbst. Denn die Natur ist ohnedies allzu sehr geneigt, von Gott und Christus zu fliehen und auf Menschen zu trauen. Ja, es wird über die Maßen schwer, daß man lerne, auf Gott und Christus zu trauen, wie wir's doch gelobt haben und schuldig sind. Darum ist solch Ärgernis nicht zu dulden, womit die schwachen und fleischlichen Leute eine Abgötterei anrichten gegen das erste Gebot und gegen unsere Taufe. Man treibe nur getrost Zuversicht und Vertrauen von den Heiligen zu Christus, beides, mit Lehren und Üben; es gibt dennoch Mühe und Hindernis genug, daß man zu ihm kommt und ihn recht ergreift. Man braucht den Teufel nicht über die Tür zu malen, er findet sich gewiß von selbst.

Zuletzt sind wir ganz gewiß, daß Gott nicht drum zürnet, und sind durchaus sicher, wenn wir die Heiligen nicht um Fürbitte anrufen, weil er es nirgends geboten hat. Denn er spricht, daß er ein Eiferer sei, der die Missetat heimsucht an denen, die sein Gebot nicht halten; hier aber ist kein Gebot, darum auch kein Zorn zu fürchten. Weil denn hier auf dieser Seite Sicherheit ist und dort große Gefahr und Verführung gegen Gottes Wort, warum wollen wir uns denn aus der Sicherheit begeben in die Gefahr, da wir kein Gotteswort haben, das uns in der Not halten, trösten oder erretten kann? Denn es steht geschrieben: »Wer sich gern in die Gefahr begibt, der wird drinnen umkommen.« (Sir.3,27) Auch sagt Gottes Gebot: »Du sollst Gott deinen Herrn nicht versuchen.« (5.Mose 6,16)

Ja, sagen sie, damit verdammst du die ganze Christenheit, die solches bisher überall gehalten hat. Antwort: Ich weiß sehr wohl, daß die Pfaffen und Mönche solchen Deckel ihrer Greuel suchen und auf die Christenheit schieben wollen, was sie verwahrlost haben, auf daß, wenn wir sagen, die Christenheit irre nicht, so sollen wir auch sagen, daß auch sie nicht irren und so keine Lüge und Irrtum an ihnen gestraft werden könne, weil es die Christenheit so hält. So ist denn keine Wallfahrt (wie offenkundig der Teufel auch da sei), kein Ablaß (wie grob auch die Lüge sei) Unrecht. Kurzum, da ist eitel Heiligkeit. Darum sollt ihr hierzu so sagen: Wir handeln jetzt nicht darüber, wer verdammt oder nicht verdammt sei. Diese fremde Sache mischen sie da hinein, um uns von unserer Sache wegzuführen. Wir handeln jetzt von Gottes Wort; was die Christenheit sei oder tue, das gehört an einen andern Ort. Hier fragt man, was Gottes Wort sei oder nicht. Was nicht Gottes Wort ist, das macht auch keine Christenheit.

Wir lesen zur Zeit des Propheten Elia, daß öffentlich kein Gotteswort noch Gottesdienst im ganzen Volk Israel war, wie er spricht: »Herr, sie haben deine Propheten getötet und deine Altäre umgestoßen, und ich bin ganz alleine.« (1.Kön.19,10) Hier wird der König Ahab und andere auch gesagt haben: Elia, mit solcher Rede verdammst du das ganze Volk Gottes. Aber Gott hatte gleichwohl siebentausend zurückbehalten. Wie? Meinst du nicht, daß Gott unter dem Papsttum die Seinen auch habe erhalten können, obgleich die Pfaffen und Mönche in der Christenheit eitel Teufelslehrer gewesen und in die Hölle gefahren sind? Es sind sehr viele Kinder und junges Volk gestorben in Christus; denn Christus hat mit Gewalt unter seinem Antichrist die Taufe, dazu den bloßen Text des Evangeliums auf der Kanzel, das Vaterunser und den Glauben erhalten, womit er gar viele seiner Christen und so seine Christenheit erhalten, und den Teufelslehrern nichts davon gesagt.

Und wenn die Christen gleich einige Stücke der päpstlichen Greuel getan haben, so haben die Papstesel damit noch nicht bewiesen, daß die lieben Christen solches gern getan haben. Christen können wohl irren und sündigen allesamt, Gott aber hat sie allesamt gelehrt, um Vergebung der Sünden zu beten im Vaterunser, und hat solche ihre Sünde, die sie ungern, unwissend und vom Antichrist gezwungen tun müssen, durchaus zu vergeben gewußt; und dennoch sagen Pfaffen und Mönche nichts davon. Aber das kann man wohl beweisen, daß in aller Welt immer ein großes heimliches Murren und Klagen gewesen ist gegen die Geistlichen, wie sie mit der Christenheit nicht recht umgingen; und die Papstesel haben auch solchem Murren mit Feuer und Schwert trefflich widerstanden bis auf diese Zeit hin. Solch Murren beweist wohl, wie gern die Christen solch Greuel gesehen und wie recht man daran getan habe! Ja, liebe Papstesel, kommt nun her und sagt, es sei der Christenheit Lehre, was ihr erstunken, erlogen und als Bösewichter und Verräter der lieben Christenheit mit Gewalt aufgedrungen und als Erzmörder viele Christen darüber ermordet habt. Es zeugen doch alle Buchstaben in allen Gesetzen des Papstes, daß nichts aus Willen und Rat der Christenheit jemals gelehrt worden sei, sondern da ist bloß districte praecipiendo mandamus *[mit strenger Vorschrift befehlen wir]*, das ist ihr heiliger Geist gewesen. Solche Tyrannei hat die Christenheit erleiden müssen, womit ihr das Sakrament geraubt und ohne ihre Schuld so im Gefängnis behalten ist. Und die Esel wollten solche unerträgliche Tyrannei ihres Frevels uns jetzt verkaufen als eine willige Tat und Exempel der Christenheit und sich damit fein putzen. Aber es will jetzt zu lang werden. Es sei diesmal genug auf die Frage. Ein andermal mehr. Und haltet mir meine lange Schrift zugute. Christus unser Herr sei mit uns allen. Amen. Ex eremo octava Septembris[12] 1530.

Martinus Luther,
Euer guter Freund.

Dem ehrbaren und umsichtigen N.,
meinem geneigten Herrn und Freunde.

Etliche Fabeln aus Äsop
1530

Lebenslang hat Luther die Fabeln Äsops hochgeschätzt, jenes alte Weisheitsbuch, das auch im Mittelalter eine der beliebtesten literarischen Quellen praktischer Lebenslehre gewesen war. Ihn faszinierten die Möglichkeiten der satirischen und in späterer Zeit zumal der didaktischen Anwendung, die die Tiererzählung bot. Auch in dem Entwurf eines humanistisch-reformatorischen Schullehrgangs, den Melanchthon dem Unterricht der Visitatoren (1528, s. o. S. 83) einfügte, erhielt die Äsop-Lektüre einen wichtigen Platz.

Dem alten Buch eine neue, angemessene Form zu geben, war eine der Aufgaben, die Luther sich während seines Aufenthalts auf der Coburg im Sommer 1530 vornahm. Er wollte die gängige Fabelsammlung des Heinrich Steinhöwel (s. u. Anm. 3) ersetzen. Das Projekt blieb jedoch unvollendet; nur eine Vorrede sowie die Bearbeitung von 13 der insgesamt 164 Stücke der Steinhöwelschen Ausgabe konnte Luther 1530 fertigstellen. Die Sammlung erschien posthum in der Jenaer Ausgabe seiner Werke 1557.

Unser Text folgt diesem Erstdruck, die Varianten einer Abschrift Veit Dietrichs sind berücksichtigt. Den Coburger Texten schließen wir zwei in den Tischreden überlieferte, spätere Fabelerzählungen Luthers von 1534 und 1536 an. – WA 50;452-460. WA.TR 3;Nr.3663 und Nr.3490.

Bernd Moeller

Dies Buch von den Fabeln und Märlein ist ein hochberühmtes Buch gewesen bei den Allergelehrtesten auf Erden, sonderlich unter den Heiden. Und auch noch jetzt wüßte ich, um die Wahrheit zu sagen, außer der heiligen Schrift nicht viele Bücher, die, vom äußerlichen Leben in der Welt zu reden, diesem überlegen sein sollten, wenn man Nutzen, Kunst und Weisheit und nicht hochprächtiges Geschwätz wollte ansehen. Denn man findet darin unter schlichten Worten und einfältigen Fabeln die allerfeinste Lehre, Warnung und Unterrichtung (wenn man sie zu brauchen weiß), wie man sich im Haushalten, auch gegen Obrigkeit und Untertanen schicken solle, auf daß man klüglich und friedlich unter den bösen Leuten in der falschen, argen Welt leben möge.

Daß man es aber dem Aesopus zuschreibt, ist meines Erachtens eine Erdichtung. Vielleicht hat nie ein Mensch auf Erden Aesopus geheißen. Sondern ich meine, es sei etwa durch Zutun vieler weiser Leute mit der Zeit Stück nach Stück zusammengebracht und endlich etwa durch einen Gelehrten in diese Ordnung gestellt worden. So wie auch jetzt in deutscher Sprache etliche die Fabeln und Sprüche, die bei uns im Brauche sind, sammeln könnten, und danach jemand sie ordentlich in ein Buch faßte. Denn solche feine Fabeln wie in diesem Buch vermöchte jetzt alle Welt nicht, geschweige denn ein einzelner Mensch, zu erfinden. Darum ist es glaubhafter, daß etliche dieser Fabeln zu der Zeit, da dies Büchlein gesammelt ist, recht alt, etliche noch älter, etliche aber neu gewesen sind. Wie denn solche Fabeln pflegen von Jahr zu Jahr zu wachsen und sich zu mehren, wie einer mehr und mehr von seinen Vorfahren und Eltern hört und sammelt.

Auch Quintilianus, der große, strenge Meister des Urteils über Bücher[1], hält dafür, daß nicht Aesopus, sondern etwa der Allergelehrtesten einer in griechischer Sprache, wie Hesiodus oder dergleichen, dieses Buches Meister sei. Denn es dünkt ihn (wie auch billig) unmöglich zu sein, daß ein solcher Tölpel, wie man den Aesopus malet und beschreibet[2], sollte solchen Witz und Kunst vermögen, wie sie in diesem Buch und Fabeln gefunden werden. So bleibt also dies Buch eines unbekannten und unbenannten Meisters. Und wahrlich, es lobet und preiset sich selbst höher, als es eines Meisters Name preisen könnte.

Doch mögen die, so den Aesopus zum Meister erdichtet haben und sein Leben dermaßen dargestellt, vielleicht Ursache genug gehabt haben. Nämlich daß sie als die weisen Leute ein solches Buch um des gemeinen Nutzens willen gern hätten jedermann gemein gemacht. Denn wir sehen, daß die Kinder und jungen Leute mit Fabeln und Märlein leichtlich bewegt werden. Und würden also mit Lust und Liebe zur Kunst und Weisheit geführt, welche Lust und Liebe desto größer wird, wenn ein Aesopus oder dergleichen Larve oder Fastnachtskleid vorgestellt wird, der solche Kunst ausrede oder vorbringe, auf daß sie desto mehr drauf merken und sie gleich mit Lachen annehmen und behalten. Nicht allein aber die Kinder, sondern auch die großen Fürsten und Herren kann man nicht besser betrügen zur Wahrheit und zu ihrem Nutz, als daß man die Narren ihnen lasse die Wahrheit sagen; dieselbigen können sie leiden und hören. Sonst wollen oder können sie von keinem Weisen die Wahrheit leiden. Ja, alle Welt hasset die Wahrheit, wenn sie einen trifft.

Darum haben solche hochweisen Leute die Fabeln erdichtet und lassen ein Tier mit dem andern reden, als wollten sie sagen: Wohlan, es will niemand die Wahrheit hören noch leiden, und man kann doch der Wahrheit nicht entbehren. So wollen wir sie schmücken und unter einer lustigen Lügenfarbe und lieblichen Fabeln verkleiden, und weil man sie nicht will hören durch Menschenmund, daß man sie doch höre durch Tier- und Bestienmund. So geschiehts denn, wenn man die Fabeln lieset, daß ein Tier dem andern, ein Wolf dem andern die Wahrheit sagt, ja, zuweilen der gemalte Wolf und Bär oder Löwe im Buch dem rechten zweifüßigen Wolf und Löwen einen guten Text heimlich lieset, den ihm sonst kein Prediger, Freund noch Feind lesen dürfte. Also auch ein gemalter Fuchs im Buch, so man die Fabeln lieset, soll wohl einen Fuchs über Tisch also ansprechen, daß ihm der Schweiß möchte ausbrechen, und sollte wohl den Aesopus gern wollen erstechen oder verbrennen. Wie denn der Erdichter des Aesopus anzeigt, daß auch Aesopus um der Wahrheit willen getötet sei und ihm nichts geholfen hat, daß er in Fabel-Weise, als ein Narr, dazu ein erdichteter Aesopus, solche Wahrheit die Tiere hat reden lassen. Denn die Wahrheit ist das unleidlichste Ding auf Erden.

Aus der Ursache haben wir uns das Buch vorgenommen, zu fegen und ihm ein wenig bessere Gestalt, als es sie bisher gehabt hat, zu geben, allermeist um der Jugend willen, daß sie solche feine Lehre und Warnung unter der lieblichen Gestalt der Fabeln gleichwie in einem Mummenschanz oder Spiel desto lieber lerne und fester behalte. Denn wir haben gesehen, welch ein ungeschicktes Buch jene aus dem Aesopus gemacht haben, die den Deutschen Aesopus, der vorhanden ist[3], an den Tag gegeben haben. Sie wären wohl wert einer großen Strafe, da sie nicht allein ein solch fein nützliches Buch zuschanden und unnütz gemacht, sondern auch viele Zusätze aus ihrem Kopf hinzugetan haben. Auch wenn dies noch zu leiden wäre.

Zudem haben sie so schändliche, unzüchtige Bubenstücke darein gemischt, daß kein züchtig frommer Mensch es ohne Schaden lesen oder hören kann, und zumal kein junger Mensch. Gerade als hätten sie ein Buch für das gemeine Frauenhaus oder sonst für lose Buben gemacht. Denn sie haben nicht Nutz und Kunst in den Fabeln gesucht, sondern allein eine Kurzweil und ein Gelächter daraus gemacht, gerade als hätten die hochweisen Leute einst ihren treuen großen Fleiß darauf gerichtet, daß solche leichtfertigen Leute sollten ein Geschwätz und Narrenwerk aus ihrer Weisheit machen. Es sind Säue und bleiben Säue, vor die man ja nicht sollte Perlen werfen.

Darum so bitten wir alle frommen Herzen, wollet jenen deutschen schändlichen Aesopus ausrotten und diesen an seiner Statt gebrauchen. Man kann dennoch wohl fröhlich sein und dieser Fabeln eine am Abend über Tisch mit Kindern und Gesinde nützlich und lüstiglich behandeln, so daß man nicht so schandbar und unvernünftig sein muß wie in den unzüchtigen Tavernen und Wirtshäusern. Denn wir haben Fleiß getan, lauter feine, reine, nützliche Fabeln in ein Buch zu bringen, dazu die Legende des Aesopus[4].

Was es sonst an nützlichen und nicht schädlichen Fabeln gibt, wollen wir mit der Zeit auch, so Gott will, läutern und fegen, damit es ein lustiger und lieblicher, jedoch ehrbarer und züchtiger und nützlicher Aesopus werde, den man ohne Sünde belachen und gebrauchen könnte, Kinder und Gesinde zu warnen und zu unterweisen für ihr zukünftiges Leben und Wandel, dazu er denn von Anfang an erdichtet und gemacht ist.

Und auf daß ich ein Exempel gebe, die Fabeln wohl zu gebrauchen: Wenn ein Hausvater über Tisch will Kurzweil haben, die nützlich ist, kann er sein Weib, Kind und Gesinde fragen: Was bedeutet diese oder diese Fabel? und sie und sich selbst darin üben. Wie die fünfte Fabel, vom Hund mit dem Stück Fleisch im Maul; sie bedeutet: Wenn einem Knecht oder Magd zu wohl ist und will sich verbessern, so gehts ihm wie dem Hund, daß sie das Gute verlieren und jenes Bessere nicht kriegen. Item, wenn sich ein Knecht an den andern hängt und sich verführen läßt, geht es ihm wie dem Frosch, an die Maus gebunden, in der dritten Fabel, die die Weihe alle beide fraß. Und so fort in den anderen Fabeln. Denn es hat Mühe, die Leute fromm zu machen oder zu behalten, man sag es mit Fabeln, mit Liebe, mit Leid, mit Dräuen, mit Locken und wie man vermag. Ohnedies müssen wir das Unsere bei ihnen tun.

I. TORHEIT. VOM HAHN UND DER PERLE.

Ein Hahn scharrte auf dem Mist und fand eine köstliche Perle. Als er dieselbige im Kot so liegen sah, sprach er: Siehe, du feines Dinglein, liegst hier so jämmerlich. Wenn dich ein Kaufmann fände, der würde deiner froh, und du würdest zu großen Ehren kommen. Aber du bist mir und ich dir kein Nütze, ich nehme ein Körnlein und Würmlein und ließe einem alle Perlen. Magst bleiben, wie du liegst.

Lehre: Diese Fabel lehret, daß dieses Büchlein bei Bauern und groben Leuten unwert ist, wie denn alle Kunst und Weisheit bei denselbigen verachtet ist, wie man spricht: Kunst gehet nach Brot. Sie warnet aber, daß man die Lehre nicht verachten soll.

II. HASS. VOM WOLF UND LÄMMLEIN.

Ein Wolf und Lämmlein kamen von ungefähr beide an einen Bach zu trinken. Der Wolf trank oben am Bach, das Lämmlein aber weit unten. Da der Wolf des Lämmleins gewahr ward, lief er zu ihm und sprach: Warum trübst du mir das Wasser, daß ich nicht trinken kann? Das Lämmlein antwortete: Wie kann ich dir's Wasser trüben, trinkst du doch über mir und möchtest es mir wohl trüben? Der Wolf sprach: Wie? Fluchst du mir noch dazu? Das Lämmlein antwortete: Ich fluche dir nicht. Der Wolf sprach: Ja, dein Vater tat mir vor sechs Monaten auch dergleichen; du willst dich vätern *[dem Vater angleichen]*. Das Lämmlein sprach: Bin ich doch dazumal noch nicht geboren gewesen, wie soll ich meines Vaters entgelten? Der Wolf sprach: So hast du mir aber meine Wiesen und Äcker abgenaget und verderbt. Das Lämmlein antwortete: Wie ist das möglich, habe ich doch noch keine Zähne? Ei, sprach der Wolf, und wenn du gleich viel ausreden und schwätzen kannst, will ich dennoch heute nicht ungefressen bleiben, und würgte also das unschuldige Lämmlein und fraß es.

Lehre: Der Welt Lauf ist: Wer fromm sein will, der muß leiden, sollte man auch eine Sache vom alten Zaun brechen. Denn Gewalt gehet vor Recht. Wenn man dem Hunde etwas antun will, so hat er sogar das Leder gefressen. Wenn der Wolf will, so ist das Lämmlein im Unrecht.

III. UNTREUE. VOM FROSCH UND DER MAUS.

Eine Maus wäre gern über ein Wasser gekommen und konnte nicht und bat einen Frosch um Rat und Hilfe. Der Frosch war ein Schalk und sprach zur Maus: Binde deinen Fuß an meinen Fuß, so will ich schwimmen und dich hinüberziehen. Da sie aber aufs Wasser kamen, tauchte der Frosch hinunter und wollte die Maus ertränken. Indem aber die Maus sich wehrte und mühte, flog eine Weihe daher und erhaschte die Maus, zog den Frosch auch mit heraus und fraß sie beide.

Lehre: Sieh dich vor, mit wem du handelst. Die Welt ist falsch und der Untreue voll. Denn welcher Freund den andern vermag, der steckt ihn in den Sack. Doch schlägt Untreue allzeit ihren eigenen Herrn, wie dem Frosch hier geschieht.

IV. NEID. VOM HUNDE UND SCHAF.

Der Hund sprach ein Schaf vor Gericht an um Brot, das er ihm geliehen hätte. Da aber das Schaf leugnete, berief sich der Hund auf Zeugen, die mußte man zulassen. Der erste Zeuge war der Wolf, der sprach: Ich weiß, daß der Hund dem Schaf Brot geliehen hat. Die Weihe sprach: Ich bin dabei gewesen. Der Geier sprach zum Schaf: Wie kannst du so unverschämt leugnen? Also verlor das Schaf seine Sache und mußte mit Schaden zur unguten Zeit seine Wolle angreifen, damit es das Brot bezahlte, das es nicht schuldig geworden war.

Lehre: Hüt dich vor bösen Nachbarn oder schicke dich in Geduld, willst du bei Leuten wohnen. Denn es gönnet niemand dem andern was Guts. Das ist der Welt Lauf.

V. GEIZ. VOM HUNDE IM WASSER.

Es lief ein Hund durch einen Wasserstrom und hatte ein Stück Fleisch im Maule. Als er aber den Schemen vom Fleisch im Wasser sah, wähnte er, es wäre auch Fleisch, und schnappte gierig danach. Da er aber das Maul auftat, entfiel ihm das Stück Fleisch, und das Wasser führte es weg. Also verlor er beide, das Fleisch und den Schemen.

Lehre: Man soll sich genügen lassen an dem, das Gott gibt. Wer das wenige verschmäht, dem wird das Größere nicht. Wer zuviel haben will, der behält zuletzt nichts. Mancher verlieret das Gewisse über dem Ungewissen.

VI. FREVEL. GEWALT. [*DER LÖWENANTEIL*]

Es geselleten sich ein Rind, Ziege und Schaf zum Löwen und zogen miteinander auf die Jagd in einen Forst. Da sie nun einen Hirsch gefangen und in vier Teile gleich geteilet hatten, sprach der Löwe: Ihr wisset, daß ein Teil mein ist als eures Gesellen, der andere gebührt mir als einem Könige unter den Tieren, den dritten will ich haben darum, weil ich stärker bin und mehr danach gelaufen und gearbeitet habe als ihr alle drei. Wer aber den vierten haben will, der muß mir ihn mit Gewalt nehmen. Also mußten die drei für ihre Mühe das Nachsehen und den Schaden zum Lohn haben.

Lehre: Fahre nicht hoch. Halt dich zu deinesgleichen. Der Umgang mit einem mächtigen Freund ist nur denen süß, die ihn nicht kennen.[5] Es ist mit Herren nicht gut Kirschen essen, sie werfen einen mit den Stielen. Es ist eine Gesellschaft mit dem Löwen[6], wenn einer allein den Genuß, der andere allein den Schaden hat.

VII. AUF EINE ANDERE WEISE LAUTET DIESE FABEL ALSO.

Ein Löwe, Fuchs und Esel jagten miteinander und fingen einen Hirsch. Da hieß der Löwe den Esel das Wildbret teilen. Der Esel machte drei Teile. Da ward der Löwe zornig und riß dem Esel die Haut über den Kopf, daß er blutrünstig *[ganz blutig]* da stand, und hieß den Fuchs das Wildbret teilen. Der Fuchs stieß die drei Teile zusammen und gab sie dem Löwen ganz. Da lachte der Löwe und sprach: Wer hat dich so teilen gelehrt? Der Fuchs zeigte auf den Esel und sprach: Der Doktor da im roten Barett.

Diese Fabel lehret zwei Stücke: Das erste: Herren wollen Vorteil haben, und man soll mit Herren nicht Kirschen essen, sie werfen einen mit den Stielen. Das zweite: Glücklich ist, wen fremde Gefahr vorsichtig macht. Das ist ein weiser Mann, der sich an eines andern Unfall bessern kann.

VIII. VOM DIEBE.

Es freite einstmals ein Dieb, und seine Nachbarn waren fröhlich auf seiner Hochzeit, denn sie hofften, er würde hinfort fromm werden. Da kam ein kluger Mann dazu, und als er sie so in Freuden sah, sprach er: Sehet zu, seid nicht allzu fröhlich. Die Sonne wollte auch einmal freien. Darüber erschrak alle Welt und ward so ungeduldig, daß sie auch zum Himmel fluchte und schalt. Es fragte Jupiter aus dem Himmel, was das Fluchen bedeutete. Da sprach alle Welt: Wir haben jetzt eine einzige Sonne, und die tut uns mit ihrer Hitze soviel zuleide, daß wir schier alle verderben. Was will werden, wenn die Sonne mehr Sonnen zeugen wird?

Diese Fabel zeigt der Welt: Man darf den Teufel über die Tür nicht malen. Gries schlägt gern nach Gramen.[7] Ein Dieb zeugt den andern. Hilf fromme Leute mehren, der Bösen ist sonst zuviel. Mancher Schalk wird durch fromme Leute gefördert, der danach seinesgleichen an sich zieht, Land und Leuten sehr schädlich ist. Darum sieh dich vor, wem du raten oder helfen sollst. An fremden Kindern und Hunden, spricht man, ist das Brot verloren.

IX. VOM KRANICH UND WOLFE.

Da der Wolf einstmals ein Schaf gierig fraß, blieb ihm ein Bein im Halse überzwerch stecken, wovon er große Not und Angst hatte, und erbot sich, großen Lohn und Geschenke dem zu geben, der ihm hülfe. Da kam der Kranich und stieß seinen langen Kragen dem Wolf in den Rachen und zog das Bein heraus. Da er aber den verheißenen Lohn forderte, sprach der Wolf: Willst du noch Lohn haben? Danke Gott, daß ich dir den Hals nicht abgebissen habe; du solltest mir schenken, daß du lebendig aus meinem Rachen gekommen bist.

Diese Fabel zeigt: Wer den Leuten in der Welt will wohltun, der muß sich einrichten, Undank zu verdienen. Die Welt lohnet nicht anders denn mit Undank, wie man spricht: Wer einen vom Galgen erlöset, dem hilft derselbige gern daran.

X. VOM HUND UND DER HÜNDIN.

Eine schwangere Hündin bat mit demütigen Worten einen Hund, daß er ihr sollte sein Häuslein gönnen, bis sie geworfen hätte. Das tat der Hund gerne. Da nun die jungen Hündlein erwuchsen, begehrte der Hund sein Häuslein wieder, aber die Hündin wollte nicht. Zuletzt dräute ihr der Hund und hieß sie das Häuslein räumen. Da ward die Hündin zornig und sprach: Bist du böse, so beiß uns hinaus.

Diese Fabel zeigt: Wenn die Laus in den Grind kommt, so macht sie sich beschissen. Siehe, wie du des Bösen los werdest, wenn's überhand kriegt. Der Teufel ist gut zu Gast zu bitten, aber man kann sein nicht wohl loswerden.

XI. VOM ESEL UND LÖWEN.

Der Esel ward auch einmal bauerkündig *[stolz wie ein Bauer]*. Und als er einem Löwen begegnete, grüßte er ihn höhnisch und sprach: Ich grüße dich, Bruder. Den Löwen verdroß der höhnische Gruß, dacht aber bei sich selbst: Was soll ich mich an dem Schelmen rächen? Ich schelte oder zerreiße ihn, so lege ich keine Ehre ein. Ich will den Narren lassen fahren.

Lehre: Wer mit dem Dreck rammelt, er gewinne oder verliere, so geht er beschissen davon.[8]

XII. *[STADTMAUS UND FELDMAUS]*.

Eine Stadtmaus ging spazieren und kam zu einer Feldmaus, die tat ihr gütlich mit Eicheln, Gersten, Nüssen und womit sie konnte. Aber die Stadtmaus sprach: Du bist eine arme Maus. Was willst du hier in Armut leben? Komme mit mir, ich will dir und mir genug schaffen von allerlei köstlicher Speise. Die Feldmaus zog mit ihr hin in ein herrlich schönes Haus, darin die Stadtmaus wohnte, und gingen in die Kammer, da war vollauf von Brot, Fleisch, Speck, Würsten, Käse und allem. Da sprach die Stadtmaus: Nun iß und sei guter Dinge, solcher Speise habe ich täglich im Überfluß. Indes kam der Kellner *[Kellermeister]* und rumpelte mit den Schlüsseln an der Tür. Die Mäuse erschraken und liefen davon. Die Stadtmaus fand bald ihr Loch. Aber die Feldmaus wußte nirgendhin, lief die Wand auf und ab und hatte ihr Leben aufgegeben. Da der Kellner wieder hinaus war, sprach die Stadtmaus: Es hat nun keine Not, laß uns guter Dinge sein. Die Feldmaus antwortete: Du hast gut sagen. Du wußtest dein Loch fein zu treffen, dieweil bin ich schier vor Angst gestorben. Ich will dir sagen, was die Meinung ist: Bleibe du eine reiche Stadtmaus und friß Würste und Speck, ich will ein armes Feldmäuslein bleiben und meine Eicheln essen. Du bist keinen Augenblick sicher vor dem Kellner, vor den Katzen, vor soviel Mausefallen, und ist dir das ganze Haus feind. Solches alles bin ich frei und sicher in meinem armen Feldlöchlein.

In großen Wassern fängt man große Fische, aber in kleinen Wassern fängt man gute Fischlein. Wer reich ist, hat viel Neider, Sorge, Gefahr.

XIII. VOM RABEN UND FUCHSE.

Ein Rabe hatte einen Käse gestohlen und setzte sich auf einen hohen Baum und wollte zehren. Als er aber seiner Art nach nicht schweigen kann, wenn er isset, hörte ihn ein Fuchs über dem Käse kecken und lief zu und sprach: O Rabe, nun hab ich mein Lebtag keinen schöneren Vogel gesehen von Federn und Gestalt, denn du bist. Und wenn du auch so eine schöne Stimme hättest zu singen, so sollt man dich zum König krönen über alle Vögel. Den

Raben kitzelt solch Lob und Schmeicheln, fing an, wollt sein schönen Gesang hören lassen. Und als er den Schnabel auftat, entfiel ihm der Käse. Den nahm der Fuchs behende, fraß ihn und lachte des törichten Raben.

Hüt dich, wenn der Fuchs den Raben lobt. Hüt dich vor Schmeichlern, die schinden und schaben.

[*DES LÖWEN GASTMAHL*].

Wie der Löwe alle Tiere hatte zu Gaste gebeten und ein köstlich, herrlich Mahl lassen zurichten, hatte er auch die Sau dazu geladen. Als man nun die köstlichen Gerichte auftrug und den Gästen vorsetzte, sprach die Sau: Sind auch Kleien da?

Also sind jetzt unsere Epikuräer auch. Wir Prediger setzen ihnen in unsern Kirchen die allerbeste und herrlichste Speise vor, als ewige Seligkeit, Vergebung der Sünde und Gottes Gnade. So werfen sie die Rüssel auf und scharren nach Talern. Und was soll der Kuh Muskaten? Sie isset wohl Haberstroh.

[*VOM GERUCH AM HOFE DES LÖWEN*].

Der Löwe hatte viel Tiere zu sich in die Höhle oder in sein Loch und Wohnung erfordert, darinnen es gar übel roch und stunke. Als er nun den Wolf fragte, wie es ihm gefiele in seinem königlichen Hause oder Hoflager, da sprach der Wolf: O, es stinkt übel hierinnen. Da fuhr der Löwe zu und zerriß den Wolf. Danach, als er den Esel fragte, wie es ihm gefiele, und der arme Esel sehr erschrocken war über des Wolfs Tod und Mord, da wollte er aus Furcht heucheln und sprach: O, Herr König, es reucht wohl allhier. Aber der Löwe fuhr über ihn her und zerriß ihn auch. Als er nun den Fuchs auch fragte, wie es ihm gefiele und wie es röche in seiner Höhle, da sprach der Fuchs: O, ich hab itzt den Schnuppen, ich kann nichts riechen. Als wollt er sagen: Es will nicht tun, daß man alle Ding nachredet, und wurde mit anderer Leute Schaden klug, daß er sein Maul hielt.

Vorrede zu: Historia Galeatii Capellae
1538

Der italienische Geschichtsschreiber Galeatius Capella hat den mailändischen Krieg von 1521-1530 in seinen Wechselfällen und damit ein Stück der Renaissancepolitik in Oberitalien beschrieben, in die auch das Papsttum verstrickt war. Der Nürnberger Prediger Wenzeslaus Link hat seine Darstellung ins Deutsche übersetzt. Zur Erstausgabe der Linkschen Übersetzung 1538 in Wittenberg steuerte Luther eine Vorrede bei, in der er seine Gedanken über den Nutzen der Geschichtsbetrachtung und die Bedeutung der Geschichtsschreibung aussprach. Luther sieht die Heilsgeschichte des Alten Testaments und die Profangeschichte als ein und dieselbe Wirklichkeit an. In der Wirklichkeit der Geschichte lenkt Gott die Menschen und die Verhältnisse. Es gibt Menschen, die das nicht erkennen. Der Glaube jedoch gewinnt vom Wort Gottes her angesichts der Geschichte den deutenden Sinn dafür, wie Gott und die widergöttlichen Mächte in der Wirklichkeit miteinander ringen. Für Luther können darum die menschlichen Schicksale und die Ereignisse zu Exempeln werden, wie Gott liebt und straft, wie er fördert und hemmt. Aus seiner Förderung erwachsen auch die Wissenschaft, die Künste, die Kultur. Schlechte Geschichtsschreibung sieht den Menschen als Maß und Ziel und will rechthaberisch die Ereignisse sich zum Vorteil deuten. Rechte Geschichtsschreibung hingegen widerstrebt solcher Ideologisierung; sie gibt Gott die Ehre. – WA 50;383-385.

Manfred Jacobs

Es spricht der hochberühmte Römer Varro[1], daß es die allerbeste Weise sei zu lehren, wenn man zum Wort Exempel oder Beispiele gibt; denn die bewirken, daß man die Rede klarer versteht, auch viel leichter behält. Sonst, wenn die Rede ohne Exempel gehört wird, wie gerecht und gut sie immer sein mag, so bewegt sie doch das Herz nicht so sehr, ist auch nicht so klar und nicht so fest zu behalten. Darum ist es ein sehr köstliches Ding um die Historien. Denn was die Philosophen, weise Leute und die ganze Vernunft lehren oder erdenken können, was zum ehrlichen Leben nützlich ist, das gibt gewaltig die Historie mit Exempeln und Geschichten und stellt es gleich so vor die Augen, als wäre man dabei und sähe es alles so geschehen, was sonst die Worte durch die Lehre in die Ohren getragen haben. Da findet man beides: wie die getan, gelassen, gelebt haben, die fromm und weise gewesen sind, und wie es ihnen ergangen ist oder wie sie belohnt worden sind, aber andererseits auch, wie die gelebt haben, die böse und unverständig gewesen sind, und wie sie dafür bezahlt worden sind.

Wenn man gründlich darüber nachsinnt, so sind aus den Historien und Geschichten fast alle Rechte, Kunst, guter Rat, Warnung, Drohung, Schrecken, Trösten, Stärken, Unterricht, Vorsichtigkeit, Weisheit, Klugheit mit allen Tugenden wie aus einem lebendigen Brunnen gequollen. Das kommt daher: Die Historien sind nichts anderes als Anzeigung, Gedächtnis und Hinweis göttlicher Werke und Urteile, wie er die Welt, besonders die Menschen, erhält, regiert, hindert, fördert, straft und ehrt, je nachdem ein jeder verdient, Böses oder Gutes. Und wenn es auch viele sind, die Gott nicht erkennen noch achten, so müssen sie doch an den Exempeln und Historien stutzig werden und befürchten, daß es ihnen nicht auch so gehe wie dem und dem, wie sie durch die Historien vor Augen gerückt werden. Dadurch werden sie stärker bewegt, als wenn man sie nur mit bloßen

Worten des Rechts oder der Lehre abhält und ihnen damit wehrt. So lesen wir denn nicht allein in der heiligen Schrift, sondern auch in den heidnischen Büchern, wie sie der Vorfahren Exempel, Worte und Werke anführen und vor Augen halten, wo sie etwas beim Volk durchsetzen wollen oder wenn sie vorhaben zu lehren, zu ermahnen, zu warnen, abzuschrecken.

Darum sind auch die Historienschreiber die allernützlichsten Leute und besten Lehrer, so daß man sie niemals genug ehren, loben oder ihnen Dank sagen kann. Das sollte ein Werk der großen Herren wie der Kaiser, Könige sein, daß sie die Historien ihrer Zeit mit Fleiß schreiben und in der Bücherei ordentlich verwahren ließen, auch keine Kosten scheuten, die erforderlich wären, solche Leute, die dazu tüchtig sind, zu unterhalten und heranzubilden, wie man besonders in den Büchern der Richter, Könige, Chroniken sieht, daß beim jüdischen Volk solche Meister bestellt und unterhalten worden sind. So auch bei den Königen in Persien, die solch eine Bücherei in Medien gehabt haben, wie man dem Buch Esra und Nehemia deutlich entnehmen kann (Esr.6,2). Überdies müssen heutigentags die Fürsten und Herren ihre Kanzleien haben, in denen sie ihre eigenen, neuen und alten Sachen aufheben und ablegen. Wieviel mehr sollte man während der ganzen Zeit ihres Regiments eine Historie von allen und zumindest von den wichtigsten Sachen abfassen und den Nachkommen hinterlassen.

Und worüber haben wir Deutschen mehr zu klagen, als daß wir die Geschichte und Exempel unserer Vorfahren vor tausend Jahren nicht haben und fast nichts darüber wissen, wo wir hergekommen sind. Anstatt dessen müssen wir die Historien aus anderen Nationen gebrauchen, die vielleicht nebenbei und zu ihren eigenen Ehren unser gedenken müssen. Weil Gottes Werk ohne Unterlaß vor sich geht – wie Christus spricht: »Mein Vater wirkt bis hierher, und ich auch« (Joh.5,17) –, so kann es nicht ausbleiben: Es muß zu jeder Zeit etwas Bemerkenswertes geschehen sein, das man gebührend beachten sollte. Und wenn auch nicht alles aufgelesen werden könnte, so sollten doch die wichtigsten Stücke aufs kürzeste festgehalten werden, wie es denn auch etliche gemeint haben, die von dem Dietrich von Bern und anderen Recken Lieder gemacht und damit viele große Sachen kurz und schlicht dargestellt haben.

Aber es gehört ein trefflicher Mann dazu, der ein Löwenherz haben muß, unerschrocken die Wahrheit zu schreiben. Denn die meisten schreiben so, daß sie ihrer Zeit Laster und Unfälle den Herren oder Freunden zuliebe gern verschweigen oder zum besten umdeuten, geringe oder nichtige Tugend dagegen allzu hoch aufbauschen; oder aber zugunsten ihres Vaterlandes und zuungunsten der Fremden die Historien ausschmücken oder besudeln, je nachdem sie jemanden lieben oder ihm feind sind. Damit werden die Historien über die Maßen unzuverlässig, und Gottes Werk wird schändlich verdunkelt, so wenn man den Griechen Schuld gibt, wie auch des Papstes Heuchler bisher getan haben und noch tun.[2] Zuletzt kommt es dahin, daß man nicht weiß, was man glauben soll. So verdirbt der edle, schöne, höchste Nutzen der Historien, und es werden eitel Schwätzer daraus. Das kommt daher, daß solch hohes Werk, Historien zu schreiben, einem jeden freisteht. Der schreibt dann und verschweigt, lobt und schilt, was ihn gut dünkt.

Darum sollte dieses Amt von hervorragenden Leuten oder jedenfalls von dazu beauftragten Leuten ausgeübt werden. Denn weil die Historien nichts anderes als Gottes Werke, das heißt Gnade und Zorn, beschreiben, denen man mit gutem Recht so glauben muß, als wenn sie in der Bibel stünden, sollten sie wahrlich mit allerhöchstem Fleiß, Treue und Wahrheit geschrieben werden. Aber das wird nun, so denke ich, nicht geschehen, es sei denn, es käme die Ordnung wieder, die bei den Juden gewesen ist.

Indes müssen wir uns begnügen lassen an unseren Historien, wie sie sind, und zuweilen selbst denken und urteilen, ob der Schreiber etwa aus Gunst oder Ungunst schlittert, zu viel oder zu wenig lobt und schilt, je nachdem er den Leuten oder Sachen geneigt ist. So wie wir es auch hinnehmen müssen, daß die Fuhrleute unter solch einem losen Regiment den Wein (auf der Reise) über Land mit Wasser fälschen, daß man den reinen, gewachsenen Trank nicht kriegen kann, und uns damit begnügen lassen, daß wir doch das meiste oder etwas davon kriegen.

Aber dieser Historiker Galeatius Capella macht mir dennoch den Eindruck, als habe er einen rechten Historienschreiber abgeben und die Sachen nicht mit weitläufigen, überflüssigen Worten, sondern kurz und gründlich dartun wollen. Und überdies ist es eine Sache, die wohl zu lesen und zu behalten ist, weil man darin auch Gottes Werk gut sehen kann – wie wunderbar er die Menschenkinder regiert und wie gar böse der Teufel ist und seine Glieder, damit wir Gott fürchten und seinen Rat und Hilfe suchen lernen, in großen und kleinen Sachen. Dem sei Lob und Dank in Ewigkeit, durch unseren Herrn Jesus Christus, Amen.

Von den Konzilien und Kirchen
1539

Immer wieder hat Luther ein christliches Konzil gefordert, um dort seine Lehre zu vertreten und die drohende Spaltung der Kirche zu verhindern. Aus dieser Schrift ergibt sich zum erstenmal, daß Luther alle Hoffnungen auf ein »freies, allgemeines, christliches Konzil« aufgegeben hat.

Drei Teile hat diese Schrift, deren dritter hier abgedruckt wird. Im ersten Teil weist Luther nach, daß die Qualität und Geltung von Konzilien immer daran hing, wieweit sie sich an die heilige Schrift gehalten haben. Im zweiten Teil spricht er von der heiligen Schrift »als dem höchsten Richter und Bischof unter Christus«, auf den zu hören Aufgabe eines neuen, rechten Konzils wäre. Und im dritten Teil beschreibt er das Wesen einer schriftgehorsamen Kirche in Darlegungen, die Luthers Aktualität auch für die Gegenwart deutlich machen. Zwar hängen die Ausführungen des dritten Teils mit den vorhergehenden Abschnitten zusammen, sie haben aber durchaus ihre Selbständigkeit und ihr Gewicht in sich selbst.

Luther nennt die notwendigen äußeren Merkmale, an denen die Kirche zu erkennen ist. Sie gehören für ihn in das geistliche Regiment Gottes. Er entwickelt sie an Hand der zehn Gebote (1. und 2. Tafel) und stellt abschließend die Kirche Gottes und die Kirche des Teufels einander gegenüber. Alle übrigen äußeren Formen, die sich in der Kirche entwickeln, gehören in das weltliche Regiment Gottes und sind freigestellt. Sie unterliegen allein dem Liebesgebot. Der angefügte Abschnitt über die drei Hierarchien muß bei Luther, anders als in der geschichtlichen Nachwirkung, von der Zwei-Reiche-Lehre her verstanden werden. – WA 50; 624-643.

Gerhard Ruhbach

Wie sie von den Vätern und Konzilien schreien und nicht wissen, was Väter und Konzilien sind, sondern uns allein mit den bloßen Buchstaben übertönen wollen, so schreien sie auch von der Kirche. Aber daß sie sagen, was doch, wer doch, wo doch die Kirche sei – soviel Dienst leisten sie weder der Kirche noch Gott, daß sie danach fragten oder trachteten! Gern haben sie es, daß man sie für die Kirche hält, als Papst, Kardinäle und Bischöfe, und daß man sie dennoch unter diesem herrlichen Namen lauter Teufelsschüler sein ließe, die nichts als Bosheit und Betrug üben dürften. Wohlan – allerlei Schriften und Unterscheidungen in bezug auf das Wort Kirche zurückgestellt, wollen wir diesmal einfältig bei dem Kinderglauben bleiben, der sagt: »Ich glaube eine heilige, christliche Kirche, die Gemeinschaft der Heiligen.« Da verdeutlicht das Glaubensbekenntnis klar, was die Kirche sei, nämlich eine Gemeinschaft der Heiligen, das ist ein Haufen oder eine Versammlung solcher Leute, die Christen und heilig sind; das heißt ein christlicher, heiliger Haufe oder Kirche. Doch das Wort Kirche ist zumal bei uns undeutlich und gibt den Sinn und Gedanken nicht wieder, den man dem dritten Glaubensartikel entnehmen muß.

Denn Apg. 19,39 f. nennt der Kanzler die Gemeinde oder das Volk, das in großer Menge auf den Markt gelaufen war, ecclesia und sagt: »Man mag es in einer ordentlichen Volksversammlung entscheiden.« Ebenso: »Als er das gesagt hatte, ließ er das versammelte Volk gehen.« Hier und an anderer Stelle heißt ecclesia oder Kirche nichts anderes als versammeltes Volk, auch wenn sie Heiden und nicht Christen waren, so wie die Ratsherren ihre Gemeinde zum Rathaus rufen.

Nun gibt es in der Welt mancherlei Völker, aber die Christen sind ein besonderes, berufenes Volk und heißen nicht einfach ecclesia, Kirche oder Volk, sondern sancta catholica christiana, das ist ein christliches, heiliges Volk, das an Christus glaubt. Darum heißt es ein christliches Volk und hat den heiligen Geist, der sie täglich heiligt, nicht nur durch die Vergebung der Sünden, die Christus ihnen erworben hat (wie die Antinomer[1] töricht behaupten), sondern auch durch Abtun, Ausfegen und Töten der Sünde. Deshalb heißen sie ein heiliges Volk. So ist nun eine heilige, christliche Kirche soviel wie ein Volk, das aus Christen besteht und heilig ist, oder, wie man auch zu sagen pflegt, die heilige Christenheit. Damit ist die ganze[2] Christenheit gemeint. Im Alten Testament heißt es Gottes Volk.

Und wären im Kinderglauben diese Worte gebraucht worden: »Ich glaube, daß es ein christliches, heiliges Volk gibt«, so wäre aller Jammer leicht zu vermeiden gewesen, der unter dem unklaren[3], undeutlichen Wort Kirche eingerissen ist. Denn das Wort »christliches, heiliges Volk« hätte klar und eindringlich mit sich gebracht beides, Verständnis und Beurteilung, was Kirche oder was nicht Kirche wäre. Wer dies Wort gehört hätte: »christliches, heiliges Volk«, hätte flugs urteilen können: Der Papst ist kein Volk, schon gar kein heiliges, christliches Volk. Auch die Bischöfe, Pfarrer und Mönche sind kein heiliges, christliches Volk, denn sie glauben nicht an Christus, leben auch nicht heilig, sondern sind des Teufels böses, schändliches Volk. Wer nicht recht an Christus glaubt, ist nicht christlich oder Christ. Wer den heiligen Geist nicht hat gegen die Sünde, der ist nicht heilig; darum können sie nicht ein christliches, heiliges Volk sein, das heißt: sancta et catholica ecclesia.

Doch weil wir das unklare Wort Kirche im Kinderglauben verwenden, verfällt der einfache Mann auf das steinerne Haus, das man Kirche nennt, wie es die Maler malen; und gerät das Bild wohl, so malen sie die Apostel, die Jünger, die Mutter Gottes wie beim Pfingsttag und den heiligen Geist oben über ihnen schwebend. Das mag noch angehen, aber das ist nur das heilige, christliche Volk zu einer bestimmten Zeit, nämlich am Anfang. Doch Kirche soll das heilige, christliche Volk nicht nur zur Zeit der Apostel heißen, die nun längst tot sind, sondern bis an der Welt Ende. So soll immerdar auf Erden im Leben ein christliches, heiliges Volk da sein, in dem Christus lebt, wirkt und regiert durch die Versöhnung, durch Gnade und Vergebung der Sünde. Und der heilige Geist tut dies dadurch, daß er lebendig macht und heiligt, daß er die Sünde täglich ausfegt und das Leben erneuert, damit wir nicht in den Sünden bleiben, sondern ein neues Leben führen können in allerlei guten Werken und nicht in alten bösen Werken, wie es die zehn Gebote oder die zwei Tafeln des Mose fordern. Das ist die Lehre von St.Paulus. Doch der Papst mit den Seinen hat beide Namen und Bilder der Kirche allein auf sich und auf seinen schändlichen, verfluchten Haufen bezogen – unter dem unklaren Wort ecclesia, Kirche usw.

Dennoch geben sie sich selbst den rechten Namen, wenn sie sich ecclesia nennen (wenn wir es recht auslegen, so daß es zu ihrem Wesen paßt) oder Romana oder sancta, und nicht hinzufügen (wie sie es auch nicht können): catholica. Denn Kirche heißt ein Volk; das sind sie, wie der Türke auch ecclesia, ein Volk, ist. Ecclesia Romana heißt ein römisches Volk; das sind sie auch, und wahrlich noch römischer, als die Heiden früher römisch gewesen sind. Ecclesia Romana sancta heißt ein heiliges römisches Volk; das sind sie auch, denn sie haben eine viel größere Heiligkeit erfunden, als es die Heiligkeit der Christen ist oder als sie das heilige, christliche Volk hat. Denn ihre Heiligkeit ist eine römische Heiligkeit der römischen Kirche, des römischen Volkes Heiligkeit; und nun heißen sie auch sanctissimi sacrosancti, die Allerheiligsten, wie Vergil sagt: »Heiliger Hunger, heilige Opferspeise«, und Plautus: »der Allerheiligste«. Denn christliche Heiligkeit können sie nicht ertragen; deshalb können sie den Namen christliche Kirche oder christliches Volk nicht haben. Und auch aus dem Grund nicht, weil christliche Kirche und christliche Heiligkeit ein gemeinsamer Name und ein gemeinsames Ding in allen Kirchen und bei allen Christen in der Welt ist; deshalb sagt man: katholisch. Sie halten aber diesen gemeinsamen Namen und diese Heiligkeit für gering, ja, nahezu für nichts; statt dessen haben sie sich eine besondere, höhere, andere, bessere Heiligkeit vor anderen erdacht, die sie römische Heiligkeit und des römischen Volkes Heiligkeit nennen.

Denn christliche Heiligkeit oder die der Christenheit gemeinsame Heiligkeit besteht darin, daß der heilige Geist den Leuten Glauben an Christus gibt und sie dadurch heiligt (Apg.15,9); d.h.: Er macht Herz, Seele, Leib, Werk und Wesen neu und schreibt die Gebote Gottes nicht auf steinerne Tafeln, sondern in fleischliche Herzen, 2.Kor.3,3, wenn ich's leichtverständlich sagen soll. Nach der ersten Tafel[4] gibt er rechte Gotteserkenntnis, damit sie, von ihm mit rechtem Glauben erleuchtet, allen Ketzereien widerstehen, alle falschen Gedanken und Irrtümer überwinden können und damit im Glauben gegen den Teufel rein bleiben. Er gibt auch Stärke und tröstet die furchtsamen, verzagten, schwachen Gewissen gegen die Anklage und Anfechtung der Sünde, damit die Seelen nicht verzagen oder verzweifeln, auch nicht erschrecken vor Leid, Pein, Tod, Zorn und Gericht Gottes, sondern, in der Hoffnung gestärkt und getröstet, keck und fröhlich den Teufel überwinden. So gibt er auch rechte Furcht und Liebe gegen Gott, daß wir Gott nicht verachten und bei seinen merkwürdigen Gerichten nicht murren oder in Zorn geraten, sondern in allem, was vorfällt, in Gutem oder Bösem, ihn lieben, loben, ihm danken und ihn ehren. Das heißt ein neues, heiliges Leben in der Seele nach der ersten Tafel des Mose; man nennt dies auch die theologischen Tugenden[5], die drei Haupttugenden der Kirche: Glaube, Hoffnung, Liebe. Und der heilige Geist, der dies, was Christus uns erworben hat, gibt, tut und wirkt, heißt deshalb: Heiligmacher oder Lebendigmacher. Der alte Adam ist nämlich tot und kann es nicht tun; dazu muß er es noch durch das Gesetz lernen, daß er's nicht tun kann und tot ist; von selbst wüßte er dies nicht.

Nach der zweiten Tafel[6] und nach dem Leib heiligt er die Christen auch und gibt, daß sie bereitwillig den Eltern und Oberherrn gehorsam sind, friedlich und demütig sich halten, nicht zornig, rachgierig oder boshaft, sondern geduldig, freundlich, dienstbereit, brüderlich und liebevoll sind; nicht unkeusch, ehebrecherisch, zuchtlos, sondern keusch und zuchtvoll gegenüber Frau, Kindern und Gesinde oder auch ohne Frau und Kinder; auch fortan nicht stehlen, Wucherei treiben, geizig sind oder übervorteilen usw., sondern ehrlich arbeiten, sich redlich nähren, gern verleihen, geben, helfen, wo sie können; auch nicht lügen, betrügen, hinter dem Rücken herreden, sondern gütig, wahrhaftig, treu und beständig sind und was sonst noch in Gottes Geboten gefordert wird. Das tut der heilige Geist, der auch den Leib heiligt und erweckt zu solch neuem Leben, bis es im Leben der anderen Welt vollendet wird. Und das heißt die christliche Heiligkeit. Und solche Leute werden immer auf Erden sein, und sollten es nur zwei oder drei oder allein die Kinder sein. Der Alten sind dabei leider wenige. Wer aber nicht so lebt, die sollen sich nicht für Christen halten; man soll sie auch nicht trösten, als seien sie Christen, durch viel Geplauder von der Vergebung der Sünden und von der Gnade Christi, wie es die Antinomer tun.

Denn diese Leute, so wie sie die zehn Gebote verwerfen und nicht verstehen, so predigen sie statt dessen viel von der Gnade Christi. Sie stärken aber und trösten die, die in Sünden bleiben, daß sie sich nicht fürchten oder erschrecken sollen über ihre Sünden, denn die Sünden seien alle weg durch Christus. Und sie sehen die Leute in öffentlichen Sünden und lassen sie gleichwohl hingehen ohne jede Erneuerung und Besserung ihres Lebens. Daraus merkt man deutlich, daß auch sie wahrhaftig den Glauben und Christus nicht recht verstehen und ihn eben dann aufheben, wenn sie ihn predigen. Denn wie kann der recht von den Werken des heiligen Geistes in der ersten Tafel, von Trost, Gnade, Vergebung der Sünden reden, der die Werke des heiligen Geistes in der zweiten Tafel nicht achtet oder übt, die er verstehen und erfahren kann, jene aber weder erprobt noch erfahren hat? Darum ist es gewiß, daß sie weder Christus noch den heiligen Geist haben oder verstehen. Ihr Geschwätz ist lauter Schaum auf der Zunge. Und, wie gesagt, sie sind rechte Nestorianer und Eutychianer[7], die Christus bekennen und lehren in der Substanz und ihn leugnen in der Konsequenz. Sie lehren Christus und tilgen Christus, wenn sie ihn lehren.

Das sei von der christlichen Heiligkeit gesagt; die will der Papst nicht haben. Eine besondere muß er haben, die viel heiliger ist, nämlich daß man Kasel, Tonsur, Kutte, Kleider, Speise, Feste, Gedenktage, Möncherei, Nonnerei, Messen, Heiligenverehrung und unzählige andere Stücke mehr von äußerlichen, leiblichen, vergänglichen Dingen lehren soll. Ob man dabei ohne Glauben lebt, ohne Gottesfurcht, Hoffnung, Liebe und was der heilige Geist nach der ersten Tafel wirkt, sondern statt dessen im Irrglauben, Ungewißheit im Herzen, mit Zweifeln, Gottesverachtung, Ungeduld gegen Gott, mit falschem Vertrauen auf Werke – was Abgötterei ist – und nicht auf die Gnade Christi und dessen Verdienst, in einer Haltung, die durch eigene Werke Gott zufriedenstellen, auch anderen den Überschuß guter Werke verkaufen, dafür aller Welt Gut und Geld als wohlverdient nehmen will: Das alles ist kein Hindernis, gilt sogar als heiliger, als die christliche Heiligkeit selbst ist!

Auch bei der zweiten Tafel schadet es nach ihnen nichts, wenn sie Ungehorsam gegenüber Eltern und

Oberherren lehren, wenn sie selbst morden, Krieg führen, hetzen, neiden, hassen, sich rächen, unkeusch sind, lügen, stehlen, sich auf Wucher einlassen, betrügen und allerschlimmste Bosheit treiben: Wirf dir nur ein Chorhemd über den Kopf, so bist du heilig nach der römischen Kirche Heiligkeit und kannst wohl selig werden ohne die christliche Heiligkeit! Aber wir wollen uns nicht um diese unflätigen Leute kümmern. Es ist doch vergeblich, was wir an ihnen tun: »Es kommt am Ende der Zorn Gottes über sie«, wie St.Paulus sagt (1.Thess.2,16). Wir wollen unter uns von der Kirche reden.

Wohlan, der Kinderglaube lehrt uns, wie gesagt, daß ein christliches, heiliges Volk auf Erden sein und bleiben müsse bis an der Welt Ende. Denn es ist ein Artikel des Glaubens, der nicht aufhören kann, bis da kommt, was er glaubt, wie Christus verheißt: »Ich bin bei euch bis an der Welt Ende.« (Matth.28,20) Woran will oder kann doch ein armer, irrender Mensch merken, wo solch christliches, heiliges Volk in der Welt sei? Es muß ja doch in diesem Leben und auf Erden sein, denn es glaubt wohl, daß ein himmlisches Wesen und ewiges Leben kommen werde, es hat es aber noch nicht. Darum muß es noch in diesem Leben und in dieser Welt sein und bleiben bis zum Ende der Welt. Denn es spricht: Ich glaube ein anderes Leben. Damit bekennt es, daß es noch nicht in demselben Leben ist, sondern es glaubt, hofft und liebt als sein wahres Vaterland und Leben. Unterdessen muß es selbst im Elend[8] bleiben und warten, wie man im Lied vom heiligen Geist singt: »... wenn wir heimfahrn aus diesem Elende. Kyrieleis.«[9] Davon ist nun zu reden.

Zum ersten: Das christliche, heilige Volk ist daran zu erkennen, daß es das heilige Gotteswort hat, auch wenn das unterschiedlich zugeht, wie St.Paulus sagt (1.Kor.3, 12 ff.). Etliche haben es ganz rein, andere nicht ganz rein. Diejenigen, die es rein haben, sind die, die Gold, Silber und Edelstein in das Fundament einbauen; die es unrein haben, sind diejenigen, die Heu, Stroh, Holz in das Fundament bauen und doch durchs Feuer selig werden. Davon ist oben mehr als genug gesagt. Dies ist das Hauptstück und das hohe Hauptheiligtum, nach dem das christliche Volk heilig heißt. Denn Gottes Wort ist heilig und heiligt alles, was es berührt, ja, es ist Gottes Heiligkeit selbst; Röm.1,16: »Es ist Gottes Kraft, die selig macht alle, die daran glauben«, und 2.Tim.4,5: »Es wird alles heilig durchs Wort und Gebet.« Denn der heilige Geist führt es selbst aus, salbt und heiligt die Kirche, das christliche, heilige Volk, damit und nicht mit dem geweihten Öl des Papstes, mit dem er Finger, Kleider, Röcke, Kelche und Steine salbt und heiligt. Denn diese Stücke lehren nimmermehr, Gott zu lieben, zu glauben, zu loben und fromm zu sein. Schmücken mögen sie den Madensack[10], danach ihn vernichten und verfaulen lassen mit Öl und Heiligkeit, soviel dran ist, samt dem Madensack.

Aber dieses Heiligtum ist das rechte Heilmittel[11], die rechte Salbe, die zum ewigen Leben salbt, wenn du auch keine Papstkrone und keinen Bischofshut haben kannst, sondern ganz entblößt, nackten Leibes leben und sterben müßtest, wie die Kinder (und wir alle) nackt und ohne jeden Schmuck getauft werden. Wir reden aber von dem äußerlichen Wort, das durch Menschen wie dich und mich mündlich gepredigt wird. Denn das hat Christus hinterlassen als ein äußerliches Zeichen, an dem man seine Kirche oder sein christliches, heiliges Volk in der Welt erkennen soll. Wir reden auch von dem mündlichen Wort, das mit Ernst geglaubt und vor der Welt öffentlich bekannt wird, wie Christus spricht: »Wer mich vor den Menschen bekennt, den will ich auch vor meinem Vater und seinen Engeln bekennen.« (Matth.10,32 f.) Denn es gibt viele, die es insgeheim wohl wissen, es aber nicht bekennen wollen; viele haben es, die aber nicht daran glauben oder danach tun. Denn wenige sind ihrer, die daran glauben und danach tun, wie es das Gleichnis vom

Samen Matth. 13,4 ff. sagt, daß das Wort auf drei Teile des Ackers fällt, aber nur der vierte Teil, der feine, gute Acker, Frucht und Geduld bringt.

Wenn du nun dieses Wort hörst oder siehst predigen, glauben, bekennen und danach tun, da habe keinen Zweifel, daß dort ganz gewiß eine rechte ecclesia sancta catholica, ein christliches, heiliges Volk, sein muß, wenn ihrer auch sehr wenige sind. Denn Gottes Wort geht nicht leer aus, Jes. 55,11, sondern es muß zumindest ein Viertel oder ein Stück vom Acker haben. Wenn es sonst kein Zeichen gäbe als dieses allein, so wäre es dennoch genug, um darauf hinzuweisen, daß dort ein christliches, heiliges Volk sein müsse. Denn Gottes Wort kann nicht ohne Gottes Volk sein, wiederum kann Gottes Volk nicht ohne Gottes Wort sein. Wer sollte es sonst predigen oder predigen hören, wenn kein Volk Gottes da wäre? Und was könnte oder sollte Gottes Volk glauben, wenn Gottes Wort nicht da wäre?

Dies ist das Stück, das alle Wunder tut, alles zurecht bringt, alles erhält, alles ausrichtet, alles tut, alle Teufel austreibt, wie Wallfahrtsteufel, Ablaßteufel, Bullenteufel, Bruderschaftsteufel[12], Heiligenteufel, Meßteufel, Fegfeuerteufel, Klosterteufel, Pfaffenteufel, Schwärmerteufel, Aufruhrteufel, Ketzerteufel, alle Papstteufel, auch Antinomerteufel; doch nicht ohne Geschrei und Gezerre, wie er in den armen Menschen zeigt, Mark. 1,26 und 9,26. Nein, er muß Geschrei und Rauferei hinter sich lassen, wenn er ausfahren soll, wie man sieht am Emser, Eck, Rotzlöffel[13], Schmidt[14], Witzel, Tölpel, Knebel, Filz, Rültz, Sau, Esel und all seinen Schreiern und Treibern; die sind alle des Teufels Maul und Glieder, durch die er so schreit und rauft. Es hilft ihnen aber nichts, er muß heraus, er kann die Kraft des Wortes nicht ertragen. Denn sie bekennen selbst, daß es wahrhaftig Gottes Wort und die heilige Schrift sei, aber behaupten: Aus den Kirchenvätern und Konzilien kann man's besser haben! Die laß fahren. Es ist genug, daß wir wissen, wie das Hauptstück, Hauptheiligtum die Kirche reinigt, erhält, nährt, stärkt und schützt, wie St.Augustinus auch sagt: Die Kirche wird durch das Wort Gottes erzeugt, ernährt, aufgezogen und gestärkt. Wer es aber verfolgt und verdammt, der gibt sich durch seine Früchte zu erkennen.

Zum zweiten erkennt man Gottes Volk oder das christliche, heilige Volk an dem heiligen Sakrament der Taufe, wo es recht, nach Christi Anordnung gelehrt, geglaubt und gebraucht wird. Denn dies ist auch ein öffentliches Zeichen und köstliches Heilmittel, durch das Gottes Volk geheiligt wird. Denn es ist ein heiliges Bad der neuen Geburt durch den heiligen Geist, in dem wir baden und vom heiligen Geist reingewaschen werden von Sünde und Tod als in dem unschuldigen heiligen Blut des Lämmleins Gottes. Wo du dies Zeichen siehst, da wisse, daß dort gewiß die Kirche oder das heilige, christliche Volk sein muß, gleichviel, ob dich der Papst nicht tauft oder du nichts von seiner Heiligkeit und Vollmacht weißt, so wie die jungen Kinder nichts davon wissen, nur daß sie, sind sie einmal erwachsen, leider von ihrer Taufe abgebracht werden, wie St.Petrus klagt 2.Petr.2,18: »Sie verführen durch Unzucht die, die recht entronnen waren und nun im Irrtum wandeln« usw. Ja, es soll dich auch nicht beirren, wer der Täufer sei. Denn die Taufe ist nicht des Täufers noch ihm gegeben, sondern des Täuflings, der getauft wird; dem ist sie von Gott gestiftet und gegeben; so wie das Wort Gottes nicht des Predigers ist (es sei denn, er wolle auch selbst mithören und -glauben), sondern des Jüngers, der es hört und glaubt; ihm ist es gegeben.

Zum dritten erkennt man Gottes Volk oder ein heiliges, christliches Volk an dem heiligen Sakrament des Altars, wo es recht nach Christi Einsetzung gereicht, geglaubt und empfangen wird. Denn es ist auch ein öffentliches Zeichen und kostbares Heilmittel, von Christus hinterlassen, durch das sein Volk geheiligt wird. Damit übt es sich auch und bekennt öffentlich, daß es aus Christen besteht, wie es dies tut mit dem Wort und mit der Taufe. Und du darfst auch hier nicht darauf achten, ob der Papst für dich Messe hält, dich weiht, firmt, salbt oder dir ein Meßgewand anzieht. Du kannst es ganz ohne alle Kleider (wie Kranke in einem Bett) empfangen, nur daß die äußere Zucht dazu zwingt, sich anständig und geziemend zu bedecken. Du brauchst auch hier nicht zu fragen, ob du eine Tonsur hast oder gesalbt bist, nicht zu disputieren, ob du Mann oder Frau, jung oder alt bist, so wenig du nach dem allen fragst bei Taufe und Predigt. Es ist genug, daß du geweiht und gesalbt bist mit dem hohen, heiligen Salböl Gottes, des Wortes Gottes und der Taufe und auch dieses Sakraments. Da bist du hoch und herrlich genug gesalbt und priesterlich gekleidet.

Laß dich auch nicht beirren, wie heilig der Mann ist, ob er zwei Frauen hat oder nicht, der dir das Sakrament reicht. Denn das Sakrament ist nicht dessen, der es reicht, sondern dessen, dem es gereicht wird; nur wenn er's selbst auch mit nimmt, so ist er deren einer, die es empfangen, und es wird damit auch ihm gegeben. Wo du nun solches Sakrament siehst, in rechtem Gebrauch dargereicht, da wisse gewiß, daß dort Gottes Volk ist. Denn wie oben vom Wort gesagt ist, wo Gottes Wort ist, da muß die Kirche sein, so gilt auch: Wo Taufe und Altarsakrament sind, muß Gottes Volk sein, und umgekehrt. Denn solche Heilmittel hat, gibt, übt, gebraucht und bekennt niemand als allein Gottes Volk, auch wenn etliche falsche und ungläubige Christen heimlich darunter sind. Aber diese entheiligen nicht das Volk Gottes, vor allem solange sie im Geheimen bleiben; denn die, die offenbar sind, duldet die Kirche oder das Volk Gottes nicht unter sich, sondern es weist sie zurecht und heiligt sie auch oder, wenn sie nicht wollen, schließt sie aus von dem Heilmittel durch den Bann und hält sie für Heiden, Matth. 18,17.

Zum vierten erkennt man das Gottesvolk oder heilige Christen an den Schlüsseln, die sie öffentlich gebrauchen, wie Christus sie Matth. 18,18 einsetzt: Wenn ein Christ sündigt, soll er gestraft werden. Und wenn er sich nicht bessert, soll er gebunden und ausgestoßen werden. Bessert er sich, soll er losgesprochen werden. Das sind die Schlüssel. Nun ist der Gebrauch der Schlüssel ein doppelter, öffentlich und insgeheim. Denn etliche sind so eingeschüchtert und verzagt in ihrem Gewissen, daß sie, selbst wenn sie nicht öffentlich verdammt sind, sich dennoch nicht trösten können, bis sie je einzeln vom Pfarrer eine Absolution kriegen. Umgekehrt sind etliche so verhärtet, daß sie auch im Herzen und einzeln vor dem Pfarrer nicht vergeben oder von ihren Sünden ablassen wollen. Darum muß die Ausübung der Schlüssel auf verschiedene Weise geschehen, öffentlich und insgeheim. Wo du nun siehst, daß man Sünde vergibt und straft, öffentlich oder insgeheim, da wisse, daß da Gottes Volk sei. Denn wo Gottes Volk nicht ist, da sind die Schlüssel nicht, und wo die Schlüssel nicht sind, da ist Gottes Volk nicht. Denn Christus hat sie hinterlassen, damit sie ein öffentliches Zeichen und Heilmittel sein sollen, durch das der heilige Geist (durch Christi Sterben erworben) die gefallenen Sünder wieder heiligt und mit dem die Christen bekennen, daß sie ein heiliges Volk sind unter Christus in dieser Welt; und damit diejenigen, die sich nicht bekehren oder wieder heiligen lassen wollen, ausgestoßen würden von diesem heiligen Volk, das heißt gebunden und durch den Schlüssel ausgestoßen würden, wie es den unbußfertigen Antinomern geschehen wird.

Hier darfst du dich nicht an den beiden Schlüsseln des Papstes[15] stören, die er zu zwei Dietrichen zu aller Könige Schätzen und Kronen gemacht hat. Denn wenn er die Sünde nicht binden oder zurechtweisen will, sie sei öffentlich und geheim (wie er denn tut), so laß sie zurechtgewiesen und gebunden sein in deiner Pfarrei. Wenn er sie nicht lösen oder vergeben will, so laß sie in deiner Pfarrei los und vergeben sein. Denn sein Reservieren oder Binden, sein Laxieren oder Erlauben entheiligt oder heiligt dich nicht, weil er ja die Schlüssel nicht haben kann, sondern er hat lauter Dietriche. Die Schlüssel gehören nicht dem Papst (wie er lügt), sondern der Kirche, dem Volk Christi, dem Volk Gottes oder dem heiligen, christlichen Volk, so weit die ganze Welt reicht oder wo Christen sind. Denn sie können nicht alle in Rom sein, es wäre denn zuvor die ganze Welt in Rom, was noch lange nicht geschehen wird. So wie die Taufe, das Altarsakrament und Gottes Wort nicht dem Papst, sondern dem Volke Christi gehören, und sie heißen auch Schlüssel der Kirche, nicht Schlüssel des Papstes.

Zum fünften erkennt man die Kirche äußerlich daran, daß sie Diener der Kirche weiht oder beruft oder Ämter hat, die sie bestellen soll. Denn man muß Bischöfe, Pfarrer oder Prediger haben, die öffentlich und insgeheim die oben genannten vier Stücke oder Heilmittel geben, reichen und ausüben, wegen der Kirche und in ihrem Namen, noch viel mehr aber aufgrund der Einsetzung Christi, wie St.Paulus Eph.4,11 sagt: »Er hat den Menschen Gaben gegeben.« Er hat einige zu Aposteln, Propheten, Evangelisten, Lehrern, Regenten usw. gesetzt. Denn der Haufen in seiner Gesamtheit kann das nicht tun, sondern sie müssen es einem anbefehlen oder anbefohlen sein lassen. Was sollte sonst werden, wenn jeder reden oder die Sakramente reichen und keiner dem anderen weichen wollte. Es muß einem allein anbefohlen werden, und ihn allein muß man lassen predigen, taufen, absolvieren und das Altarsakrament reichen, die anderen alle sollen damit zufrieden sein und einwilligen. Wo du nun dies siehst, da sei gewiß, daß dort Gottes Volk, das christliche, heilige Volk sei.

Wahr ist's aber, daß in diesem Stück der heilige Geist Frauen, Kinder und unfähige Leute ausgenommen und allein geeignete Männer hierzu erwählt hat (Notfälle ausgenommen), wie man das in den Briefen des St.Paulus wiederholt liest, daß ein Bischof zum Lehren geeignet, fromm und Mann einer einzigen Frau sein solle (1.Tim.3,2; Tit.1,6) und 1.Kor.14,34: »Die Frau soll nicht lehren in der Gemeinde.« Summa, es soll ein fähiger, auserwählter Mann sein. Dagegen sind Kinder, Frauen und andere Personen nicht geeignet, obwohl sie geeignet sind, Gottes Wort zu hören, Taufe, Altarsakrament und Absolution zu empfangen und auch rechte, heilige Christen sind, wie St.Petrus sagt (1.Petr.3,7). Denn solche Unterscheidung macht auch die Natur und Gottes Kreatur, daß Frauen (viel weniger Kinder oder Toren) keine Herrschaft ausüben können oder sollen, wie die Erfahrung zeigt und Mose 1.Mose 3,16 spricht: »Du sollst dem Mann untertan sein.« Das Evangelium aber hebt dies natürliche Recht nicht auf, sondern bestätigt es als Gottes Ordnung und Schöpfung.

Hier wird mir der Papst durch seine Schreimäuler und Teufelsraufbolde einwenden, Paulus rede nicht nur von Pfarrern und Predigern, sondern auch von Aposteln, Evangelisten, Propheten und anderen hohen geistlichen Ständen. Deshalb müsse es höhere Stände in der Kirche geben, als es Pfarrer und Prediger sind. Wo nun hin, Herr Luther? Wo soll ich hin? Da will ich hin: Wenn sie nun selbst Apostel, Evangelisten, Propheten werden oder mir einen zeigen – ach, was rede ich närrisch! –, wenn sie mir einen zeigen unter ihnen, der soviel wert ist wie ein Schüler in der Schule oder so viel könnte in der christlichen Lehre und heiligen Schrift wie ein Mädchen von sieben Jahren, so will ich mich für überwunden erklären! Nun weiß ich allerdings, daß ein Apostel, Evangelist, Prophet mehr oder jedenfalls soviel kann wie ein Mädchen von sieben Jahren (ich spreche von der heiligen Schrift und vom Glauben). Denn daß sie mehr Menschenlehre, auch mehr Bosheit können, das glaube ich sehr wohl und stärker, als ich an Gott glaube, weil sie mich vor meinen Augen und mit der Tat davon überzeugen. Darum: Wie sie Kirche sind, so sind sie auch Apostel, Evangelisten und Propheten, das heißt, sie sind des Teufels Apostel, Evangelisten und Propheten. Denn die rechten Apostel, Evangelisten und Propheten predigen Gottes Wort und nicht gegen Gottes Wort.

Haben nun die Apostel, Evangelisten und Propheten aufgehört, so müssen andere an ihre Stelle gekommen sein und noch kommen bis zum Ende der Welt. Denn die Kirche soll nicht aufhören bis an der Welt Ende. Darum müssen Apostel, Evangelisten und Propheten bleiben, heißen sie auch, wie sie wollen und können, die Gottes Wort und Werk treiben. Aber der Papst und die Seinen, die Gottes Wort verfolgen und doch selbst bekennen, es sei wahr, die müssen sehr schlechte Apostel, Evangelisten und Propheten sein, wie der Teufel mit seinen Engeln. Doch wie komme ich auf das schändliche, unflätige Volk des Papstes; laß sie abermals fahren und heiße sie nicht wiederkommen, oder usw.

Wie oben gesagt, wurde bei den anderen vier Stücken des großen göttlichen Heilmittels, durch die die Kirche geheiligt wird, daß du nicht darauf achten sollst, wer und wie die sind, von denen man solches empfängt: So sollst du auch hier nichts danach fragen, wer und wie der ist, der es dir gibt oder das Amt hat. Denn es ist alles nicht dem gegeben, der's hat, sondern dem, der's durch sein Amt kriegen soll, nur daß er's auch mit dir kriegen kann, wenn er will. Laß ihn sein, was er will und wie er kann. Weil er im Amt ist und vom Haufen geduldet wird, laß du es auch gehen. Seine Person macht dir Gottes Wort und Sakrament weder schlechter noch besser. Denn es ist nicht sein, was er redet und tut; sondern Christus, dein Herr, und der heilige Geist redet und tut's alles, sofern er in der rechten Weise zu lehren und zu tun bleibt; nur daß die Kirche öffentliche Laster nicht dulden soll noch dulden kann.

Aber du allein sei zufrieden und laß es gehen, weil du als einzelner nicht der ganze Haufe oder das christliche, heilige Volk sein kannst.

Aber an den Papst darfst du dich nicht kehren, wenn er gebietet, daß kein Ehemann zu diesem Amt berufen sein könne, sondern daß es allzumal keusche Jungfrauen sein sollen, nach der nestorianischen Konsequenz, das heißt: Alle Geistlichen sollen keusch sein, aber sie selbst dürfen natürlich unkeusch sein. Sieh da, dennoch kommst du mir mit dem Papst an, und ich wollte dich nicht mehr haben. Wohlan, so sei mir sehr unwillkommen, ich will dich auch nach Luthers Weise empfangen!

Der Papst verurteilt das eheliche Leben der Bischöfe und Pfarrer, das ist nun offenkundig genug. Daran hat er aber nicht genug. Er verdammt noch viel härter die Bigamie, und er macht, um es klar zu sagen, viererlei Bigamisten, wenn nicht fünferlei. Ich will jetzt einen Bigamisten jemanden mit zwei Frauen nennen, der zweimal freit oder eines anderen Witwe nimmt. Der erste Bigamist ist der, der zwei Jungfrauen nacheinander zur Ehe nimmt; der andere der, der eine Witwe nimmt; der dritte der, der eine Braut nimmt, die von ihrem toten Bräutigam als Jungfrau zurückgelassen wurde; der vierte kommt mit Schanden dazu, daß auch er ein Mann mit zwei Frauen heißen muß, weil er ohne Wissen und Willen eine Jungfrau nimmt und sie danach nicht rein oder als Jungfrau findet. Doch kurzum: Er muß bei dem Papst ein Mann mit zwei Frauen sein, viel mehr als der dritte, der die Jungfrau zur Braut genommen hat. Diese alle stinken und riechen übel nach kanonischem Recht; sie dürfen nicht predigen, taufen, das Altarsakrament reichen oder irgendein Amt der Kirche ausüben, auch wenn sie heiliger wären als St. Johannes und ihre Frauen heiliger als die Gottesmutter. So trefflich heilig ist der Papst in seinen Dekreten!

Doch wenn einer hundert Jungfrauen geschwächt,

hundert anständige Witwen geschändet und noch hundert Huren früher gehabt hätte, der darf nicht nur Prediger oder Pfarrer, sondern auch Bischof oder Papst werden. Und wenn er es immer noch täte, würde er doch jetzt in diesen Ämtern geduldet werden. Aber wenn einer eine Jungfrau als Braut oder eine falsche Jungfrau kriegt, dann darf er Gottes Diener nicht sein. Da hilft nicht, daß er ein rechter Christ, gelehrt, fromm, fähig ist. Er ist ein Bigamist, er muß sein Amt aufgeben und kann niemals wieder dazu kommen. Wie dünkt dich das? Ist das nicht eine neue, höhere Heiligkeit, als Christus selbst sie hat mit dem heiligen Geist und seiner Kirche? Christus verschmäht weder Männer mit einer oder zwei Frauen noch Frauen mit einem oder zwei Männern, wenn sie an ihn glauben. Er läßt sie Glieder seines heiligen, christlichen Volkes bleiben, gebraucht sie auch, wozu sie tauglich sind oder sein können. Obwohl nach der heiligen Schrift der Bigamist heißt, der zwei lebende Frauen gleichzeitig hat wie Lamech (1.Mose 4,9), so ist der Papst doch gelehrter und nennt den einen Mann mit zwei Frauen, der zwei Frauen nacheinander hat; so auch bei den Frauen. Denn der Papst ist viel gelehrter als Gott selbst!

Und was noch viel feiner ist: Der Papst bekennt sogar, daß die Ehe dessen, der zwei Frauen hat, recht sei und nicht Sünde gegen Gott noch gegen die Welt noch gegen die Kirche, und daß diese Ehe ein Sakrament der Kirche sei. Trotzdem muß ein solcher vom kirchlichen Amt ausgeschlossen sein, auch der dritte und vierte, die man mit Recht Männer einer Frau oder einer Jungfrau nennen sollte. Warum das? Ei, es fehlt daran, daß solche Ehe ein Sakrament oder ein Gleichnis Christi und der Kirche sein kann: Denn Christus hat nur eine Braut, die Kirche, und die Braut nur einen Mann, Christus, und beide bleiben Jungfrauen! In diesem Stück liegen so viele ungereimte Possen, daß niemand sie alle aufzählen kann. Deshalb soll man die Kanonisten billig Eselsjuristen nennen.

Erstens, wenn die Ehe ein Sakrament Christi und der Kirche sein soll, so wird keine Ehe ein Sakrament sein dürfen als allein die, in der Bräutigam und Braut beide Jungfrauen bleiben. Denn Christus und die Kirche bleiben Jungfrauen. Wo wollen wir dann Kinder und Erben hernehmen? Wo soll der Ehestand bleiben, der von Gott eingesetzt ist? Und summa: Es wird keine Ehe geben als die Josephs und Marias. Alle anderen Ehen dürfen kein Sakrament, müssen vielleicht ebenfalls Hurerei sein.

Zweitens: Wer hat das gelehrt oder eingesetzt, so daß wir es halten müssen? St. Paulus sagt Eph. 5,32 (behaupten sie), daß Mann und Frau ein großes Sakrament seien.[16] Doch ich sage in Christi und der Kirche Namen: Mein Lieber, kannst du mir aus diesen Worten des St.Paulus zeigen, daß die Ehe ein solches Sakrament sei, wie sie sonst von Sakramenten sprechen? Er sagt: Mann und Frau sind ein Leib, das ist ein großes Sakrament. Danach legt er sich selbst aus: Ich spreche von Christus und der Kirche, nicht von Mann und Frau. So sagen sie, er rede von Mann und Frau. Paulus will Christus und die Kirche als ein großes Sakrament und Geheimnis haben. So sprechen sie, Mann und Frau seien ein großes Sakrament. Warum halten sie die Ehe dann schier für das geringste Sakrament, ja, für lauter Unreinigkeit und Sünde, in der man Gott nicht dienen könne? Weiter: Kannst du wirklich bei St.Paulus finden, daß die Ehen derer, die zwei Frauen oder Männer haben, nicht Mann und Frau, nicht ein Leib sind? Sind sie ein Leib? Warum sind sie dann nicht auch Sakrament Christi und der Kirche? Redet doch St.Paulus insgemein von allen Ehemännern und Ehefrauen, die ein Leib werden, sie seien ledig oder Witwen, und nennt sie Sakrament (so wie ihr Sakrament versteht). Woher seid ihr denn so klug, daß ihr Unterschiede der Ehe macht und nehmt allein die einzige Ehe zum Sakrament Christi und der Kirche, in der sich ein Mann mit einer Jungfrau verehelicht, und schließt alle anderen Ehen aus? Wer hat euch befohlen, das Wort des St.Paulus so zu quälen und zu pressen?

Außerdem behaltet ihr auch diese Ehe nicht als Sakrament. Denn die Bräutigame lassen ihre Bräute nicht Jungfrauen bleiben, und diese nehmen auch nicht deshalb Männer, weil sie Jungfrauen bleiben wollen – denn dies könnten sie viel besser ohne Männer erreichen –, sondern sie wollen und sollen Kinder austragen, wie Gott sie dazu geschaffen hat. Wo bleibt nun hier das Sakrament Christi und der Kirche, die beide Jungfrauen blieben? Ist's aber fein argumentiert: vom Gleichnis zur Geschichte, oder umgekehrt von der Geschichte zum Gleichnis? Wo habt ihr solche Dialektik gelernt? Christus und die Kirche sind ehelich und bleiben leiblich Jungfrau, darum sollen Mann und Frau ebenfalls leiblich Jungfrauen bleiben? Ebenso: Christus ist nur mit einer Jungfrau die Ehe eingegangen, darum soll ein Christ oder Priester auch nur mit einer Jungfrau die Ehe eingehen, sonst ist das Sakrament nicht da? Warum laßt ihr denn zu und stellt fest, daß die Ehe von Witwen auch ein Sakrament sei, weil es eine Ehe sei, und umgekehrt doch nicht ein Sakrament sein könne, weil die Frau nicht eine Jungfrau gewesen ist? Seid ihr nicht toll und verrückt und grobe Nestorianer, die ihr nicht wißt, wo ihr Ja oder Nein sagt? Eines in der Voraussetzung, ein anderes in der Konsequenz? Fort mit euch groben Eseln und Narren!

Auch dieser Irrtum ist daher gekommen (wenn nicht umgekehrt jener aus diesem gekommen ist), daß sie Bischöfe und Päpste Bräutigam der Kirche genannt und dafür gehalten haben. Deshalb berufen sie sich auf den Spruch des St.Paulus: »Ein Bischof soll Mann einer Frau sein« (1.Tim.3,2), das heißt Bischof einer Kirche, wie Christus der Bräutigam einer Kirche ist; deshalb sollen sie keine Bigamisten sein. Fürwahr, Päpste und Bischöfe sind feine Gesellen dazu, daß sie Bräutigam der Kirche sein sollten! Ja, wenn's die Hurenwirtin wäre oder des Teufels

Tochter in der Hölle! Rechte Bischöfe sind Diener dieser Braut, und sie ist die Frau und Herrin über sie. St.Paulus nennt sich selbst Diakon, einen Diener der Kirche; er will nicht Bräutigam, nicht Herr dieser Braut sein. Sondern: Jesus Christus, Gottes Sohn – so heißt der rechte, einzige Bräutigam dieser Braut. St.Johannes spricht nicht: Ich bin der Bräutigam, sondern: Ich bin des Bräutigams Freund und freue mich, daß ich seine Stimme hören soll (Joh.3,29). Denn der die Braut hat (sagt er), der ist Bräutigam, dessen Stimme soll man mit Freuden hören und sich dann für einen Diener halten.

Doch wie fein halten sie selbst auch eben diese grobe Eselei und Narrheit! Ein Bischof hat wohl drei Bistümer – dennoch muß er Mann einer Frau heißen. Und wenn er schon nur ein Bistum hat, so hat er dennoch etwa hundert, zweihundert, fünfhundert und mehr Pfarreien und Kirchen – dennoch ist er einer Kirche Bräutigam. Der Papst will aller Kirchen, der großen und der kleinen, Bräutigam sein. Dennoch heißt er der Mann einer Kirche. Diese also sind keine Bigamisten, die so viele Bräute zugleich auf einmal haben! Doch wer eine Jungfrau zur Frau nimmt, die verlobt war, der ist Bigamist. Solch grobe, ungeheure Torheit verhängt Gott über uns, wenn wir sein Wort verachten und besser machen wollen, als er es uns befohlen hat.

Sie haben ein Acutius[17] in ihrem Dekret, in dem St.Augustinus St.Hieronymus widerspricht: Derjenige, der vor der Taufe eine Frau gehabt hat und nach der Taufe auch eine, der sei ein Bigamist. Liebe Esel, folgt auch daraus, daß St.Augustinus, obgleich er diesen für einen Mann mit zwei Frauen hält (was die Schrift nicht tut), ihn damit verdammt haben will, so daß er Gott nicht dienen darf, wie ihr tut? Und wenn es daraus folgt – habt ihr nicht dagegen in dist.9 ein starkes Noli meis[18]? Wie, daß ihr das Acutius so fest haltet (das doch wider die Schrift ist) und das Noli meis samt anderen Kapiteln so übergeht? Ja, das ist die Meinung, ihr wollt Herren der Kirche sein; was ihr sagt, soll recht sein. Die Ehe soll recht sein und ein Sakrament, wenn ihr es wollt; umgekehrt soll die Ehe Unreinigkeit sein, das ist ein beschissenes Sakrament, die Gott nicht dienen darf, wenn ihr es wollt. Die Ehe soll Kinder bringen, doch soll die Frau Jungfrau bleiben, oder sie ist kein Sakrament Christi und der Kirche, wenn ihr es wollt. Die Männer mit zwei Frauen sind ohne Schuld und führen eine rechte Ehe und ein Sakrament, wenn ihr es wollt; umgekehrt sind sie vom Gottesdienst ausgeschlossen, weil sie kein Sakrament Christi und der Kirche haben, wenn ihr es wollt. Sieh, wie läßt euch der Teufel taumeln und torkeln, der euch solch ungereimtes Zeug lehrt!

Wie käme ich dazu, daß ich St. Augustinus' Ausspruch für einen Artikel des Glaubens halten sollte, wenn er selbst seine Aussprüche nicht für Artikel des Glaubens gehalten haben und auch seiner Vorgänger Aussprüche nicht als Artikel des Glaubens dulden will? Haben die lieben Väter es so gehalten und gelehrt, daß Bigamist einen solchen bezeichne (wie oben gesagt), was geht uns das an? Wir müssen's darum nicht so halten oder lehren. Wir dürfen unsere Seligkeit nicht auf Menschenwort oder -werk, wie unser Haus nicht auf Heu und Stroh, setzen. Aber die Lehrer des Kirchenrechts sind grobe Esel und Narren mit ihrem Götzen in Rom, daß sie aus den Worten und Taten der lieben Väter lauter Artikel des Glaubens machen, gegen ihren Willen und ohne ihren Dank. Man sollte aus der Schrift beweisen, daß solche Männer Männer mit zwei oder drei Frauen heißen. Dann wäre es recht, daß sie nicht Diener der Kirche sein dürften, nach der Lehre des St. Paulus: »Ein Bischof soll Mann einer Frau sein.« (1. Tim. 3,2) Aber es ist den Vätern oft so gegangen, daß sie einen alten Lappen an ein neues Tuch geflickt haben (Matth. 9,16), wie es hier offenbar der Fall ist. Das neue Tuch ist, daß kein Bigamist Diener der Kirche sein soll;

daß aber dieser oder jener ein Bigamist sei, das ist ein alter Lumpen ihres Wahns, weil es die Schrift nicht sagt. In der Schrift heißt vielmehr der Bigamist, der zwei lebende Frauen zugleich hat. Und St.Paulus, so meint man, habe eine Frau gehabt, Phil.4,3, und diese sei ihm gestorben. Demnach müßte auch er ein Bigamist sein und das Apostelamt aufgeben; denn 1.Kor.7,8 rechnet er sich unter die Witwer und will doch 1.Kor.9,5 wie Barnabas die Erlaubnis haben, eine andere Frau mit sich zu führen.[19] Wer will uns darin gewiß machen, daß die armen Fischer Petrus, Andreas, Jakobus Jungfrauen und nicht Witwen oder nicht zwei Frauen hintereinander gehabt haben?

Die Eselsköpfe meinen nicht die Keuschheit, wie die Väter, sondern sie wollten gern die armen Seelen irre machen und in Gefahr führen, nur daß ihr garstiges, stinkendes Buch[20] recht behielte und ihr Wissen nicht irren könnte noch je geirrt hätte. Im übrigen sehen sie ja gut, was für Keuschheit gehalten wird. Können sie doch bei anderen Meinungen (und was ist ihr Bestes und Häufigstes anders als Meinungen) fein sagen: Jenes ist nicht zu halten. Dies halte. Warum können sie es hier nicht auch tun? Wo sie doch sonst nicht nur einen, sondern alle Väter zugleich auf einen Haufen bei zur Entscheidung anstehenden Rechtsfällen verwerfen, wie ihr Abgott geifert und brüllt. Aber sie wollen die Kirche gerne regieren, nicht mit gewisser Weisheit, sondern mit willkürlichen Meinungen, und damit die Seelen aller Welt irre und ungewiß machen, wie sie es zuvor getan haben. Aber wie sie die Väter und Theologen aus ihren Rechtssätzen verwerfen, so verwerfen wir sie umgekehrt aus der Kirche und aus der Schrift. Sie sollen uns nicht die Schrift lehren noch in der Kirche regieren. Es gebührt ihnen nicht, sie können's auch nicht, sondern sollen ihre Rechtssätze und Prozesse über Pfründen betreiben; darin besteht ihre Heiligkeit. Sie haben uns arme Theologen samt den Vätern in ihren Büchern verworfen. Das danken wir ihnen gar freundlich. Nun wollen sie uns auch aus der Kirche und der Schrift werfen, aber sie passen selber nicht hinein. Das ist zuviel und zerreißt den Sack. Auch wollen wir's nicht länger ertragen.

Ich meine vielmehr, nach ihrer Weisheit dürfte kein Mann eine Jungfrau nehmen, oder er könnte nach ihrem Tod nicht Priester bei ihnen werden. Denn wer kann ihm Bürge sein oder für ihn einstehen, daß er gewiß eine Jungfrau kriegt? Der Weg geht an der Tür vorbei (wie man sagt). Wenn er sie nun nicht als Jungfrau findet, wie er es wagen muß, so ist er ein stinkender Mann mit zwei Frauen ohne seine Schuld. Will er nun gewiß sein, daß er Priester werden könne, so darf er auch keine Jungfrau nehmen; denn wer will ihn dessen gewiß machen? Doch Jungfrauen, Witwen, Ehefrauen schänden, viele Huren haben, allerlei heimliche Sünden treiben, das darf er wohl tun! So ist er dann des Priesterstandes wert. Aber das ist die summa davon: Papst, Teufel und seine Kirche sind dem Ehestand feind, wie Daniel sagt (Dan. 11,37[21]). Darum will er diesen so schänden, daß er nicht das Priesteramt ausüben kann; das heißt soviel wie: Der Ehestand ist Hurenwerk, Sünde, unrein, von Gott verworfen. Und ob sie auch daneben sagen, er sei heilig und ein Sakrament, so lügen sie das aus falschem Herzen. Denn wenn sie ihn heilig und mit Ernst für ein Sakrament hielten, würden sie den Priestern nicht die Ehe verbieten. Weil sie ihn aber verbieten, müssen sie ihn für unrein und für Sünde halten, wie sie es auch deutlich sagen: »Reinigt euch, die ihr des Herrn Gefäße tragt« (Jes. 52,11); oder sie müssen (wenn etliche so fromm sind) grobe Nestorianer und Eutychianer sein, die eine Voraussetzung machen und die Folge aus ihr leugnen. So sei diesmal der Eselpapst und der Papstesel[22] mit seinen Eselsjuristen empfangen. Wir wollen wieder zu den Unseren kommen.

So kehre dich (wie gesagt) nicht an die Papisten, wer und wie der sei, der das Kirchenamt führt. Denn die Esel verstehen das Wort des St.Paulus nicht, wissen auch nicht, was die Grammatik des St.Paulus ein Sakrament nennt. Sakrament, sagt er, ist Christus und seine Kirche, das heißt, Christus und die Kirche ist ein Leib wie Mann und Frau. Aber es ist ein großes Geheimnis und muß mit dem Glauben begriffen werden. Es läßt sich nicht sehen oder mit Händen greifen, darum ist's ein Sakrament, das heißt ein geheimes Ding, ein Mysterium, unsichtbar, verborgen. Weil aber nicht nur jungfräuliche Eheleute, sondern auch Eheleute, von denen einer Witwe oder Witwer ist, ein Leib sind, so ist jede Ehe ein Abbild und Zeichen dieses großen Sakraments oder Geheimnisses in Christus und der Kirche. St.Paulus redet weder von Jungfrauen noch von Witwen, er redet von der Ehe, in der Mann und Frau ein Leib sind. Wo du nun solche Ämter und Amtleute siehst, da wisse, daß dort gewiß das heilige, christliche Volk sein muß. Denn die Kirche kann ohne solche Bischöfe, Pfarrer, Prediger, Priester nicht sein, und umgekehrt diese auch nicht ohne die Kirche. Sie müssen beieinander sein.

Zum sechsten erkennt man nach außen das heilige, christliche Volk am Gebet, daran, daß man Gott öffentlich lobt und dankt. Denn wo du siehst und hörst, daß man das Vaterunser betet und beten lehrt, auch Psalmen und geistliche Lieder singt, nach dem Wort Gottes und dem rechten Glauben, ebenso das Glaubensbekenntnis, die zehn Gebote und den Katechismus öffentlich einprägt, da wisse gewiß, daß dort ein heiliges, christliches Volk Gottes ist. Denn das Gebet ist auch eines der kostbaren Heilmittel, durch das alles heilig wird, wie St.Paulus sagt. So sind die Psalmen auch lauter Gebet, in denen man Gott lobt, dankt und ehrt, und das Glaubensbekenntnis und die zehn Gebote, auch Gottes Wort und alles sind lauter Heilmittel, durch die der heilige Geist das heilige Volk Christi heiligt. Aber wir reden vom Gebet und Singen, das verständlich ist, aus dem man lernen und sich bessern kann. Denn das Plärren der Mönche, Nonnen, Pfaffen ist kein Gebet, auch kein Gotteslob. Denn sie verstehen's nicht und lernen nichts draus; tun's so dahin wie eine Eselsarbeit um des Bauches willen, und es wird gar keine Besserung oder Heiligung oder Gottes Wille darin gesucht.

Zum siebenten erkennt man nach außen das heilige, christliche Volk an dem Heilmittel des heiligen Kreuzes: daß es alles Unglück und Verfolgung, allerlei Anfechtung und Übel (wie das Vaterunser betet) vom Teufel, von der Welt und vom Fleisch, inwendiges Trauern, Verzagtheit, Erschrecken, äußerliche Armut, Verachtung, Krankheit, Schwachheit leiden muß, damit es seinem Haupt Christus gleich werde. Die Ursache dafür muß allein die sein, daß es fest an Christus und Gottes Wort hält und so um Christi willen leidet, Matth. 5,11: »Selig sind die, die um meinetwillen Verfolgung leiden.« Sie müssen fromm, still, gehorsam sein, bereit, mit Leib und Gut der Obrigkeit und jedermann zu dienen, niemandem ein Leid zu tun. Aber kein Volk auf Erden muß solch bitteren Haß leiden. Sie müssen ärger als Juden, Heiden und Türken gelten. Summa: Sie müssen Ketzer, Buben, Teufel, verflucht und die schädlichsten Leute auf Erden heißen, so daß die sogar einen Gottesdienst tun, von denen sie erhängt, ertränkt, ermordet, gemartert, verjagt, geplagt werden, und sich niemand über sie erbarme, sondern sie noch dazu mit Myrrhe und Essig tränke, wenn es sie dürstet – und doch nicht darum, weil sie Ehebrecher, Mörder, Diebe oder Verbrecher sind, sondern weil sie Christus allein und keinen anderen Gott haben wollen. Wo du nun das siehst oder hörst, da wisse, daß dort die heilige, christliche Kirche sei, wie Christus spricht Matth. 5,11 f.: »Selig seid ihr, wenn euch die Leute fluchen« und euren Namen verwerfen als ein schädliches, böses Ding, und das »um meinetwillen. Seid fröhlich und freut euch, denn euer Lohn im Himmel ist groß.« Denn mit diesem Heilmittel des Kreuzes macht der heilige Geist dies Volk nicht allein heilig, sondern auch selig.

Und kehre dich unterdessen nicht an das Heilmittel der Papisten von toten Heiligen, vom Holz des heiligen Kreuzes. Denn es sind ebensooft Knochen vom Schindanger wie heilige Gebeine und ebensooft Holz vom Galgen wie vom heiligen Kreuz. Und es ist lauter Betrug dabei, mit dem der Papst die Leute um Geld narrt und von Christus wegführt. Und wenn es schon ein rechtes Heilmittel wäre, so macht es doch niemanden heilig. Doch wenn man dich um Christi willen verdammt, verflucht, schilt, lästert und plagt – das macht dich heilig. Denn das tötet den alten Adam, daß er muß Geduld, Demut, Sanftmut, Lob und Dank lernen und im Leiden fröhlich sein. Das heißt dann: durch den heiligen Geist geheiligt und erneuert zum neuen Leben in Christus. Und so lernt sich's Gott glauben, ihm trauen, auf ihn hoffen, ihn lieben, wie es Röm. 5,4 heißt: »Trübsal bringt Hoffnung« usw.

Dies sind nun die rechten sieben Hauptstücke des hohen Heilmittels, durch das der heilige Geist in uns eine tägliche Heiligung und Verlebendigung in Christus wirkt, und das geschieht nach der ersten Tafel des Mose. Die erfüllen wir hierdurch, wiewohl nicht so reichlich, wie Christus es getan hat. Wir streben dem aber immer nach unter seiner Erlösung oder der Vergebung der Sünden, bis auch wir einmal ganz heilig werden und keiner Vergebung mehr bedürfen. Denn darauf ist alles gerichtet. Ich möchte sie auch gern die sieben Sakramente nennen. Aber weil dies Wort Sakrament in Mißbrauch gekommen ist durch die Papisten und in der Schrift anders gebraucht wird, laß ich sieben Hauptstücke christlicher Heiligung oder sieben Heilmittel bleiben.

Über diese sieben Hauptstücke hinaus gibt es nun noch mehr äußere Zeichen, an denen man die heilige, christliche Kirche erkennt, nämlich wenn uns der heilige Geist auch nach der anderen Tafel des Mose heiligt: wenn er uns hilft, daß wir Vater und Mutter herzlich ehren und sie wiederum Kinder christlich erziehen und ehrlich leben; wenn wir unseren Fürsten und Herren treu und gehorsam dienen und untertan sind und diese umgekehrt ihre Untertanen liebhaben, schützen und schirmen; ebenso wenn wir niemandem gram sind, keinen Zorn, Haß, Neid oder Rachgier gegen unseren Nächsten hegen, sondern gern vergeben, gern ausleihen, helfen und raten; wenn wir nicht unzüchtig und Säufer, nicht stolz, hochmütig, hochfahrend, sondern keusch, züchtig, nüchtern, freundlich, gelinde, sanft und demütig sind; nicht stehlen, rauben, Wucher treiben, geizig sind, überteuern, sondern milde, gütig, genügsam und bereit zum Teilen; nicht falsch, verlogen, meineidig, sondern wahrhaftig, standhaft und was mehr von diesen Geboten gelehrt wird, wie das alles St.Paulus wiederholt reichlich lehrt (Röm.13,1 ff.; Gal.5,19 ff.). Denn deshalb müssen wir auch die zehn Gebote haben, nicht allein darum, damit er uns auf die Weise des Gesetzes sage, was wir zu tun schuldig sind, sondern auch, damit wir dabei sehen, wieweit uns der heilige Geist mit seinem Heiligen gebracht hat und an wie vielem es noch fehlt – damit wir nicht sicher werden und denken, wir haben's nun alles getan –, und so immer weiter wachsen in der Heiligung und stets mehr und mehr eine neue Schöpfung werden in Christus; es heißt: »Wachset« (2.Petr.3,18), und: »Nehmt darin immer mehr zu.« (1.Thess.4,1.10)

Obwohl dies Zeichen als nicht so sicher angesehen werden kann wie die oben genannten, weil sich auch etliche Heiden in solchen Werken geübt haben und wohl zuweilen heiliger erscheinen als die Christen, so geht doch deren Tun und Treiben nicht so rein und einfältig aus dem Herzen um Gottes willen, vielmehr suchen sie etwas anderes dabei, weil sie weder rechten Glauben noch Erkenntnis Gottes haben. Hier aber ist der heilige Geist, der das Herz heiligt und solche Frucht aus gutem, feinem Herzen bringt, wie Christus im Gleichnis Matth. 13,23 sagt. Und weil trotzdem die erste Tafel höher steht und ein größeres Heilmittel dasein muß, habe ich's bei der zweiten Tafel alles zusammenfassen wollen. Sonst hätte ich sie auch gut in sieben Heilmittel oder Hauptstücke einteilen können nach den sieben Geboten.

Da haben wir es nun gewiß, was, wo und wer sie sei, die heilige, christliche Kirche, das ist das heilige, christliche Volk Gottes, und es kann uns nicht trügen; dessen sind wir ganz sicher. Alles andere außer diesen Stücken kann trügen und trügt gewiß, wie wir zum Teil noch hören werden. Aus solchem Volk sollte man Leute zum Konzil nehmen – das könnte ein Konzil sein, das vom heiligen Geist regiert würde. So schreibt auch Lyra, daß die Kirche nicht zu beurteilen sei nach den hohen und geistlichen Ständen, sondern nach den Leuten, die recht glauben. Es wundert mich, daß er nicht um solchen Wortes willen verbrannt worden ist, wenn er Päpste, Kardinäle, Bischöfe, Prälaten nicht die Kirche sein lassen will, woraus gar greuliche Ketzereien folgen, die der heiligen, römischen Kirche unleidlich sind und viel zu nahe treten. Davon an anderer Stelle.

Als nun der Teufel sah, daß Gott eine solche heilige Kirche baut, feierte er nicht und baute seine Kapelle daneben, größer, als Gottes Kirche ist, und tat dies so: Er sah, daß Gott äußere Dinge nahm, wie Taufe, Wort, Altarsakrament, Schlüssel usw., durch die er seine Kirche heiligte. Wie denn der Teufel allezeit Gottes Affe ist und alle Dinge Gott nachtun und etwas Besseres machen will, versuchte er es auch mit äußerlichen Dingen. Diese sollten auch heiligen, so wie er es tut bei den Wettermachern, Zauberern, Teufelbannern usw. Dort läßt er auch wohl das Vaterunser beten und über ihrem Tun das Evangelium lesen, damit es ein großes Heilmittel sei. Ebenso hat er durch die Päpste und Papisten weihen oder heiligen lassen Wasser, Salz, Kräuter, Kerzen, Glocken, Bilder, Agnus Dei[23], Pallien[24], Altar, Kaseln[25], Tonsuren, Finger, Hände – wer will's alles aufzählen? Zuletzt hat er die Mönchskappen so heiligen lassen, daß viele Leute darin gestorben und begraben sind, als wollten sie dadurch selig werden. Nun wäre das sicherlich fein, wenn man Gottes Wort, Segen oder Gebet über die Kreatur spräche, wie die Kinder bei Tisch tun, und über sich selbst, wenn sie schlafen gehen und aufstehen, wovon St.Paulus sagt: »Alle Kreatur ist gut und geheiligt durchs Wort und Gebet.« (1.Tim.4,5) Denn daraus kriegt die Kreatur keine neue Kraft, sondern wird bestätigt in ihrer bisherigen Kraft.

Aber der Teufel sucht etwas anderes. Er will statt dessen, daß durch sein Affenspiel die Kreatur eine neue Kraft und Macht kriegt. Wie das Wasser durch Gottes Wort eine Taufe wird – ein Bad wird zum ewigen Leben, die Sünde abwäscht und selig macht, was nicht in des Wassers Natur oder Macht –, Brot und Wein Leib und Blut Christi wird; wie durch Auflegen der Hände Sünden vergeben werden nach Gottes Einsetzung: ebenso will auch der Teufel, daß sein Gaukelwerk und Affenspiel Kraft habe und über die Natur etwas ausrichte. Weihwasser soll Sünde tilgen, Teufel austreiben, den Poltergeistern wehren, soll die Frau im Kindbett schützen, wie uns der Papst lehrt im Kanon »Aquam sale«. Dies soll geweihtes Salz auch tun. Das Agnus Dei, vom Papst geweiht, soll mehr tun, als Gott selbst zu tun vermag, wie das in Versen beschrieben ist, die ich einmal glossiert herausgeben sollte[26]. Glocken sollen die Teufel im Wetter verjagen, Antoniusmesser den Teufel stechen, gesegnete Kräuter die giftigen Würmer wegtreiben. Etliche Segen heilen die Kühe, wehren den Milchdieben, löschen Feuer. Etliche Schutzbriefe machen sicher im Krieg und auch sonst gegen Eisen, Feuer, Wasser, Tiere usw. Möncherei, Messe und desgleichen sollen mehr als die allgemeine Seligkeit geben. Und wer kann's alles aufzählen? Ist doch keine Not so gering gewesen, der Teufel hat ein Sakrament oder Heilmittel darauf gestiftet, durch das man Rat und Hilfe finde. Dazu hat er auch Propheten, Wahrsager und weise Männer gehabt, die geheime Dinge haben offenbaren und gestohlenes Gut wiederbringen können.

O, er ist weit, weit über Gott, mit Sakramenten, Propheten, Aposteln, Evangelisten gerüstet, und seine Kapellen sind weit größer als Gottes Kirche. Er hat auch ein weit größeres Volk in seiner Heiligkeit als Gott. Man glaubt ihm auch leichter und lieber in seinen Verheißungen, in seinen Sakramenten, in seinen Propheten als Christus. Er ist der große Gott in der Welt, wie ihn Christus nennt: »Fürst der Welt« (Joh.12,31; 14,30; 16,11), und Paulus: »Gott dieser Welt« (2.Kor.4,4). Mit solchem Affenspiel zieht er die Leute vom Glauben an Christus und macht das Wort und die Sakramente Christi verächtlich, dazu ganz unkenntlich – weil man alles besser erweisen kann, als Sünde tilgen, aus Nöten helfen, selig werden –: durch des Teufels Sakrament, nicht durch Christi Sakrament. Denn der will durch seinen heiligen Geist die Leute heilig und fromm machen an Leib und Seele und nicht im Unglauben und in Sünden bleiben lassen. Das ist denen zu schwer, die nicht gern fromm sind oder von der Sünde lassen wollen; die können dies Werk des heiligen Geistes leicht entbehren, nachdem sie gelernt haben, wie sie ohne das Werk des heiligen Geistes viel leichter – nämlich durch Weihwasser, durch das Agnus Dei, durch Bullen und Briefe, durch Messen und Mönchskappen – selig werden können. Darum ist es für sie nicht nötig, etwas anderes zu suchen oder zu beachten.

Nicht allein das, sondern der Teufel hat sich damit so gerüstet, daß er dadurch das Wort und Sakrament Gottes ganz aufheben wollte, und so gedacht: Wird jemand auftreten, der meine Kirche, Sakramente und Bischöfe angreifen wird, als sollten äußere Dinge nicht selig machen, dann sollen Gottes Wort und Sakramente auch mit zugrunde gehen. Denn es sind auch äußere Zeichen, und seine Bischöfe und Kirche sind auch leibliche Menschen. Soll meines nicht gelten, so darf seines noch viel weniger gelten, vor allem, weil meine Kirche, Bischöfe und Sakramente flugs wirken und helfen in diesem Leben und gegenwärtig, so daß man's sehen und greifen kann. Denn ich bin dabei und helfe alsbald, wie man es begehrt. Aber Christi Sakramente wirken auf das künftige und unsichtbare Wesen, sie wirken im Geist, daß man seine Kirche und Bischöfe kaum von ferne ein wenig riechen kann, und der heilige Geist stellt sich so, als sei er nicht da, läßt zu, daß sie alles Unglück leiden und von meiner Kirche für Ketzer gehalten werden müssen. Indessen ist meine Kirche nicht allein so nahe, daß man sie greifen kann, sondern meine Werke folgen auch alsbald, so daß jedermann denkt, sie sei die rechte Gotteskirche. Solche Überlegenheit hab ich und kann ich ausspielen.

So ist es auch gegangen. Als wir durch das Evangelium anfingen zu lehren, daß solch äußeres Ding nicht selig machen könne, weil es einfache, leibliche Kreaturen seien und der Teufel sie oft zur Zauberei gebrauche, da verfielen die Leute, auch bedeutende und gelehrte Leute, darauf, daß die Taufe als ein äußerliches Wasser, das Wort als eine äußerliche menschliche Rede, die Schrift als ein äußerlicher Buchstabe, von Tinte geschrieben, das Brot und Wein als vom Bäcker gebacken schlechterdings nichts sein sollten, denn es seien äußerliche, vergängliche Dinge. So gerieten sie auf das Geschrei: Geist, Geist, der Geist muß es tun, der Buchstabe tötet. (2.Kor.3,6) So nannte Müntzer uns Wittenberger Theologen die Schriftgelehrten und sich den Geistgelehrten. Und nach ihm viele andere mehr. Daran siehst du, wie sich der Teufel so gerüstet und verbarrikadiert hatte: Wenn man seine äußerliche Lehre und Sakramente (die doch bald und sichtbar, eindrücklich und flugs helfen) angriffe, so müßten die äußeren Sakramente und Worte Christi (welche langsam mit der Hilfe oder doch unsichtbar und schwach daherkommen) noch viel mehr mit zugrunde gehen.

Darum hat nun die Kirche, das heilige, christliche Volk, nicht einfach äußerliche Worte, Sakramente oder Ämter, wie der Gottesaffe Satan sie auch und noch viel mehr hat, sondern sie hat diese von Gott geboten, gestiftet und geordnet, so daß er selbst (kein Engel) dadurch mit dem heiligen Geist wirken will, und es soll nicht der Engel, der Menschen, der Kreatur, sondern Gottes eigenes Wort, Taufe, Altarsakrament oder Vergebung, Amt heißen. Nur daß er's, uns armen, schwachen, furchtsamen Menschen zu Trost und zugute, nicht durch seine bloße, erscheinende, helle Majestät tun will. Denn wer könnte die in solch sündlichem, armem Fleisch auch nur einen Augenblick ertragen? Wie Mose sagt: »Kein Mensch wird leben, der mich sieht.« (2.Mose 33,20) So konnten die Juden nicht einmal den Schuh seiner Füße auf dem Berge Sinai ertragen, und das war im Wetter und in Wolken: Wie sollten sie mit solch schwachen Augen die Sonne seiner göttlichen Majestät und sein klares Angesicht ausgehalten haben! Vielmehr will Gott handeln durch erträgliche, freundliche, liebliche Mittel, die von uns selbst nicht besser könnten gewählt werden, wie: daß ein frommer, gütiger Mensch mit uns redet, predigt, die Hände auflegt, Sünde vergibt, tauft, Brot und Wein zu essen und zu trinken gibt. Wer kann sich vor solch lieblichen Formen entsetzen und nicht vielmehr sich von Herzen freuen?

Wohlan, das geschieht uns schwachen Menschen zugute, damit wir sehen, wie Gott mit uns als mit lieben Kindern umgeht und nicht (wiewohl er das Recht hätte), majestätisch mit uns handeln will, und doch darunter seine majestätischen, göttlichen Werke, seine Macht und Gewalt ausübt, wie Sünde vergeben, Sünde ausfegen,

Tod wegnehmen, Gnade und ewiges Leben schenken. Dies Stück fehlt in den Sakramenten und der Kirche des Teufels. Da kann niemand sagen: Gott hat's geboten, befohlen, eingesetzt, gestiftet, er will selber da sein und selber alles tun. Vielmehr muß man sagen: Gott hat's nicht geboten, sondern verboten; Menschen haben's erdichtet, oder vielmehr der Gottesaffe hat's erdichtet und die Leute damit verführt. Denn er wirkt nichts als das, was zeitlich ist, und wo es geistlich sein soll, ist es lauter Betrug. Denn er kann damit nicht für ewig Sünde vergeben und selig machen, wie er lügt durch das Weihwasser, durch Messen und Möncherei, auch wenn er eine Kuh wieder ihre Milch kriegen lassen kann, die er selbst zuvor durch seine Prophetin und Pfäffin gestohlen hat, die man bei den Christen Teufelshure nennt und (wenn man sie bekommt) mit Feuer verbrennt (wie es auch recht ist)[27] – nicht um des Milchdiebstahls, sondern um der Lästerung willen, daß sie gegen Christus den Teufel mit seinen Sakramenten und seiner Kirche stärkt.

Summa: Wenn Gott dich hieße, einen Strohhalm aufzuheben oder eine Feder auszureißen mit solchem Gebot, Befehl und Verheißung, daß du dadurch solltest aller Sünde Vergebung, seine Gnade und ewiges Leben haben, – solltest du das nicht mit allen Freuden und aller Dankbarkeit annehmen, Gott lieben, loben und darum den Strohhalm und die Feder für ein höheres Heilmittel halten und dir lieber sein lassen, als Himmel und Erde ist? Denn wie gering der Strohhalm oder die Feder ist, dennoch kriegst du dadurch solches Gut, das dir weder Himmel noch Erde, ja, kein Engel geben kann. Warum sind wir denn so schändliche Leute, daß wir das Wasser der Taufe, Brot und Wein, das heißt Christi Leib und Blut, das mündliche Wort eines Menschen, die Handauflegung zur Vergebung nicht auch für ein so hohes Heilmittel halten, wie wir es den Strohhalm oder die Feder halten würden, wo doch in denselben, wie wir hören und wissen, Gott selbst wirken will! Es soll sein Wasser, Wort, Hand, Brot und Wein sein, womit er dich heiligen und seligen will in Christus, der uns das erworben und den heiligen Geist vom Vater zu diesem Werk gegeben hat.

Umgekehrt: Wenn du gleich in voller Rüstung nach St. Jacob[28] gingest oder ließest dich von Kartäusern, Barfüßern, Dominikanern durch strenges Leben ermorden, damit du selig werden mögest, und Gott hätte dies nicht befohlen und gestiftet, was hülfe dir's? Er weiß doch nichts davon, sondern der Teufel und du haben's erdacht als besondere Sakramente oder Priesterstände. Und wenn du gleich Himmel und Erde tragen könntest, damit du selig würdest – dennoch ist's alles verloren, und der, der den Strohhalm (wenn es geboten wäre) aufhöbe, der täte mehr als du, selbst wenn du zehn Welten tragen könntest. Warum das? Gott will, man solle seinem Wort gehorchen, man solle seine Sakramente gebrauchen, man solle seine Kirche ehren, so will er es gnädig und sanft genug machen, und gnädiger, auch sanfter, als wir es uns wünschen könnten. Denn es heißt: »Ich bin dein Gott, du sollst keine anderen Götter haben« (2. Mose 20,2 f.); es heißt auch: »Diesen sollt ihr hören und keinen anderen.« (Matth. 17,5)

Das sei genug geredet von der Kirche; mehr kann man nicht von ihr reden, außer daß man jedes Stück noch weiter ausführen kann. Alles andere muß einen anderen Zweck haben. Davon wollen wir auch noch reden.

Über diese äußeren Zeichen und Heilmittel hinaus hat die Kirche andere, mehr äußerliche Weisen, durch die sie nicht geheiligt wird, weder an Leib noch an Seele, auch sind diese von Gott nicht eingesetzt oder geboten. Vielmehr, wie auch oben viel davon gesagt ist, ist es nach außen hin nötig oder nützlich, steht wohl und fein an: daß man zur Predigt oder zum Gebet etliche Feiertage einhält, etliche Stunden, wie vormittags oder nachmittags, daß man Kirchen oder Häuser baue, daß man Altar, Kanzel,

Taufstein, Leuchter, Kerzen, Glocken, Priestergewänder und dergleichen gebrauche. All diese Stücke wirken und tun nichts anderes, als in ihrer Natur liegt, so wie Essen und Trinken nicht mehr bewirken um der Kinder Benedicite oder Gratias willen. Denn die Gottlosen oder rohen Leute, die kein Benedicite oder Gratias beten, das heißt Gott weder bitten noch ihm danken, werden ebenso dick und stark vom Essen und Trinken wie die Christen. Die Christen können freilich ohne diese Stücke geheiligt werden und bleiben, und wenn man auf der Straße ohne Haus, ohne Kanzel Sünde vergibt, ohne Altar das Sakrament reicht, ohne Taufstein tauft, wie es täglich geschieht, daß man daheim predigt, tauft, Sakramente reicht aus besonderen Ursachen. Aber um der Kinder und des einfachen Volkes willen ist es fein und gibt es eine feine Ordnung, daß sie eine gewisse Zeit, Stätte und Stunde haben, nach der sie sich richten und zusammenkommen können, wie St.Paulus 1.Kor.14,40 sagt: »Laßt alles fein ordentlich unter euch zugehen.« Und solche Ordnung soll niemand (wie es auch kein Christ tut) ohne Ursache, aus lauter Stolz, allein eine Unordnung dagegen anzurichten, verachten; sondern man soll dem Haufen zugute solche Ordnung mithalten oder wenigstens nicht beirren und hindern. Denn das wäre wider die Liebe und Freundlichkeit getan.

Gleichwohl sollen diese Dinge frei bleiben, als könnten wir nicht aus Not oder praktischen Erwägungen heraus um sechs oder sieben, um zwölf oder eins, am Sonntag oder Montag, im Chor oder zu St.Peter predigen. So predige man auch zu anderen Stunden, Tagen und Orten, nur daß man den Haufen nicht irre mache, sondern mitnehme in dieser Änderung. Denn diese Stücke sind ganz und gar äußerlich und der Herrschaft der Vernunft (wie es Zeit, Ort und Person fordern) voll und ganz unterworfen. Gott, Christus und der heilige Geist fragen nichts danach, ebenso wenig wie danach, was und wo wir essen, trinken, uns kleiden, wohnen, heiraten, gehen und stehen wollen; nur daß (wie gesagt) niemand ohne Ursache etwas Eigenes vornehmen und den Haufen irre machen oder behindern soll. So wie niemand zur Hochzeit oder auf anderen Gesellschaften der Braut oder dem Haufen zum Verdruß etwas Besonderes oder Hinderliches vornehmen soll, sondern sich wie der Haufen halten, sitzen, gehen, stehen, tanzen, essen und trinken soll. Denn man kann nicht jedem einen eigenen Tisch, Küche, Keller, Diener bestellen; fehlt ihm etwas, so stehe er auf vom Tisch und lasse die anderen in Frieden sitzen und bleiben. So soll es hier auch alles friedlich, ordentlich zugehen und doch frei stehen, wo es Zeit, Person oder andere Ursachen zu ändern fordern. Dann folgt auch der Haufen einträchtig mit, weil es (wie gesagt) keinen Christen heiliger oder unheiliger macht.

Doch hat der Papst hiervon die Welt voller Bücher gekleckst und lauter Stricke, Gesetze, Rechtssatzungen, Artikel des Glaubens, Sünde und Heiligkeit daraus angerichtet, so daß es wohl wert wäre, sein Dekret noch einmal mit Feuer zu verbrennen.[29] Denn man kann dies Buch wohl entbehren, das großen Schaden getan hat. Es hat die heilige Schrift unter die Bank gestoßen und die christliche Lehre schwer unterdrückt, auch die Juristen mit ihrem kaiserlichen Recht unter sich gebracht, und so beide, Kirche und Kaiser, mit Füßen getreten. Dafür hat es uns gegeben die groben Eselsköpfe, die Kanonisten, die Irrlichter, die damit die Kirche regiert und, was noch beklagenswerter ist, das Beste haben drin liegen lassen und das Ärgste herausgenommen und der Kirche mit Gewalt aufgenötigt. Denn was an Gutem darin ist, könnte man viel besser und reichlicher in der heiligen Schrift, ja, auch bei Augustinus haben, soweit es darum geht, die Christenheit zu lehren; dann auch in der Juristen Bücher, soweit es das weltliche Regiment betrifft. Denn die Juristen haben selbst einmal vorgehabt, dies Buch aus der Juristerei hinauszuwerfen und den Theologen zu überlassen, aber besser wäre es ins Feuer geworfen und zu Asche gemacht. Freilich steht auch einiges Gute darin, denn wie könnte lauter Böses bestehen, unter dem nichts Gutes wäre. Aber des Bösen ist zu viel, so daß es dem Guten den Platz nimmt, und (wie gesagt) das Gute ist reichlicher in der Schrift und auch in den Vätern und bei den Juristen zu finden. Man sollte es also in der Bibliothek behalten zum Zeugnis, damit man sehe, wie die Päpste und etliche Konzilien samt anderen Lehren getäuscht und betrogen haben. Darum behalte ich's auch.

Diese äußerlichen, freien Stücke wollen wir wie ein Taufhemd oder Windeln achten, in die man das Kindlein hüllt zur Taufe. Denn das Kindlein wird nicht getauft oder heilig durch das Taufhemd oder durch Windeln, sondern bloß allein durch die Taufe. Trotzdem gebietet die Vernunft, daß man es so in ein Tüchlein hülle. Wenn das unrein oder zerrissen wird, nimmt man ein anderes. Und so wächst das Kindlein ohne alles Zutun der Windeln oder des Taufhemdes. Doch daß man hier abermals Maß halte und nicht zu viele Taufhemden oder Windeln nehme, damit das Kindlein nicht erstickt werde. Ebenso sollen auch die Zeremonien ein Maß haben, damit sie nicht zuletzt eine Last oder Mühe werden, sondern so leicht bleiben, daß man sie nicht fühlt, gleichwie bei einer Hochzeit niemand eine Last oder Mühe fühlt, wenn er sich wie die anderen verhält und gebärdet. Von dem besonderen Fasten will ich ein anderes Mal schreiben, wenn ich über die Plage der Deutschen, das Fressen und Saufen, schreiben werde. Denn auch das Fasten gehört ganz ins weltliche Regiment.

Über die Schulen habe ich oben und auch an anderer Stelle[30] viel geschrieben, daß man ja fest und fleißig darüber wache. Denn obwohl sie in dem, was die Knaben lernen in Sprachen und Künsten, als ein heidnisches, äußerliches Ding anzusehen sind, sind sie doch hoch vonnöten. Denn wenn man nicht Schüler aufzieht, so werden wir bald keine Pfarrer und Prediger haben, wie wir leicht erfahren. Denn die Schule muß der Kirche Personen geben, die man zu Aposteln, Evangelisten, Propheten, das heißt zu Predigern, Pfarrern, Regierern, machen könne, ungeachtet was man sonst noch für Leute haben muß in der ganzen Welt, die Kanzler, Räte, Schreiber und dergleichen werden sollen, die ebenfalls weltlich regieren helfen. Außerdem, wenn der Schulmeister gottesfürchtig ist und die Knaben Gottes Wort und den Glauben verstehen, singen und einüben lehrt und zu christlicher Zucht anhält, da sind die Schulen, wie oben gesagt[31], lauter junge, ewige Konzilien, die weit mehr Nutzen schaffen als viele andere, große Konzilien. Darum haben die vorigen Kaiser, Könige und Fürsten sehr wohl daran getan, daß sie mit solchem Fleiß so viele Schulen, hohe und niedere, Klöster und Stifte gebaut haben, womit sie der Kirche einen reichen, großen Vorrat von Personen haben schaffen wollen. Aber durch die Nachkommen sind diese schändlich in Mißbrauch verkehrt worden. Ebenso sollen jetzt die Fürsten und Herren auch tun, nämlich die Klostergüter für Schulen verwenden und viele Personen zum Studium ausrüsten. Werden's unsere Nachkommen mißbrauchen, so haben wir zu unserer Zeit das Unsere getan.

Summa: Die Schule muß das Nächste bei der Kirche sein, weil man in ihr junge Prediger und Pfarrer erzieht und sie dann an die Stelle der toten setzt. Danach ist das Bürgerhaus am nächsten an der Schule, weil man aus ihm Schüler kriegen muß. Danach das Rathaus und das Schloß, die die Bürger schützen müssen, damit sie Kinder zeugen für die Schule und die Schulen Kinder zu Pfarrern aufziehen und danach die Pfarrer wiederum Kirchen- und Gotteskinder (es seien Bürger, Fürsten oder Kaiser) machen können. Gott aber muß der Oberste und Nächste sein, der solchen Ring oder Zirkel erhalte wider den

Teufel, und alles tun in allen Ständen, ja, in allen Kreaturen. So sagt Ps.127,1 f., daß es auf Erden allein zwei leibliche Regimente gibt, Stadt und Haus: »Wo der Herr das Haus nicht baut«, ebenso: »Wo der Herr nicht die Stadt behütet«. Das erste ist: das Haushalten, daraus kommen Leute. Das zweite ist: die Stadt regieren, das heißt Land, Leute, Fürsten und Herren (die wir die weltliche Obrigkeit nennen). Dies ist alles gegeben: Kind, Gut, Geld, Tier usw. Das Hauswesen muß bauen. Die Stadt muß das hüten, schützen und verteidigen. Danach kommt das dritte, Gottes eigenes Haus und eigene Stadt, die Kirche, die muß aus dem Hause Personen, aus der Stadt Schutz und Schirm haben.

Das sind drei Hierarchien, von Gott geordnet, und wir bedürfen keiner weiteren, haben auch genug und übergenug zu tun, daß wir in diesen dreien recht leben gegen den Teufel. Denn sieh allein das Haus an, was da zu tun ist, um Eltern und Hausherren gehorsam zu sein, umgekehrt um Kinder und Gesinde göttlich zu ernähren, aufzuziehen, zu regieren und zu versorgen, so daß wir genug zu tun hätten mit dem Hausrecht, wenn sonst nichts mehr zu tun wäre. Danach gibt uns die Stadt, das ist das weltliche Regiment, auch genug zu tun, wenn wir treu und gehorsam sein, umgekehrt unsere Untertanen, Land und Leute richten, schützen und fördern sollen. Der Teufel macht uns genug zu schaffen. Und Gott hat uns damit den Schweiß des Angesichts[32] vielfältig gegeben, Disteln und Dornen die Fülle (1.Mose 3,18), damit wir überaus reichlich an diesen beiden Rechten zu lernen, zu leben, zu tun und zu leiden haben. Danach folgt das dritte Recht und Regiment. Wenn da der heilige Geist regiert, so nennt Christus es eine tröstliche, süße, leichte Last (Matth.11,30); wenn nicht, so ist's nicht allein schwer, sauer und schrecklich, sondern auch unmöglich, wie Paulus sagt Röm.8,3: »die Unmöglichkeit des Gesetzes« und andernorts: »Der Buchstabe tötet.« (2.Kor.3,6)

Was soll uns nun über diese drei hohen göttlichen Regimente, über die drei göttlichen, natürlichen, weltlichen Rechte hinaus das lästerliche Gaukelrecht oder -regiment des Papstes? Es will alles sein und ist doch nichts, sondern verführt und reißt uns von diesen seligen, göttlichen Ständen und Rechten und zieht uns dafür eine Larve oder Mönchskappe an und macht uns dem Teufel zu Narren und Hampelmännern, die müßiggehen und diese drei Hierarchien oder Rechte Gottes nicht mehr kennen. Darum wollen wir es nicht länger leiden, sondern nach der Lehre des St. Petrus, Paulus und Augustinus tun und frei davon sein und den Psalm 2 wider sie kehren: »Laßt uns ihre Bande zerreißen und ihre Seile von uns werfen.« (v.3) Ja, wir wollen mit St. Paulus singen: »Wer anders lehret, wenn's auch ein Engel vom Himmel wäre, der sei verflucht.« (Gal.1,8) Und mit St. Petrus sagen: »Was versucht ihr Gott mit Auflegen solcher Last?« (Apg.15,10) Und wollen so wiederum des Papstes Herren sein und ihn mit Füßen treten, wie Ps.91,13 sagt: »Du wirst auf den Ottern und Basilisken gehen und den Löwen und Drachen mit Füßen treten.« Und das wollen wir tun mit Kraft und Hilfe des Samens der Frau, der der Schlange den Kopf zertreten hat und noch zertritt, auch wenn wir es riskieren müssen, daß er uns wiederum in die Ferse beißt (1.Mose 3,15[33]). Dem gebenedeiten Samen der Frau sei Lob und Ehre samt dem Vater und dem heiligen Geist, dem einzigen, rechten Gott und Herrn in Ewigkeit. Amen.

Gesangbuchvorreden
Lieder · Gebete
1523-1545

Luthers liturgisch-musikalisches Schaffen ist zwar nicht sehr umfangreich – man kann im besten Falle 45 deutsche Stücke zählen –, dafür aber sehr umfassend. Luther begann – soweit unsere Kenntnis reicht – Mitte 1523, im Alter von knapp 40 Jahren und weniger als ein Jahr nach seiner schriftstellerischen Großtat, der Übersetzung des Neuen Testamentes, Verse zu schreiben. Die Erschütterung über den Märtyrertod zweier seiner Anhänger in Brüssel ließ den Born bei ihm aufbrechen. Was dabei entstand, war ein reformatorisches Propagandalied von großer poetischer Kraft (23). Ihm folgte noch im gleichen Jahr ein Lied, das in der Form einer autobiographischen Applikation der Heilsgeschichte den Kern reformatorischer Glaubensüberzeugung den Menschen ins Herz singt – ein Kunstwerk von unübertroffener Kühnheit (18).

Während diese beiden Lieder ihre Entstehung der Kampfsituation jener Zeit verdanken, ist eine zweite Gruppe von Liedern, deren Entstehung teilweise ebenfalls noch ins Jahr 1523 zurückreichen muß, stärker liturgisch verankert: die Liedbearbeitungen von Psalmen. Da ältere Psalmlieder nicht nachzuweisen sind und Luther sich um diese Zeit auch brieflich über die Bereitstellung solcher biblischen Volksgesänge für den Gottesdienst geäußert hat, ist der Schluß zwingend, daß wir Luther als den Erfinder dieser sofort zu großer Bedeutung gelangenden Liedgattung zu betrachten haben. Er hat selbst sieben Psalmlieder geschaffen (24-30), vielleicht als erstes das über Psalm 67 (27), als Muster für die Hand anderer Psalmdichter das über Psalm 130 (30) und als letztes und ganz andersartiges, wohl erst im Jahre 1528, das berühmte zum 46. Psalm (26).

Eine weitere Liedgattung bilden die Übertragungen lateinischer Hymnen: 1523/24 drei (1, 2, 10), 1543 zwei weitere (7, 36). Man nimmt an, daß die 1523 erschienenen Hymnenübertragungen von Thomas Müntzer dazu den Anstoß gegeben haben. Im Gegensatz zu Müntzer gab Luther den Melodien eine weitgehend entkolorierte, für den Gemeindegesang bestimmte Fassung. Auch das freigedichtete trinitarische Bittlied »Erhalt uns, Herr, bei deinem Wort« (35) knüpft melodisch bei einem Hymnus an, ebenso »Verleih uns Frieden gnädiglich«.

Diese letztgenannte Strophe (32) gehört im übrigen zu einer Gruppe von vier lateinischen liturgischen Gesängen, die Luther für den Gemeindegesang bearbeitete: Das Sanctus führte er auf seinen biblischen Ursprung zurück und schuf eine gereimte Fassung von Jesaja 6,1-4 (31). Das Te Deum (33) und die Litanei (in unserer Auswahl nicht enthalten) arbeitete er zu einfachen, gemeindegemäßen Wechselgesängen um, und aus der Antiphon »Da pacem, Domine« machte er jene Liedstrophe.

Auch beim volkssprachlichen geistlichen Lied des Mittelalters knüpfte Luther an: Durch Zufügung weiterer Strophen baute er einstrophige Leisen zu Liedern aus (3, 9?, 12, 16, 22, Melodie 14/15) und überarbeitete und erweiterte andere überlieferte Lieder. Wo diese Bearbeitung stärker eingriff, setzte er seinen Namen darüber (8, 11, 13, 17, 21).

Eine andere Art des Anknüpfens am bestehenden Liedgut war das Kontrafaktur-Verfahren. Ihm verdanken wir nicht nur die Gestalt von Luthers zweitem Liedversuch (18), sondern auch sein köstliches Kinder-Weihnachtslied (4). In beiden Fällen hat Luther allerdings die übernommene Melodie bald danach durch eine eigene ersetzt. Vielleicht gehört hierher auch Nr. 34.

Von großer Bedeutung ist die von Luther ebenfalls schon 1524 begründete und später noch bereicherte Gattung der Katechismuslieder (14, 15, 17, 21, 22, später 19, 20), mit denen sich die Jugend die Grundlagen des Christenglaubens singend aneignen sollte.

Schließlich finden wir bei Luther auch den Typus der sogenannten Hofweise, des bürgerlichen Kunstliedes, in klassischer Ausprägung in dem originellen Lied von der Kirche nach Offenbarung 12, aber auch in der Bearbeitung des Lobgesangs des Simeon aus Lukas 2 (34, 6).

Ganz frei, ohne fremde Vorlage, sei es zum Text, zum

Inhalt oder als Melodie, sind nur das früheste seiner Lieder (23) und vielleicht das Osterlied »Jesus Christus, unser Heiland« (9) geschaffen.

Luther besaß ohne Zweifel eine starke poetische und musikalische Begabung, aber keinerlei schriftstellerischen Ehrgeiz. Daher findet sich bei ihm nicht einmal der Ansatz zu irgendeiner Vollständigkeit oder zur Zyklenbildung: Er hat nie eine vollständige Bereimung des Psalters ins Auge gefaßt oder angeregt, keinen vollständigen Liedzyklus zu den Festtagen des Kirchenjahres geschaffen (ein Passions- und ein Himmelfahrtslied von seiner Hand fehlen in seinem Gesangbuch bis zuletzt). An ein vollständiges Lied-Ordinarium hat Luther (im Gegensatz zu Nikolaus Decius) nie gedacht, auch nicht an die Bereimung sämtlicher Cantica. Aber auch die Bereimung der Katechismus-Stücke, für die es im Gesangbuch von 1529 immerhin eine eigene Rubrik gibt, wird erst nach und nach ins Werk gesetzt. Es darf auch nicht übersehen werden, daß nicht alle Gedichte Luthers von gleich hohem poetischen Wert sind; vor allem die genauen Übertragungen sind meist weniger gut gelungen.

Was in der vorliegenden Ausgabe nicht zur Geltung kommen kann, ist Luthers schöpferischer Anteil an der musikalischen Gestalt seiner Lieder. Die Melodie zum deutschen Sanctus (31) stammt nachweislich von ihm, elf weitere mit hoher Wahrscheinlichkeit (4, 8 Urform, 18 [2 Melodien], 19 [nur handschriftlich überlieferte Melodie], 20, 23, 24 [2 Melodien], 26, 29, 30, möglicherweise auch 6 und 34).

Zu Luthers Werken zählen aber nicht nur seine Lieder und liturgischen Gesänge, sondern auch das Wittenberger Gesangbuch als Ganzes. Zum Chorgesangbuch Johann Walters von 1524, das er mit einem Vorwort versehen hat und das die vollständigste Sammlung seiner und seiner Mitarbeiter im Liederjahr 1524 war, hat er wohl nur den Anstoß gegeben. Das Wittenberger Gemeindegesangbuch hingegen, das 1529 gleichzeitig mit den beiden Katechismen erschien, hat er nicht nur mit einer neuen, zweiten Vorrede versehen, sondern auch persön-

lich gestaltet. Es enthält in seinem ersten Teil ausschließlich des Reformators eigene Lieder, erstmals systematisch geordnet. Dieser Ordnung folgt unsere Ausgabe; von hier übernehmen wir auch den Wortlaut der Überschriften, lassen darin aber jeweils den Namen Luthers weg. Hier hat Luther den Katechismusliedern als »Deutelieder« die drei frühen Bekenntnislieder (16, 18, 23) beigegeben. Und hier finden wir seit 1533 auch die Gebete, größerenteils Übertragungen solcher aus der liturgischen Tradition, von denen wir einen Teil als Beispiele für diese Seite von Luthers literarischem Schaffen abdrucken. Außer der Vorrede teilen wir auch die Einleitungen zu den drei letzten der fünf Teile mit; der zweite (Andere der Unsern Lieder) hat keine.

1542 hat Luther dann mit seinen Begräbnisliedern noch einen neuen Gesangbuchtyp schaffen wollen. Er hat damit einen wichtigen Beitrag zu einem neuen, evangelischen Verständnis der Bestattung geleistet. Das Büchlein wird allerdings schon 1545 in das letzte zu Luthers Lebzeiten mit seiner Autorisation erschienene Gesangbuch integriert.

Mit Luthers Gesangbuch war in wirkkräftiger Weise der Typus des evangelischen Gesangbuches geschaffen, der diese Form des zugleich liturgischen, katechetischen und erbaulichen Schrifttums im deutschen Sprachbereich begründete und in ihr bis heute weiterwirkt. – WA 35.

Markus Jenny

DIE VORREDE ZUM WITTENBERGER CHORGESANGBUCH 1524

Daß geistliche Lieder zu singen gut und Gott wohlgefällig ist, denke ich, sei keinem Christen verborgen, da doch jedem nicht nur das Beispiel der Propheten und Könige im Alten Testament (die mit Singen und Klingen, mit Dichten und allerlei Saitenspiel Gott gelobt haben) vertraut ist, sondern dieser Brauch, besonders im Psalmengesang, auch der ganzen Christenheit von Anfang an bekannt ist. Auch hat ja St. Paulus dies in 1.Kor.14,15.26 angeordnet und gebietet den Kolossern, von Herzen dem Herrn geistliche Lieder und Psalmen zu singen (Kol.3,16), damit dadurch Gottes Wort und die christliche Lehre auf allerlei Weise getrieben und geübt werden.

Deshalb habe auch ich – mit einigen andern zusammen –, um einen guten Anfang zu machen und um denen Anlaß zu geben, die es besser vermögen, etliche geistliche Lieder gesammelt, um das heilige Evangelium, das jetzt durch Gottes Gnade wieder aufgegangen ist, zu treiben und in Schwang zu bringen, damit auch wir uns rühmen möchten, wie Mose in seinem Gesang es tut, 2.Mose 15, so daß Christus unser Lob und Gesang sei und wir nichts wissen sollen zu singen noch zu sagen als Jesus Christus, unsern Heiland, wie Paulus sagt, 1.Kor.2,2.

Und es sind diese Lieder dazu auch in vier Stimmen gesetzt, aus keinem anderen Grunde, als daß ich gerne möchte, daß die Jugend, die ohnehin soll und muß in der Musik und anderen rechten Künsten erzogen werden, etwas hätte, damit sie die Buhllieder und fleischlichen Gesänge los würde und statt derselben etwas Heilsames lernte und so das Gute mit Lust, wie es den Jungen gebührt, einginge. Ich bin auch nicht der Meinung, daß durchs Evangelium sollten alle Künste zu Boden geschlagen werden und vergehen, wie etliche falsche Eiferer vorgeben, sondern ich möchte alle Künste, besonders die

Musik, gerne sehen im Dienste dessen, der sie gegeben und geschaffen hat. Ich bitte deshalb, daß ein jeder fromme Christ sich das gefallen lassen wolle und er da, wo ihm Gott mehr oder dasselbe verliehen hat, dies fördern helfe. Es ist ohnehin leider alle Welt viel zu nachlässig und zu gedankenlos, die arme Jugend zu erziehen und zu lehren, als daß man allen voran auch noch Anlaß dazu geben dürfte. Gott gebe uns seine Gnade. Amen.

DIE NEUE VORREDE ZUM WITTENBERGER GEMEINDEGESANGBUCH 1529

Nun haben sich etliche als tüchtig erwiesen und die Lieder vermehrt, so daß sie mich bei weitem übertreffen und hierin gewiß meine Meister sind. Aber daneben haben die andern wenig Gutes dazu getan. Und weil ich sehe, daß das tägliche Hinzutun ohne jede Unterscheidung, wie es jedem gerade gut dünkt, keine Grenze findet, und außerdem auch die ersten unter unseren Liedern je länger desto fehlerhafter gedruckt werden[1], habe ich Sorge, es werde diesem Büchlein auf die Länge gehen, wie es allezeit guten Büchern ergangen ist: daß sie durch Zutaten unberufener Köpfe so sehr überdeckt und verunstaltet worden sind, daß man das Gute darunter verloren und allein das Unnütze im Gebrauch behalten hat, wie wir sehen aus St.Lukas im ersten Kapitel, daß im Anfang jedermann Evangelien hat schreiben wollen, bis man beinahe das rechte Evangelium verloren hatte unter so vielen Evangelien (1-4). So ist's auch des St.Hieronymus und Augustinus und vieler Anderer Büchern ergangen. Summa: Es wird stets der Mäuse Mist unter dem Pfeffer sein.

Damit nun dies, soweit wir können, verhindert werde, habe ich dies Büchlein wiederum aufs neue durchgesehen und die Lieder der Unseren zusammen nacheinander mit

Angabe der Verfassernamen[2] eingereiht – was ich zuvor der Ehrsucht wegen vermieden hatte, nun aber zu tun gezwungen bin, damit nicht unter unserem Namen fremde, untaugliche Gesänge verkauft werden. Danach habe ich die andern, die wir als die besten ansehen und für brauchbar halten, angefügt. Ich bitte und ermahne alle, die das reine Wort liebhaben, sie möchten dieses unser Büchlein hinfort ohne unser Wissen und unsere Zustimmung nicht mehr verbessern oder erweitern. Wo es aber ohne unser Wissen gebessert würde, soll es so geschehen, daß man erkenne, es sei nicht unser zu Wittenberg herausgegebenes Büchlein. Es kann ja jeder selbst sein eigenes Büchlein mit Liedern zusammenstellen und das unsrige unangetastet lassen, wie wir bitten, begehren und hiemit bezeugt haben wollen. Denn wir möchten ja auch gerne unsere Münze in unserer Währung behalten, wobei es niemandem verwehrt ist, für sich eine bessere zu machen. Auf daß Gottes Name allein gepriesen und unser Name nicht gesucht werde. Amen.

I

DER HYMNUS: VENI REDEMPTOR GENTIUM VERDEUTSCHT

1 Nun komm, der Heiden Heiland,
der Jungfrauen Kind erkannt.
Daß sich wundre alle Welt,
Gott solch Geburt ihm bestellt.

2 Nicht von Manns Blut noch von Fleisch,
allein von dem heilgen Geist
ist Gotts Wort worden ein Mensch
und blühet ein Frucht Weibs Fleisch.

3 Der Jungfrau Leib schwanger ward,
doch blieb Keuschheit rein bewahrt.
Leucht' hervor manch Tugend schon.
Gott da war in seinem Thron.

4 Er ging aus der Kammer sein,
dem kön'glichen Saal so rein,
Gott von Art und Mensch, ein Held
sein Weg er zu laufen eilt.

5 Sein Lauf kam vom Vater her
und kehrt wieder zum Vater,
fuhr hinunter zu der Höll
und wieder zu Gottes Stuhl.

6 Der du bist dem Vater gleich,
führ hinaus den Sieg im Fleisch,
daß dein ewig Gottsgewalt
in uns das krank Fleisch erhalt.

7 Dein Krippe glänzt hell und klar,
die Nacht gibt ein neu Licht dar;
Dunkel darf nicht kommen drein;
der Glaub bleibt immer im Schein.

8 Lob sei Gott dem Vater tan,
Lob sei Gott, seim eingen Sohn,
Lob sei Gott dem heiligen Geist
immer und in Ewigkeit.

EIN GEBET

Bereitet den Weg dem Herren.
Machet seine Steige richtig.

Lieber Herr Gott, wecke uns auf, daß wir bereit sind, wenn dein Sohn kommt, ihn mit Freuden zu empfangen und dir mit reinem Herzen zu dienen, durch ihn, deinen Sohn, Jesus Christus, unsern Herrn. Amen.

2

DER HMYNUS: A SOLIS ORTUS CARDINE

1 Christus wir sollen loben schon,
der reinen Magd Marien Sohn,
so weit die liebe Sonne leucht'
und an aller Welt Ende reicht.

2 Der selig Schöpfer aller Ding
zog an eins Knechtes Leib gering,
daß er das Fleisch durch Fleisch erwürb
und sein Geschöpf nicht alls verdürb.

3 Die göttlich Gnad vom Himmel groß
sich in die keusche Mutter goß.
Ein Maidlein trug ein heimlich Pfand,
das der Natur war unbekannt.

4 Das züchtig Haus des Herzens zart
alsbald ein Tempel Gottes ward;
die kein Mann 'rühret noch erkannt,
von Gotts Wort sie man schwanger fand.

5 Die edle Mutter hat geborn,
den Gabriel verhieß zuvorn,

den Sankt Johann mit Springen zeigt,
da er noch lag im Mutterleib.

6 Er lag im Heu mit Armut groß,
die Krippe hart ihn nicht verdroß.
Es ward ein kleine Milch sein Speis,
der nie kein Vöglein hungern ließ.

7 Des Himmels Chör sich freuen drob,
und die Engel singen Gott Lob;
den armen Hirten wird vermeldt
der Hirt und Schöpfer aller Welt.

8 Lob, Ehr und Dank sei dir gesagt,
Christ, geborn von der reinen Magd,
mit Vater und dem heilgen Geist,
von nun an bis in Ewigkeit.

3
EIN LOBGESANG VON DER GEBURT CHRISTI

1 Gelobet seist du, Jesu Christ,
daß du Mensch geboren bist
von einer Jungfrau, das ist wahr;
des freuet sich der Engel Schar.
Kyrieleis.

2 Des ewgen Vaters einig Kind
jetzt man in der Krippe findt.
In unser armes Fleisch und Blut
verkleidet sich das ewig Gut.
Kyrieleis.

3 Den aller Welt Kreis nie umschloß,
der liegt in Marien Schoß.

Er ist ein Kindlein worden klein,
der alle Ding erhält allein.
Kyrieleis.

4 Das ewig Licht geht da herein,
gibt der Welt ein neuen Schein.
Es leucht wohl mitten in der Nacht
und uns des Lichtes Kinder macht.
Kyrieleis.

5 Der Sohn des Vaters, Gott von Art,
ein Gast in der Welte ward
und führt uns aus dem Jammertal;
er macht uns Erben in sei'm Saal.
Kyrieleis.

6 Er ist auf Erden kommen arm,
daß er unser sich erbarm
und in dem Himmel mache reich
und seinen lieben Engeln gleich.
Kyrieleis.

7 Das hat er alles uns getan,
sein groß Lieb zu zeigen an.
Des freu sich alle Christenheit
und dank ihm des in Ewigkeit.
Kyrieleis.

4

EIN KINDERLIED AUF DIE WEIHNACHT CHRISTI

1 »Vom Himmel hoch, da komm ich her;
ich bring euch gute neue Mär.
Der guten Mär bring ich so viel,
davon ich singn und sagen will:

2 Euch ist ein Kindlein heut geborn
von einer Jungfrau auserkorn,
ein Kindelein so zart und fein,
das soll eur Freud und Wonne sein.

3 Es ist der Herr Christ, unser Gott;
der will euch führn aus aller Not.
Er will eur Heiland selber sein,
von allen Sünden machen rein.

4 Er bringt euch alle Seligkeit,
die Gott der Vater hat bereit',
daß ihr mit uns im Himmelreich
sollt leben nun und ewiglich.

5 So merket nun das Zeichen recht:
die Krippe, Windelein so schlecht;
da findet ihr das Kind gelegt,
das alle Welt erhält und trägt.«

6 Des laßt uns alle fröhlich sein
und mit den Hirten gehn hinein,
zu sehn, was Gott uns hat beschert
mit seinem lieben Sohn verehrt.

7 Merk auf, mein Herz, und sieh dorthin:
Was liegt doch in dem Krippelin?
Wes ist das schöne Kindelin?
Es ist das liebe Jesulin.

8 Sei willekomm, du edler Gast.
Den Sünder nicht verschmähet hast
und kommst ins Elend her zu mir.
Wie kann ich immer danken dir?

9 Ach Herr, du Schöpfer aller Ding,
wie bist du worden so gering,
daß du da liegst auf dürrem Gras,
davon ein Rind und Esel aß.

10 Und wär die Welt vielmal so weit
von Edelstein und Gold bereit',
so wär sie doch dir viel zu klein
zu sein ein enges Wiegelein.

11 Der Sammet und die Seide dein,
das ist grob Heu und Windelein.
Darauf du Kön'g so groß und reich
herprangst, als wär's dein Himmelreich.

12 Das hat also gefallen dir,
die Wahrheit anzuzeigen mir,
wie aller Welt Macht, Ehr und Gut
vor dir nichts gilt, nichts hilft noch tut.

13 Ach mein herzliebes Jesulin,
mach dir ein rein, sanft Bettelin,
zu ruhen in meins Herzens Schrein,
daß ich nimmer vergesse dein.

14 Davon ich allzeit fröhlich sei,
zu springen, singen immer frei
das rechte Susaninne schon,
mit Herzenslust den süßen Ton.

15 Lob, Ehr sei Gott im höchsten Thron,
der uns schenkt seinen eingen Sohn.
des freuen sich der Engel Schar'
und singen uns solch neues Jahr.

5

EIN ANDER CHRISTLIED
IM VORIGEN TON

1 Vom Himmel kam der Engel Schar,
erschien den Hirten offenbar.
Sie sagten ihn': »Ein Kindlein zart,
das liegt dort in der Krippe hart

2 zu Bethlehem, in Davids Stadt,
wie Micha das verkündet hat.
Es ist der Herre Jesus Christ,
der euer aller Heiland ist.

3 Des sollt ihr billig fröhlich sein,
daß Gott mit euch ist worden ein.
Er ist geborn eur Fleisch und Blut;
eur Bruder ist das ewig Gut.

4 Was kann euch tun die Sünd und Tod?
Ihr habt mit euch den wahren Gott.
Laßt zürnen Teufel und die Höll:
Gotts Sohn ist worden eur Gesell.

5 Er will und kann euch lassen nicht,
setzt ihr auf ihn eur Zuversicht.
Es mögen euch viel' fechten an:
Dem sei Trotz, der's nicht lassen kann.

6 Zuletzt müßt ihr doch haben recht.
Ihr seid nun worden Gotts Geschlecht.
Des danket Gott in Ewigkeit,
geduldig, fröhlich allezeit.«

6

DER HYMNUS: HOSTIS HERODES IMPIE
IM TON: A SOLIS ORTUS CARDINE

1 Was fürchtst du, Feind Herodes, sehr,
daß uns geborn kommt Christ, der Herr?
Er sucht kein sterblich Königreich,
der zu uns bringt sein Himmelreich.

2 Dem Stern die Weisen folgen nach.
Solch Licht zum wahren Licht sie bracht.
Sie zeigen mit den Gaben drei,
dies Kind Gott, Mensch und König sei.

3 Die Tauf im Jordan auf sich nahm
das himmelische Gotteslamm,
dadurch der nie kein Sünde tat
von Sünden uns gewaschen hat.

4 Ein Wunderwerk da neu geschah:
Sechs steinern Krüge man da sah
voll Wassers. Das verlor sein Art;
roter Wein durch sein Wort draus ward.

5 Lob, Ehr und Dank sei dir gesagt,
Christ, geborn von der reinen Magd,
mit Vater und dem heilgen Geist,
von nun an bis in Ewigkeit.
Amen.

7

DER LOBGESANG SIMEONIS: NUNC DIMITTIS

1 Mit Fried und Freud ich fahr dahin
in Gotts Wille.

Getrost ist mir mein Herz und Sinn,
sanft und stille,
wie Gott mir verheißen hat.
Der Tod ist mein Schlaf worden.

2 Das macht Christus, wahr Gottes Sohn,
der treu Heiland,
den du mich, Herr, hast sehen lon
und ’macht bekannt,
daß er sei das Leben mein
und Heil in Not und Sterben.

3 Den hast du allen vorgestellt
mit groß Gnaden,
zu seinem Reich die ganze Welt
heißen laden
durch dein teuer heilsams Wort,
an allem Ort erschollen.

4 Er ist das hell und selig Licht
für die Heiden,
zu ’rleuchten, die dich kennen nicht,
und zu weiden.
Er ist deins Volks Israel
der Preis, Ehr, Freud und Wonne.

EIN GEBET VOM LEIDEN CHRISTI

Christus ist um unserer Missetat willen verwundet
und um unserer Sünde willen zerschlagen.

Barmherziger, ewiger Gott, der du deines eigenen Sohnes nicht verschont hast, sondern ihn für uns alle dahingegeben, daß er unsere Sünde am Kreuze tragen sollte, verleihe uns, daß unser Herz in solchem Glauben nimmermehr erschrecke noch verzage, durch ihn, deinen Sohn, Jesus Christus, unseren Herrn. Amen.

8

CHRIST IST ERSTANDEN GEBESSERT

1 Christ lag in Todesbanden,
für unsre Sünd gegeben.
Der ist wieder erstanden
und hat uns bracht das Leben.
Des wir sollen fröhlich sein,
Gott loben und dankbar sein
und singen: Halleluja.
Halleluja.

2 Den Tod niemand zwingen konnt
bei allen Menschenkinden.
Das macht alles unser Sünd;
kein Unschuld war zu finden;
davon kam der Tod so bald
und nahm über uns Gewalt,
hielt uns in sei'm Reich gefangen.
Halleluja.

3 Jesus Christus, Gottes Sohn,
an unsre Statt ist kommen
und hat die Sünd abgetan,
damit dem Tod genommen
all sein Recht und sein Gewalt;
da bleibt nichts denn Tods Gestalt;
den Stachel hat er verloren.
Halleluja.

4 Es war ein wundersam Krieg,
da Tod und Leben rungen.
Das Leben behielt den Sieg;
es hat den Tod verschlungen.
  Die Schrift hat verkündet das,
  wie ein Tod den andern fraß;
  ein Spott aus dem Tod ist worden.
  Halleluja.

5 Hier ist das recht Osterlamm,
davon Gott hat geboten.
Das ist an des Kreuzes Stamm
in heißer Lieb gebraten.
  Das Blut zeichnet unsre Tür;
  das hält der Glaub dem Tod für.
  Der Würger kann uns nicht rühren.
  Halleluja.

6 So feiern wir dies hoch Fest
mit Herzens Freud und Wonne,
das uns der Herr scheinen läßt;
er ist selber die Sonne,
  der durch seiner Gnaden Glanz
  erleucht unsre Herzen ganz;
  der Sünden Nacht ist vergangen.
  Halleluja.

7 Wir essen und leben wohl
in rechten Osterfladen.
Der alte Saurteig nicht soll
sein bei dem Wort der Gnaden.
  Christus will die Nahrung sein
  und speisen die Seel allein;
  der Glaub will keins andern leben.
  Halleluja.

9
EIN LOBGESANG AUF DAS OSTERFEST

1 Jesus Christus, unser Heiland,
der den Tod überwand,
ist auferstanden;
die Sünd hat er gefangen.
Kyrieleison.

2 Der ohn Sünden war geborn,
trug für uns Gottes Zorn,
hat uns versöhnet,
daß Gott uns sein Huld gönnet.
Kyrieleison.

3 Tod, Sünd, Leben und auch Gnad,
alls in Händen er hat.
Er kann erretten
alle, die zu ihm treten.
Kyrieleison.

10
DER HYMNUS: VENI CREATOR SPIRITUS

1 Komm, Gott Schöpfer, heiliger Geist,
besuch das Herz der Menschen dein.
Mit Gnaden sie füll, wie du weißt,
daß dein Geschöpf vorhin sein.

2 Denn du bist der Tröster genannt,
des Allerhöchsten Gabe teur,
ein geistlich Salb an uns gewandt,
ein lebend Brunn, Lieb und Feur.

3 Zünd uns ein Licht an im Verstand,
gib uns ins Herz der Liebe Brunst.

Das schwach Fleisch in uns, dir bekannt,
erhalt fest dein Kraft und Gunst.

4 Du bist mit Gaben siebenfalt
der Finger an Gotts rechter Hand.
Des Vaters Wort gibst du alsbald
mit Sprachen in alle Land.

5 Des Feindes List treib von uns fern,
den Fried schaff bei uns deine Gnad,
daß wir deim Leiten folgen gern
und meiden der Seele Schad'.

6 Lehr uns den Vater kennen wohl,
dazu Jesus Christ, seinen Sohn,
daß wir des Glaubens werden voll,
dich, beider Geist, zu verstahn.

7 Gott Vater sei Lob und dem Sohn,
der von den Toten auferstund;
dem Tröster sei dasselb getan
in Ewigkeit alle Stund.

II

VENI SANCTE SPIRITUS GEBESSERT

1 Komm, heiliger Geist, Herre Gott,
erfüll mit deiner Gnade Gut
deiner Gläubgen Herz, Mut und Sinn;
dein brennend Lieb entzünd in ihn'.
O Herr, durch deines Lichtes Glast
zu dem Glauben versammelt hast
das Volk aus aller Welt Zungen;
das sei dir, Herr, zu Lob gesungen.
Halleluja. Halleluja.

2 Du heiliges Licht, edler Hort,
laß uns leuchten des Lebens Wort;
und lehr uns Gott recht erkennen,
von Herzen Vater ihn nennen.
O Herr, behüt vor fremder Lehr,
daß wir nicht Meister suchen mehr,
denn Jesus mit wahrem Glauben,
und ihm aus ganzer Macht vertrauen.
Halleluja, Halleluja.

3 Du heilige Glut, süßer Trost,
nun hilf uns fröhlich und getrost
in dei'm Dienst beständig bleiben,
die Trübsal uns nicht abtreiben.
O Herr, durch dein Kraft uns bereit
und stärk des Fleisches Blödigkeit,
daß wir hier ritterlich ringen,
durch Tod und Leben zu dir dringen.
Halleluja Halleluja.

12

DER LOBGESANG: NUN BITTEN WIR DEN HEILIGEN GEIST

1 Nun bitten wir den heiligen Geist
um den rechten Glauben allermeist,
daß er uns behüte an unserm Ende,
wenn wir heimfahrn aus diesem Elende.
Kyrieleis.

2 Du wertes Licht, gib uns deinen Schein,
lehr uns Jesus Christ kennen allein,
daß wir an ihm bleiben, dem treuen Heiland,
der uns bracht hat zum rechten Vaterland.
Kyrieleis.

3 Du süße Lieb, schenk uns deine Gunst;
laß uns empfinden der Liebe Brunst,
daß wir uns von Herzen einander lieben
und im Frieden auf einem Sinn bleiben.
Kyrieleis.

4 Du höchster Tröster in aller Not,
hilf, daß wir nicht fürchten Schand noch Tod,
daß in uns die Sinne nicht verzagen,
wenn der Feind wird das Leben verklagen.
Kyrieleis.

13
GOTT DER VATER WOHN UNS BEI

1 Gott der Vater wohn uns bei
und laß uns nicht verderben,
mach uns aller Sünden frei
und helf uns selig sterben.
Vor dem Teufel uns bewahr,
halt uns bei festem Glauben,
und auf dich laß uns bauen,
aus Herzensgrund vertrauen,
dir uns lassen ganz und gar,
mit allen rechten Christen
entfliehen Teufels Listen,
mit Waffen Gotts uns fristen.
Amen, Amen, das sei wahr,
so singen wir Halleluja.

2 Jesus Christus wohn uns bei
und laß uns nicht . . .

3 Heilig Geist, der wohn uns bei
und laß uns nicht . . .

Nun folgen geistliche Gesänge, in denen der Katechismus zusammengefaßt ist, weil wir doch gerne möchten, daß die christliche Lehre auf allerlei Weise, durch Predigen, Lesen, Singen usw. betätigt und stets den jungen und unwissenden Leuten eingeprägt und auf diese Weise immerfort rein erhalten und unseren Nachkommen weitergegeben werde. Dazu verleihe uns Gott seine Gnade und seinen Segen durch Jesus Christus. Amen.

14

DIE ZEHN GEBOTE GOTTES LANG

1 Dies sind die heilgen zehn Gebot,
die uns gab unser Herre Gott
durch Mose, seinen Diener treu,
hoch auf dem Berg Sinai.
Kyrieleis.

2 Ich bin allein dein Gott, der Herr,
kein Götter sollst du haben mehr.
Du sollst mir ganz vertrauen dich,
von Herzensgrund lieben mich.
Kyrieleis.

3 Du sollst nicht brauchen zu Unehrn
den Namen Gottes, deines Herrn;
du sollst nichts preisen recht noch gut,
als was Gott selbst redt und tut.
Kyrieleis.

4 Du sollst heilgen den siebent Tag,
daß du und dein Haus ruhen mag;
du sollst von dei'm Tun lassen ab,
daß Gott sein Werk in dir hab.
Kyrieleis.

5 Du sollst ehrn und gehorsam sein
dem Vater und der Mutter dein,
und wo dein Hand ihn' dienen kann;
so wirst du langs Leben han.
Kyrieleis.

6 Du sollst nicht töten zorniglich,
nicht hassen noch selbst rächen dich,
Geduld haben und sanften Mut
und auch dem Feind tun das Gut'.
Kyrieleis.

7 Dein Eh sollst du bewahren rein,
daß auch dein Herz kein andre mein,
und halten keusch das Leben dein
mit Zucht und Mäßigkeit fein.
Kyrieleis.

8 Du sollst nicht stehlen Geld noch Gut,
nicht wuchern jemands Schweiß und Blut;
du sollst auftun dein milde Hand
den Armen in deinem Land.
Kyrieleis.

9 Du sollst kein falscher Zeuge sein,
nicht lügen auf den Nächsten dein.
Sein Unschuld sollst auch retten du
und seine Schand decken zu.
Kyrieleis.

10 Du sollst deins Nächsten Weib und Haus
begehren nicht, noch etwas draus;
du sollst ihm wünschen alles Gut',
wie dir dein Herz selber tut.
Kyrieleis.

11 Die Gebot all uns geben sind,
daß du dein Sünd, o Menschenkind,
erkennen sollst und lernen wohl,
wie man vor Gott leben soll.
Kyrieleis.

12 Das helf uns der Herr Jesus Christ,
der unser Mittler worden ist.
Es ist mit unserm Tun verlorn,
verdienen doch eitel Zorn.
Kyrieleis.

15
DIE ZEHN GEBOTE KURZ

1 Mensch, willst du leben seliglich
und bei Gott bleiben ewiglich,
sollst du halten die zehn Gebot,
die uns gebeut unser Gott.
Kyrieleis.

2 Dein Gott allein und Herr bin ich;
kein andrer Gott soll irren dich.
Trauen soll mir das Herze dein;
mein eigen Reich sollst du sein.
Kyrieleis.

3 Du sollst mein Namen ehren schon
und in der Not mich rufen an.
Du sollst heilgen den Sabbattag,
daß ich in dir wirken mag.
Kyrieleis.

4 Dem Vater und der Mutter dein
sollst du nach mir gehorsam sein,
niemand töten noch zornig sein
und deine Eh' halten rein.
Kyrieleis.

5 Du sollst ei'm andern stehlen nicht,
auf niemand Falsches zeugen icht,
deines Nächsten Weib nicht begehrn
und all sein Gut gern entbehrn.
Kyrieleis.

16

DER LOBGESANG: MITTEN WIR IM LEBEN SIND

1 Mitten wir im Leben sind
mit dem Tod umfangen.
Wen such'n wir, der Hilfe tu,
daß wir Gnad erlangen?
Das bist du, Herr, alleine.
Uns reuet unsre Missetat,
die dich, Herr, erzürnet hat.
Heiliger Herre Gott,
heiliger starker Gott,
heiliger barmherziger Heiland,
du ewiger Gott,
laß uns nicht versinken
in des bittern Todes Not.
Kyrieleison.

2 Mitten in dem Tod anficht
uns der Hölle Rachen.
Wer will uns aus solcher Not
frei und ledig machen?

Das tust du, Herr, alleine.
Es jammert dein Barmherzigkeit
unser Klag und großes Leid.
Heiliger Herre Gott,
heiliger starker Gott,
heiliger barmherziger Heiland,
du ewiger Gott,
laß uns nicht verzagen
vor der tiefen Hölle Glut.
Kyrieleison.

3 Mitten in der Hölle Angst
unsre Sünd' uns treiben.
Wo solln wir denn fliehen hin,
da wir können bleiben?
Zu dir, Herr Christ, alleine.
Vergossen ist dein teures Blut,
das gnug für die Sünden tut.
Heiliger Herre Gott,
heiliger starker Gott,
heiliger barmherziger Heiland,
du ewiger Gott,
laß uns nicht abfallen
von des rechten Glaubens Trost.
Kyrieleison.

17

DAS DEUTSCHE CREDO

1 Wir glauben all an einen Gott,
Schöpfer Himmels und der Erden,
der sich zum Vater geben hat,
daß wir seine Kinder werden.
Er will uns allzeit ernähren,
Leib und Seel auch wohl bewahren.

Allem Unglück will er wehren;
kein Leid soll uns widerfahren.
Er sorget für uns, hüt' und wacht;
es steht alles in seiner Macht.

2 Wir glauben auch an Jesus Christ,
seinen Sohn und unsern Herren,
der ewig bei dem Vater ist,
gleicher Gott von Macht und Ehren.
Von Maria, der Jungfrauen,
ist ein wahrer Mensch geboren
durch den heilgen Geist im Glauben,
für uns, die wir warn verloren,
am Kreuz gestorben und vom Tod
wieder auferstanden durch Gott.

3 Wir glauben an den heilgen Geist,
Gott mit Vater und dem Sohne,
der aller Schwachen Tröster heißt
und mit Gaben zieret schone.
Die ganz Christenheit auf Erden
hält in einem Sinn gar eben.
Hier all Sünd vergeben werden;
das Fleisch soll auch wieder leben.
Nach diesem Elend ist bereit'
uns ein Leben in Ewigkeit.

18

EIN FEIN GEISTLICH LIED, WIE DER SÜNDER ZUR GNADE KOMMT

1 Nun freut euch, lieben Christen gmein,
und laßt uns fröhlich springen,
daß wir getrost und all in ein
mit Lust und Liebe singen,

was Gott an uns gewendet hat
und seine süße Wundertat.
Gar teur hat er's erworben.

2 Dem Teufel ich gefangen lag,
im Tod war ich verloren.
Mein Sünd mich quälte Nacht und Tag,
darin ich war geboren.
Ich fiel auch immer tiefer drein.
Es war kein Guts am Leben mein.
Die Sünd hatt' mich besessen.

3 Mein guten Werk, die galten nicht;
es war mit ihn' verdorben.
Der frei Will haßte Gotts Gericht;
er war zum Gut'n gestorben.
Die Angst mich zu verzweifeln trieb,
daß nichts denn Sterben bei mir blieb.
Zur Hölle mußt ich sinken.

4 Da jammert Gott in Ewigkeit
mein Elend übermaßen.
Er dacht an sein Barmherzigkeit,
er wollt mir helfen lassen.
Er wandt zu mir das Vaterherz.
Es war bei ihm fürwahr kein Scherz.
Er ließ's sein Bestes kosten.

5 Er sprach zu seinem lieben Sohn:
»Die Zeit ist hie zu'rbarmen.
Fahr hin, meins Herzens werte Kron,
und sei das Heil dem Armen,
und hilf ihm aus der Sünden Not.
Erwürg für ihn den bittern Tod,
und laß ihn mit dir leben.«

6 Der Sohn dem Vater g'horsam ward:
Er kam zu mir auf Erden
von einer Jungfrau rein und zart.
Er sollt mein Bruder werden.
Gar heimlich führt' er sein Gewalt:
Er ging in meiner armen Gstalt.
Den Teufel wollt er fangen.

7 Er sprach zu mir: »Halt dich an mich,
es soll dir jetzt gelingen.
Ich geb mich selber ganz für dich;
da will ich für dich ringen.
Denn ich bin dein, und du bist mein;
und wo ich bleib, da sollst du sein.
Uns soll der Feind nicht scheiden.

8 Vergießen wird er mir mein Blut,
dazu mein Leben rauben.
Das leid ich alles dir zugut;
das halt mit festem Glauben.
Den Tod verschlingt das Leben mein;
mein Unschuld trägt die Sünde dein.
Da bist du selig worden.

9 Gen Himmel zu dem Vater mein
fahr ich von diesem Leben.
Da will ich sein der Meister dein.
Den Geist will ich dir geben,
der dich in Trübnis trösten soll
und lehren mich erkennen wohl
und in der Wahrheit leiten.

10 Was ich getan hab und gelehrt,
das sollst du tun und lehren,
damit das Reich Gotts werd gemehrt
zu Lob und seinen Ehren.

Und hüt dich vor der Menschen Gsatz,
davon verdirbt der edle Schatz.
Das laß ich dir zur Letze.«

19

DAS VATERUNSER
KURZ AUSGELEGT UND IN EIN LIED GEBRACHT

1 Vater unser im Himmelreich,
der du uns alle heißest gleich
Brüder sein und dich rufen an
und willst das Beten von uns han,
gib, daß nicht bet allein der Mund;
hilf, daß es geh von Herzensgrund.

2 Geheiligt werd der Name dein.
Dein Wort bei uns hilf halten rein,
daß wir auch leben heiliglich
nach deinem Namen würdiglich.
Behüt uns, Herr, vor falscher Lehr.
Das arm, verführet Volk bekehr.

3 Es komm dein Reich zu dieser Zeit
und dort hernach in Ewigkeit.
Der heilig Geist uns wohne bei
mit seinen Gaben mancherlei.
Des Satans Zorn und groß Gewalt
zerbrich; vor ihm dein Kirch erhalt.

4 Dein Will gescheh, Herr Gott, zugleich
auf Erden wie im Himmelreich.
Gib uns Geduld in Leidenszeit,
gehorsam sein in Lieb und Leid.
Wehr und steur allem Fleisch und Blut,
das wider deinen Willen tut.

5 Gib uns heut unser täglich Brot
und was man braucht zur Leibesnot.
Behüt uns vor Unfried und Streit,
vor Seuchen und vor teurer Zeit,
daß wir in gutem Frieden stehn,
der Sorg und Geizens müßiggehn.

6 All unsre Schuld' vergib uns, Herr,
daß sie uns nicht betrüben mehr,
wie wir auch unsern Schuldigern
ihr Schuld und Fehl vergeben gern.
Zu dienen mach uns all bereit
in rechter Lieb und Einigkeit.

7 Führ uns, Herr, in Versuchung nicht,
wenn uns der böse Geist anficht
zur linken und zur rechten Hand;
hilf uns tun starken Widerstand,
im Glauben fest und wohlgerüst'
und durch des heilgen Geistes Trost.

8 Von allem Übel uns erlös.
Es sind die Zeit und Tage bös.
Erlös uns von dem ewgen Tod
und tröst uns in der letzten Not.
Bescher uns auch ein selges End;
nimm unsre Seel in deine Händ.

9 Amen, das ist: Es werde wahr.
Stärk unsern Glauben immerdar,
auf daß wir ja nicht zweifeln dran,
was wir hiemit gebetet han
auf dein Wort in dem Namen dein.
So sprechen wir das Amen fein.

20

EIN GEISTLICH LIED VON UNSERER HEILIGEN TAUFE, DARIN FEIN KURZ ZUSAMMENGEFASST, WAS SIE SEI, WER SIE GESTIFTET HABE, WAS SIE NÜTZE

1 Christ, unser Herr, zum Jordan kam
nach seines Vaters Willen,
von Sankt Johann die Taufe nahm,
sein Werk und Amt zu'rfüllen.
Da wollt er stiften uns ein Bad,
zu waschen uns von Sünden,
ersäufen auch den bittern Tod
durch sein selbst Blut und Wunden.
Es galt ein neues Leben.

2 So hört und merket alle wohl,
was Gott heißt selbst die Taufe
und was ein Christ da glauben soll,
zu meiden Ketzerhaufen:
Gott spricht und will, daß Wasser sei,
doch nicht allein schlicht Wasser;
sein heilges Wort ist auch dabei
mit reichem Geist ohn Maßen.
Der ist allhie der Täufer.

3 Solchs hat er uns bewiesen klar
mit Bildern und mit Worten.
Des Vaters Stimm man offenbar
daselbst am Jordan hörte.
Er sprach: »Das ist mein lieber Sohn,
an dem ich hab Gefallen.
Den will ich euch befohlen han,
daß ihr ihn höret alle
und folget seinem Lehren.«

4 Auch Gottes Sohn hier selber steht
in seiner zarten Menschheit.
Der heilig Geist herniederfährt
in Taubenbild verkleidet,
daß wir nicht sollen zweifeln dran,
wenn wir getaufet werden,
all drei Person' getaufet han,
damit bei uns auf Erden
zu wohnen sich ergeben.

5 Sein' Jünger heißt der Herre Christ:
»Geht hin, all Welt zu lehren,
daß sie verlorn in Sünden ist,
sich soll zur Buße kehren.
Wer glaubet und sich taufen läßt,
soll dadurch selig werden.
Ein neugeborner Mensch er heißt,
der nicht mehr könne sterben,
das Himmelreich soll erben.«

6 Wer nicht glaubt dieser großen Gnad,
der bleibt in seinen Sünden
und ist verdammt zum ewgen Tod
tief in der Hölle Gründen.
Nichts hilft sein eigen Heiligkeit;
all sein Tun ist verloren.
Die Erbsünd macht's zur Nichtigkeit,
darin er ist geboren;
er kann sich selbst nicht helfen.

7 Das Aug allein das Wasser sieht,
wie Menschen Wasser gießen.
Der Glaub im Geist die Kraft versteht
des Blutes Jesu Christi.

Und ist vor ihm ein rote Flut,
von Christi Blut gefärbet,
die allen Schaden heilen tut,
von Adam her geerbet,
auch von uns selbst begangen.

21
ST. JOHANNES HUS LIED GEBESSERT

1 Jesus Christus, unser Heiland,
der von uns den Gotteszorn wandt,
durch das bittre Leiden sein
half er uns aus der Hölle Pein.

2 Daß wir nimmer des vergessen,
gab er uns sein Leib zu essen,
verborgen im Brot so klein,
und zu trinken sein Blut im Wein.

3 Wer sich will zu dem Tisch machen,
der hab wohl acht auf sein Sachen.
Wer unwürdig hinzugeht,
statt des Lebens den Tod empfäht.

4 Du sollst Gott, den Vater, preisen,
daß er dich so wohl wollt speisen
und für deine Missetat
in den Tod sein Sohn geben hat.

5 Du sollst glauben und nicht wanken,
daß ein Speise sei den Kranken,
den' ihr Herz von Sünden schwer
und vor Angst ist betrübet sehr.

6 Solch groß Gnad und Barmherzigkeit
sucht ein Herz in großer Arbeit;
ist's dir wohl, so bleib davon,
daß du nicht kriegest bösen Lohn.

7 Er spricht selber: »Kommt, ihr Armen,
laßt mich über euch erbarmen;
kein Arzt ist dem Starken not,
sein Kunst wird an ihm gar zu Spott.

8 Hättst du dir was konnt erwerben,
was braucht ich denn für dich sterben?
Dieser Tisch auch dir nicht gilt,
wenn du dir selber helfen willt.

9 Glaubst du das von Herzensgrunde
und bekennest mit dem Munde,
so bist du recht wohl geschickt,
und die Speise dein Seel erquickt.

10 Die Frucht soll auch nicht ausbleiben:
Deinen Nächsten sollst du lieben,
daß er dein genießen kann,
wie dein Gott hat an dir getan.«

22

DER GESANG: GOTT SEI GELOBET

1 Gott sei gelobet und gebenedeiet,
der uns selber hat gespeiset
mit seinem Fleische und mit seinem Blute;
das gib uns, Herr Gott, zugute.
Kyrieleison.

Herr, durch deinen heiligen Leichnam,
der von deiner Mutter Maria kam,
und das heilige Blut
hilf uns, Herr, aus aller Not.
Kyrieleison.

2 Der heilig Leichnam ist für uns gegeben
zum Tod, daß wir dadurch leben.
Nicht größre Güte konnte er uns schenken;
dabei solln wir sein gedenken.
Kyrieleison.
Herr, dein Lieb so groß dich zwungen hat,
daß dein Blut an uns groß Wunder tat
und bezahlt' unsre Schuld,
daß uns Gott ist worden hold.
Kyrieleison.

3 Gott geb uns allen seiner Gnade Segen,
daß wir gehn auf seinen Wegen
in echter Lieb und brüderlicher Treue,
daß uns die Speis nicht gereue.
Kyrieleison.
Herr, dein heilger Geist uns nicht verlaß,
der uns geb zu halten rechte Maß,
daß dein arm Christenheit
leb in Fried und Einigkeit.
Kyrieleison.

EIN GEBET

Welcher unwürdig von diesem Brot ißt oder von dem Kelch des Herrn trinkt,
der ist schuldig am Leib und Blut des Herrn.

Wir danken dir, allmächtiger Herr Gott, daß du uns durch diese heilsame Gabe erquickt hast, und bitten deine Barmherzigkeit, daß du uns dies gedeihen lassest zu starkem Glauben gegenüber dir und zu brennender Liebe unter uns allen, durch Jesus Christus, deinen Sohn, unsern Herrn. Amen.

23

EIN LIED VON DEN ZWEI MÄRTYRERN CHRISTI, ZU BRÜSSEL VON DEN SOPHISTEN VON LÖWEN VERBRANNT, GESCHEHEN IM JAHR 1523

1 Ein neues Lied wir heben an
– das walt Gott, unser Herre –,
zu singen, was Gott hat getan
zu seinem Lob und Ehre.
Zu Brüssel in dem Niederland
wohl durch zwei junge Knaben
hat er sein Wundermacht bekannt,
die er mit seinen Gaben
so reichlich hat gezieret.

2 Der erst mit Recht Johannes heißt,
so reich an Gottes Hulden,
sein Bruder Heinrich nach dem Geist,
ein rechter Christ ohn Schulden,
von dieser Welt geschieden sind.
Sie han die Kron erworben,
recht wie die frommen Gotteskind
für sein Wort sind gestorben;
sein Märtrer sind sie worden.

3 Der alte Feind sie fangen ließ,
erschreckt' sie lang mit Dräuen.
Das Wort Gotts er sie leugnen hieß,
mit List auch wollt sie 'täuben.

Von Löwen der Sophisten viel
mit ihrer Kunst verloren
versammelt' er zu diesem Spiel.
Der Geist sie macht' zu Toren;
sie konnten nichts gewinnen.

4 Sie sangen süß, sie sangen saur,
versuchten manche Listen.
Die Knaben standen wie ein' Maur,
veracht'en die Sophisten.
Den alten Feind das sehr verdroß,
daß er war überwunden
von solchen Jungen, er so groß.
Er ward voll Zorn; von Stund an
gedacht sie zu verbrennen.

5 Sie raubten ihn' das Klosterkleid,
die Weih sie ihn' auch nahmen.
Die Knaben waren des bereit;
sie sprachen fröhlich Amen.
Sie dankten ihrem Vater Gott,
daß sie los sollten werden
des Teufels Maskenspiel und Spott,
darin durch falsch Gebärden
die Welt er ganz betrüget.

6 Das fügt' Gott durch sein Gnad also,
daß sie recht Priester worden,
sich selbst ihm mußten opfern do
und gehn im Christenorden,
der Welt ganz abgestorben sein,
die Heuchelei ablegen,
zum Himmel kommen frei und rein,
die Möncherei ausfegen
und Menschentand hier lassen.

7 Man schrieb ihn' vor ein Brieflein klein,
das hieß man sie selbst lesen.
Die Stück sie zeich'ten alle drein,
was ihr Glaub war gewesen.
Der höchste Irrtum dieser war:
Man muß allein Gott glauben;
der Mensch lügt und trügt immerdar,
dem darf man nichts vertrauen.
Des mußten sie verbrennen.

8 Zwei große Feur sie zündten an;
die Knaben sie herbrachten.
Es nahm groß wunder jedermann,
daß sie solch Pein veracht'en.
Mit Freuden sie sich schickten drein,
mit Gottes Lob und Singen.
Der Mut ward den Sophisten klein
vor diesen neuen Dingen,
daß sich Gott ließ so merken.

[Der jüngere Liedschluß:]

9 Das Spiel sie nun gereuet hat,
sie wollten's gern schön machen.
Sie türn nicht rühmen sich der Tat;
verbergen gut die Sachen.
Die Schand im Herzen beißet sie
und klagen's ihrn Genossen.
Doch kann der Geist nicht schweigen hie:
Des Abels Blut vergossen,
es muß den Kaïn melden.

10 Die Asche will nicht lassen ab,
sie stäubt in allen Landen.
Hie hilft kein Bach, Loch, Grub noch Grab;
sie macht den Feind zuschanden.

Die er im Leben durch den Mord
zu schweigen hat gezwungen,
die muß er tot an allem Ort
mit aller Stimm und Zungen
gar fröhlich lassen singen.

[Der ältere Liedschluß:]

11 Noch lassen sie ihr Lügen nicht,
den großen Mord zu schmücken:
Sie geben vor ein falsch Gedicht;
ihr Gwissen tut sie drücken.
Die Heilgen Gotts auch nach dem Tod
von ihn' gelästert werden.
Sie sagen, in der letzten Not
die Knaben noch auf Erden
sich sollen han bekehret.

12 Die laß man lügen immerhin;
sie haben's kleinen Frommen.
Wir sollen danken Gott darin;
sein Wort ist wiederkommen.
Der Sommer ist hart vor der Tür,
der Winter ist vergangen,
die zarten Blumen gehn herfür.
Der das hat angefangen,
der wird es wohl vollenden.

Nun folgen etliche Psalmen, durch D. Martin Luther zu geistlichen Liedern gemacht, und zuerst:

24
DER 12.: SALVUM ME FAC, DOMINE

1 Ach Gott, vom Himmel sieh darein
und laß dich das erbarmen,
wie wenig sind der Heiligen dein;
verlassen sind wir Armen.
Dein Wort man läßt nicht haben wahr;
der Glaub ist auch erloschen gar
bei allen Menschenkindern.

2 Sie lehren eitel falsche List,
was eigner Geist erfindet.
Ihr Herz nicht eines Sinnes ist
in Gottes Wort gegründet.
Der wählet dies, der andre das;
sie trennen uns ohn alle Maß
und gleißen schön von außen.

3 Gott woll ausrotten alle Lahr',
die falschen Schein uns lehren.
Dazu ihr Zung stolz offenbar
spricht: »Trotz, wer wills uns wehren?
Wir haben Recht und Macht allein;
was wir setzen, gilt allgemein.
Wer ist, der uns darf meistern?«

4 Darum spricht Gott: »Ich muß auf sein;
die Armen sind verstöret.
Ihr Seufzen dringt zu mir herein;
ich hab ihr Klag erhöret.

Mein heilsam Wort soll auf den Plan,
getrost und frisch sie greifen an
und sein die Kraft der Armen.«

5 Das Silber, durchs Feur siebenmal
bewährt, wird lauter funden.
Am Gotteswort man warten soll
desgleichen alle Stunden.
Es will durchs Kreuz bewähret sein;
da wird sein Kraft erkannt und Schein
und leucht' stark in die Lande.

6 Das wollst du, Gott, bewahren rein
vor diesem argen Gschlechte,
und laß uns dir befohlen sein;
daß sich's in uns nicht flechte.
Der gottlos Hauf sich umher findt,
wo diese losen Leute sind
in deinem Volk erhaben.

25

DER 14. PSALM: DIXIT INSIPIENS IN CORDE SUO

1 Es spricht der Unweisen Mund wohl:
»Den rechten Gott wir meinen.«
Doch ist ihr Herz Unglaubens voll;
mit Tat sie ihn verneinen.
Ihr Wesen ist verderbt fürwahr;
vor Gott ist es ein Greuel gar.
Es tut ihr' keiner kein gut.

2 Gott selbst vom Himmel sah herab
auf aller Menschen Kinder.
Zu schauen sie er sich begab,
ob er jemand würd finden,

der sein' Verstand gerichtet hätt,
mit Ernst nach Gottes Worten tät
und fragt' nach seinem Willen.

3 Da war niemand auf rechter Bahn,
sie waren all ausgschritten.
Ein jeder ging nach seinem Wahn
und hielt verlorne Sitten.
Es tat ihr' keiner doch kein gut,
wiewohl gar viel' betrog der Mut;
ihr Tun müßt Gott gefallen.

4 Wie lang wollen unwissend sein,
die solche Müh aufladen
und fressen dafür das Volk mein
und nährn sich mit seim Schaden?
Es steht ihr Trauen nicht auf Gott,
sie rufen ihn nicht in der Not,
sie wolln sich selbst versorgen.

5 Darum ist ihr Herz nimmer still
und steht allzeit in Forchten.
Gott bei den Frommen bleiben will,
dem sie mit Glauben horchen.
Ihr aber schmäht des Armen Rat
und höhnet alles, was er sagt,
daß Gott sein Trost ist worden.

6 Wer soll Israel, dem armen,
zu Zion Heil erlangen?
Gott wird sich seins Volks erbarmen
und lösen, die gefangen.
Das wird er tun durch seinen Sohn,
davon wird Jakob Wonne han
und Israel sich freuen.

26

DER 46. PSALM: DEUS NOSTER REFUGIUM ET VIRTUS

1 Ein feste Burg ist unser Gott,
ein gute Wehr und Waffen.
Er hilft uns frei aus aller Not,
die uns jetzt hat betroffen.
Der alt böse Feind,
mit Ernst er's jetzt meint;
groß Macht und viel List
sein grausam Rüstung ist.
Auf Erd ist nicht seinsgleichen.

2 Mit unsrer Macht ist nichts getan,
wir sind alsbald verloren.
Es streit' für uns der rechte Mann,
den Gott hat selbst erkoren.
Fragst du, wer der ist?
Er heißt Jesus Christ,
der Herr Zebaoth,
und ist kein andrer Gott.
Das Feld muß er behalten.

3 Und wenn die Welt voll Teufel wär
und möcht uns ganz verschlingen,
so fürchten wir uns nicht zu sehr.
Es muß uns doch gelingen.
Der Fürst dieser Welt,
wie saur er sich stellt,
tut er uns doch nicht;
das macht: Er ist gericht'.
Ein Wörtlein kann ihn fällen.

4 Das Wort sie müssen lassen stahn
und kein Dank dazu haben.
Er ist bei uns wohl auf dem Plan

mit seinem Geist und Gaben.
  Nehmen sie den Leib,
  Gut, Ehr, Kind und Weib –
  laß fahren dahin;
  sie haben's kein Gewinn.
  Das Reich muß uns doch bleiben.

27

DER 67. PSALM: DEUS MISEREATUR NOSTRI

1 Es woll uns Gott genädig sein
und seinen Segen geben.
Sein Antlitz uns mit hellem Schein
erleucht zum ewigen Leben,
  daß wir erkennen seine Werk
  und was ihm liebt auf Erden,
  und Jesu Christi Heil und Stärk
  bekannt den Heiden werden
  und sie zu Gott bekehren.

2 So danken, Gott, und loben dich
die Heiden überalle,
und alle Welt, die freue sich
und sing mit großem Schalle,
  daß du auf Erden Richter bist
  und läßt die Sünd nicht walten;
  dein Wort die Hut und Weide ist,
  die alles Volk erhalten,
  auf rechtem Weg zu wallen.

3 Es danke, Gott, und lobe dich
das Volk in guten Taten.
Das Land bringt Frucht und bessert sich,
dein Wort ist wohlgeraten.
  Uns segne Vater und der Sohn,

uns segne Gott der heilig Geist,
dem alle Welt die Ehre tun,
vor ihm sich fürcht allermeist.
Nun sprecht von Herzen: Amen.

28

DER 124. PSALM: NISI QUIA DOMINUS

1 Wär Gott nicht mit uns diese Zeit,
so soll Israel sagen,
wär Gott nicht mit uns diese Zeit,
wir hätten mußt verzagen,
die so ein armes Häuflein sind,
veracht' von so viel Menschenkind',
die uns zusetzen alle.

2 Auf uns so zornig ist ihr Sinn.
Wo Gott hätt das zugeben,
verschlungen hätten sie uns hin
mit ganzem Leib und Leben.
Wir wärn wie die ein Flut ersäuft
und über die groß Wasser läuft
und mit Gewalt verschwemmet.

3 Gott Lob und Dank, der nicht zugab,
daß ihr Schlund uns konnt fangen.
Wie ein Vogel des Stricks kommt ab,
ist unser Seel entgangen.
Strick ist entzwei und wir sind frei;
des Herren Name steht uns bei,
des Gotts Himmels und Erden.

29

DER 128. PSALM: BEATI OMNES QUI TIMENT DOMINUM

1 Wohl dem, der in Gottes Furcht steht
und der auf seinem Wege geht.
Dein eigen Hand dich nähren soll;
so lebst du recht und geht's dir wohl.

2 Dein Weib wird in deim Hause sein
wie ein Reben voll Trauben fein
und dein Kinder um deinen Tisch
wie Ölpflanzen gesund und frisch.

3 Sieh, so reich Segen hängt daran,
wenn in Gottes Furcht lebt ein Mann.
Von ihm läßt der alt Fluch und Zorn,
den Menschenkindern angeborn.

4 Aus Zion wird Gott segnen dich,
daß du wirst schauen stetiglich
das Glück der Stadt Jerusalem,
vor Gott in Gnaden angenehm.

5 Fristen wird er das Leben dein
und mit Güte stets bei dir sein,
daß du sehen wirst Kindeskind
und daß Israel Friede find.

30

DER 130. PSALM: DE PROFUNDIS CLAMAVI

1 Aus tiefer Not schrei ich zu dir,
Herr Gott, erhör mein Rufen.
Dein gnädig Ohren wend zu mir
und meiner Bitt sie öffen.

Denn so du willst das sehen an,
was Sünd und Unrecht ist getan,
wer kann, Herr, vor dir bleiben?

2 Bei dir gilt nichts denn Gnad und Gunst,
die Sünden zu vergeben.
Es ist doch unser Tun umsonst,
auch in dem besten Leben.
Vor dir niemand sich rühmen kann;
des muß dich fürchten jedermann
und deiner Gnade leben.

3 Darum auf Gott will hoffen ich,
auf mein Verdienst nicht bauen.
Auf ihn mein Herz soll lassen sich
und seiner Güte trauen,
die mir zusagt sein wertes Wort;
das ist mein Trost und treuer Hort.
Des will ich allzeit harren.

4 Und ob es währt bis in die Nacht
und wieder an den Morgen,
doch soll mein Herz an Gottes Macht
verzweifeln nicht noch sorgen.
So tu Israel rechter Art,
der aus dem Geist erzeuget ward,
und seines Gotts erharre.

5 Ob bei uns ist der Sünden viel,
bei Gott ist viel mehr Gnaden.
Sein Hand zu helfen hat kein Ziel,
wie groß auch sei der Schaden.
Er ist allein der gute Hirt,
der Israel erlösen wird
aus seinen Sünden allen.

31
DAS DEUTSCHE SANCTUS

Jesaja, dem Propheten, das geschah,
daß er im Geist den Herren sitzen sah
auf einem hohen Thron in hellem Glanz;
seines Kleides Saum den Chor füllet ganz
Es standen zwei Seraph bei ihm daran.
Sechs Flügel sah er einen jeden han;
mit zwein verbargen sie ihr Antlitz klar,
mit zwein bedeckten sie die Füße gar,
und mit den andern zwein sie flogen frei,
gen'ander riefen sie mit großem Gschrei:
»Heilig ist Gott, der Herre Zebaoth.
Heilig ist Gott, der Herre Zebaoth.
Heilig ist Gott, der Herre Zebaoth.
Sein Ehr die ganze Welt erfüllet hat.«
Von dem Gschrei zittert Schwell und Balken gar;
das Haus auch ganz voll Rauch und Nebel war.

32
DA PACEM DOMINE DEUTSCH

Verleih uns Frieden gnädiglich,
Herr Gott, zu unsern Zeiten.
Es ist doch ja kein andrer nicht,
der für uns könnte streiten,
denn du, unser Gott, alleine.

EIN GEBET

Gott, gib Fried in deinem Lande,
Glück und Heil in jedem Stande.

Herr Gott, himmlischer Vater, der du heiligen Sinn, guten Rat und rechte Werke schaffest, gib deinen Dienern Frieden, den die Welt nicht geben kann, damit unsere Herzen an deinen Geboten hängen und wir unsere Zeit durch deinen Schutz stille und sicher vor Feinden leben, durch Jesus Christus, deinen Sohn, unsern Herrn. Amen.

33
TE DEUM LAUDAMUS VERDEUTSCHT

DER ERSTE CHOR — DER ZWEITE CHOR

Herr Gott, dich loben wir.
Herr Gott, wir danken dir.
Dich, Vater in Ewigkeit
ehrt die Welt weit und breit.
All Engel und Himmels Heer
und was dienet deiner Ehr,
auch Cherubim und Seraphim
singen immer mit hoher Stimm:
»Heilig ist unser Gott,
heilig ist unser Gott,

BEIDE CHÖRE ZUSAMMEN

heilig ist unser Gott, der Herre Zebaoth.«

DER ERSTE CHOR — DER ZWEITE CHOR

Dein göttlich Macht und Herrlichkeit
geht über Himmel und Erde weit.
Der heiligen zwölf Boten Zahl
und die lieben Propheten all,
die teuren Märt'rer allzumal
loben dich, Herr, mit großem Schall.

Die ganze werte Christenheit
rühmt dich auf Erden allezeit.
Dich, Gott Vater im höchsten Thron,
deinen rechten und einigen Sohn,
den heilgen Geist und Tröster wert
mit rechtem Dienst sie lobt und ehrt.
Du König der Ehren, Jesus Christ,
Gott Vaters ewiger Sohn du bist.
Der Jungfrau Leib nicht hast verschmächt[1],
zu'rlösen das menschlich Geschlecht.
Du hast dem Tod zerstört sein Macht
und all Christen zum Himmel bracht.
Du sitzt zur Rechten Gottes gleich[2]
mit aller Ehr in's Vaters Reich.
Ein Richter du zukünftig bist
allem, was tot und lebend ist.[3]
Nun hilf uns, Herr, den Dienern dein,
die mit dei'm teurn Blut erlöset sein.
Laß uns im Himmel haben teil
mit den Heiligen am ewigen Heil.
Hilf deinem Volk, Herr Jesu Christ,
und segne, was dein Erbteil ist.
Wart und pfleg es zu aller Zeit
und heb es hoch in Ewigkeit.
Täglich, Herr Gott, wir loben dich
und ehrn dein Namen stetiglich.
Behüt uns heut, o treuer Gott,
vor aller Sünd und Missetat.
Sei uns gnädig, o Herre Gott,
sei uns gnädig in aller Not.
Zeig uns deine Barmherzigkeit,
wie unsre Hoffnung zu dir steht.
Auf dich hoffen wir, lieber Herr,
in Schanden laß uns nimmermehr.
Amen.

EIN GEBET NACH DEM TE DEUM LAUDAMUS

Danket dem Herrn, denn er ist freundlich,
und seine Güte währet ewiglich.

Herr Gott, himmlischer Vater, von dem wir ohne Unterlaß allerlei Gutes empfangen und von dem wir so gnädig behütet werden, wir bitten dich, gib uns durch deinen Geist, daß wir dies alles mit ganzem Herzen in rechtem Glauben erkennen, damit wir deiner milden Güte und Barmherzigkeit hier und dort ewiglich danken und dich loben, durch Jesus Christus, deinen Sohn, unsern Herrn. Amen.

34

EIN LIED VON DER HEILIGEN CHRISTLICHEN KIRCHE AUS DEM 12. KAPITEL DER OFFENBARUNG

1 Sie ist mir lieb, die werte Magd,
und kann ihr' nicht vergessen.
Lob, Ehr und Zucht von ihr man sagt;
sie hat mein Herz besessen.
Ich bin ihr hold,
und wenn ich sollt
groß Unglück han,
da liegt nichts dran;
sie will mich des ergetzen
mit ihrer Lieb und Treu an mir,
die sie zu mir will setzen,
und tun all mein Begier.

2 Sie trägt von Gold so rein ein Kron,
da leuchten drin zwölf Sterne.
Ihr Kleid ist wie die Sonne schön;
das glänzet hell und ferne.

Und auf dem Mon
ihr Füße stohn.
Sie ist die Braut,
dem Herrn vertraut.
Ihr ist weh und muß gebären
ein schönes Kind, den edlen Sohn
und aller Welt ein Herren.
Dem ist sie unterton.

3 Das tut dem alten Drachen Zorn;
er will das Kind verschlingen.
Sein Toben ist doch ganz verlorn;
es kann ihm nicht gelingen.
Das Kind ist doch
gen Himmel hoch
genommen hin
und lässet ihn
auf Erden gar sehr wüten.
Die Mutter muß sein ganz allein;
doch will sie Gott behüten
und der recht Vater sein.

35

EIN KINDERLIED, ZU SINGEN WIDER DIE BEIDEN ERZFEINDE CHRISTI UND SEINER HEILIGEN KIRCHE, DEN PAPST UND DIE TÜRKEN

1 Erhalt uns, Herr, bei deinem Wort,
und steur des Papsts und Türken Mord,
die Jesus Christus, deinen Sohn,
möchten stürzen von deinem Thron.

2 Beweis dein Macht, Herr Jesu Christ,
der du Herr aller Herren bist.

Beschirm dein arme Christenheit,
daß sie dich lob in Ewigkeit.

3 Gott heilger Geist, du Tröster wert,
gib dei'm Volk einrlei Sinn auf Erd.
Bleib bei uns in der letzten Not.
G'leit uns ins Leben aus dem Tod.

36
DER HYMNUS: O LUX BEATA TRINITAS VERDEUTSCHT

1 Der du bist drei in Einigkeit,
ein wahrer Gott von Ewigkeit:
Die Sonn mit dem Tag von uns weicht;
laß leuchten uns dein göttlich Licht.

2 Des Morgens, Gott, dich loben wir,
des Abends auch beten vor dir.
Unser armes Lied rühmet dich
jetzund, immer und ewiglich.

3 Gott Vater, dem sei ewig Ehr,
Gott Sohn, der ist der einig Herr,
und dem Tröster heiligen Geist
von nun an bis in Ewigkeit.
Amen.

Die alten Lieder, die hier folgen, haben wir mit aufgenommen als das Zeugnis einiger frommer Christen, die vor uns gelebt haben in der großen Finsternis der falschen Lehre, damit man deutlich erkennen möge, wie dennoch zu allen Zeiten Leute gewesen sind, die Christus recht erkannt haben und trotz allem wunderbarerweise in dieser Erkenntnis durch Gottes Gnade erhalten wurden.
[Fünf Lieder aus der spätmittelalterlichen Tradition[1]]

Es sind auch von anderen Zeitgenossen geistliche Lieder gemacht worden. Weil sie aber sehr zahlreich sind und der größere Teil davon nicht besonders viel taugt, habe ich sie nicht alle in unser Gesangbüchlein übernehmen wollen, sondern habe die besten darunter herausgesucht und füge sie hier an. Was mich aber dazu veranlaßt hat, darüber wird dich die neue Vorrede belehren.
[16 Lieder von Zeitgenossen[2]]

Wir haben auch – als gute Vorbilder – in dieses Büchlein aufgenommen die heiligen Lieder aus der heiligen Schrift, welche die lieben Patriarchen und Propheten gemacht und gesungen haben, damit wir nicht nur als neue Meister betrachtet werden in dieser Arbeit, sondern auch vor uns das Beispiel aller Heiligen vorweisen können. So wird jeder Christ ohne Mühe erkennen, wie sie – gleich wie wir es tun – auch allein Gottes Gnade und nicht Menschenwerk preisen. Sie aber wird man nicht dermaßen zu verdammen sich getrauen wie uns, wenn man sie auch ebensosehr verachtet wie uns.
Vor allem aber deshalb, weil wir diese Lieder oder Psalmen mit Ernst und Andacht, mit Herz und Verständnis gesungen haben möchten, nicht wie man sie in den Stiften und Klöstern in großem Mißbrauch und großer Abgötterei noch heutigen Tages blökt und heult und dabei nichts versteht noch zu verstehen willig oder bemüht ist, geschweige daß man mit Andacht oder Gewinn sänge, weshalb denn auch Gott damit mehr erzürnt als versöhnt wird.
[17 Cantica und Psalmen[3]]

VORREDE AUF ALLE GUTEN GESANGBÜCHER
1538

Frau Musica *[spricht]*:
Vor allen Freuden auf Erden
kann niemandem eine schönere werden,
denn die ich geb mit mei'm Singen
und mit manchem süßen Klingen.
Hier kann nicht sein ein böser Mut,
wo da singen Gesellen gut.
Hier bleibt kein Zorn, Zank, Haß noch Neid;
weichen muß alles Herzeleid.
Geiz, Sorg und was sonst hart anleit[1]
fährt hin mit aller Traurigkeit.
Auch ist ein jeder des wohl frei[2],
daß solche Freud kein Sünde sei,
sondern auch Gott viel besser gefällt
denn alle Freud der ganzen Welt.
Dem Teufel sie sein Werk zerstört
und verhindert viel böser Mörd.
Das bezeugt Davids, des Königs, Tat,
der dem Saul oft gewehret hat
mit gutem, süßem Harfenspiel,
daß er in großen Mord nicht fiel.
Zum göttlichen Wort und Wahrheit
macht sie das Herz still und bereit.
Solchs hat Elisäus[3] bekannt,
da er den Geist durchs Harfen[4] fand.
Die beste Zeit im Jahr ist mein;
da singen alle Vögelein.
Himmel und Erde ist der voll;
viel gut Gesang da lautet wohl.
Voran die liebe Nachtigall
macht alles fröhlich überall
mit ihrem lieblichen Gesang.
Des muß sie haben immer Dank.

Viel mehr der liebe Herre Gott,
der sie also geschaffen hat,
zu sein die rechte Sängerin,
der Musica ein Meisterin.
Dem singt und springt sie Tag und Nacht;
seins Lobes sie nichts müde macht.
Den ehrt und lobt auch mein Gesang
und sagt ihm einen ewigen Dank.

CHRISTLICHE GESÄNGE, LATEINISCH UND DEUTSCH, ZUM BEGRÄBNIS
1542

Dem christlichen Leser
D. Martin Luther

St. Paulus schreibt denen zu Thessalonich, daß sie über die Toten nicht betrübt sein sollen wie die andern, die keine Hoffnung haben, sondern sich trösten sollen durch Gottes Wort, als solche, die sichere Hoffnung haben auf das Leben und die Auferstehung der Toten (1.Thess.4,13).

Denn daß die betrübt sind, die keine Hoffnung haben, ist nicht verwunderlich, ist ihnen auch nicht zu verdenken, da sie doch dem Glauben an Christus fernstehen und entweder allein dieses zeitliche Leben schätzen und liebhaben müssen und es ungern verlieren oder nach diesem Leben den ewigen Tod und den Zorn Gottes in der Hölle erwarten müssen und ungern darauf zugehen.

Wir Christen aber, die wir von dem allen durch das kostbare Blut des Sohnes Gottes erlöst sind, sollen uns im Glauben üben und gewöhnen, den Tod zu verachten und als einen tiefen, starken, süßen Schlaf anzusehen, den Sarg für nichts anderes als unseres Herrn Christi Schoß oder Paradies, das Grab für nichts anderes als einen weichen Pfuhl oder Ruhebett zu halten. So ist es ja vor Gott in

Wahrheit, wie er spricht Joh.11,11: »Lazarus, unser Freund, schläft.« Und Matth.9,24: »Das Mädchen ist nicht tot, sondern es schläft.«

So hält es auch St. Paulus 1.Kor.15: Er rückt aus unseren Augen alle häßlichen Gestalten des Todes in unserem sterblichen Leibe und zeigt uns lauter holdselige und tröstliche Gestalten des Lebens, wenn er spricht: »Es wird gesät verweslich und wird auferstehen unverweslich. Es wird gesät in Unehre (das heißt: in häßlicher, schandbarer Gestalt) und wird auferstehen in Herrlichkeit. Es wird gesät in Schwachheit und wird auferstehen in Kraft. Es wird gesät ein natürlicher Leib und wird auferstehen ein geistlicher Leib.« (42-44)

Darum haben wir in unseren Kirchen die päpstlichen Greuel wie Vigilien, Seelenmessen, Jahrtage, Fegefeuer und alles andere Gaukelwerk, das für die Toten getrieben wird, abgeschafft und gänzlich ausgeräumt und wollen unsere Kirchen nicht mehr Klagehäuser und Leidstätten sein lassen, sondern, wie auch die alten Kirchenväter sie genannt hatten: Koemiteria, das heißt: für Schlafhäuser und Ruhestätten halten.

Wir singen auch weder Trauerlieder noch Klagegesänge bei unseren Toten, sondern tröstliche Lieder von Vergebung der Sünden, von Ruhe, Schlaf, Leben, Auferstehung der verstorbenen Christen, womit unser Glaube gestärkt und die Leute zu rechter Andacht ermuntert werden.

Denn es ist auch billig und recht, daß man das Begräbnis würdig begehe und durchführe, zu Lob und Ehren dem tröstlichen Artikel unseres Glaubensbekenntnisses, nämlich von der Auferstehung der Toten, und zum Trotz dem schrecklichen Feinde, dem Tode, der uns so schändlich dahinfrißt ohne Unterlaß in allerlei scheußlicher Gestalt und Weise.

So haben (wie wir lesen) die heiligen Patriarchen, Abraham, Isaak, Jakob, Joseph usw., ihr Begräbnis herrlich begangen und mit großem Eifer angeordnet. Hernach haben die Könige von Juda großes Gepränge getrieben über den Leichen mit köstlichem Räucherwerk von allerlei gutem, edlem Gewürz, alles, um den stinkenden, schändlichen Tod zu dämpfen und die Auferstehung der Toten zu preisen und zu bekennen, um damit die Schwachgläubigen und Traurigen zu trösten.

Dazu gehört auch, was die Christen bisher getan haben und heute noch tun an den Leichen und Gräbern: daß man sie herrlich trägt, schmückt, besingt und mit Grabzeichen ziert. Es geht alles um den einen Artikel von der Auferstehung, daß er fest in uns gegründet werde, denn er ist unser dauernder, seliger, ewiger Trost und unsere Freude wider Tod, Hölle, Teufel und alle Traurigkeit.

Zudem haben wir auch, als gute Beispiele, die schönen Musikstücke oder Gesänge, die im Papsttum in Vigilien, in Seelenmessen und beim Begräbnis gebraucht werden, genommen, davon einige in dies Büchlein drucken lassen und wollen mit der Zeit davon weitere übernehmen (oder wer es besser kann als wir). Doch haben wir andere Texte daruntergesetzt, um damit unseren Artikel von der Auferstehung zu schmücken, nicht das Fegefeuer mit seiner Strafe und Genugtuung, deretwegen ihre Verstorbenen nicht schlafen und ruhen können. Der Gesang und die Noten sind köstlich; schade wäre es, wenn sie untergehen sollten. Aber unchristlich und ungereimt sind die Texte oder Worte; die sollten untergehen.

Gleichwie auch in allen anderen Stücken sind sie uns hier weit voraus, haben die schönsten Gottesdienste, schöne, herrliche Stifte und Klöster. Aber das Predigen und Lehren, das sie darin treiben, dient zum größeren Teil dem Teufel und lästert Gott. Denn er[1] ist der Welt Fürst und Gott; darum muß er auch das Edelste, Beste und Schönste haben.

Auch haben sie köstliche goldene und silberne Monstranzen und Bilder, geziert mit Kleinoden und Edelsteinen. Aber darin sind Totengebeine vom Schindanger und anderswoher. Weiter haben sie köstliche Kirchenkleider, Kaseln, Mäntel, Röcke, Hüte, Infuln. Aber wer ist darunter oder damit bekleidet? Faule Bäuche, böse Wölfe, gottlose Säue, die Gottes Wort verfolgen und lästern.

So haben sie auch wahrlich viel treffliche, schöne Musik oder Gesänge, besonders in den Stiften und Pfarren, aber viele unsaubere, abgöttische Texte damit geziert. Darum haben wir solche abgöttischen, toten und tollen Texte entkleidet, ihnen die schöne Musik abgestreift und sie dem lebendigen, heiligen Gotteswort angezogen, es damit zu singen, zu loben und zu ehren, damit so dieser schöne Schmuck der Musik in rechtem Gebrauch ihrem lieben Schöpfer und seinen Christen diene, so daß er gelobt und geehrt, wir aber durch sein heiliges Wort, welches mit süßem Gesang ins Herz dringt, gebessert und im Glauben gestärkt werden. Das helfe uns Gott der Vater mit dem Sohn und dem heiligen Geist. Amen.

Doch ist nicht dies unsere Meinung, daß diese Noten genauso in allen Kirchen gesungen werden müßten. Eine jede Kirche behalte ihre Noten nach ihrem Buch und Brauch. Denn ich selbst höre es auch nicht gerne, wenn in einem Responsorium oder einem anderen Gesang die Noten geändert sind und sie anders gesungen werden bei uns, als ich es aus meiner Jugend gewöhnt bin. Es geht um die Veränderung des Textes und nicht der Noten.

Wenn man ferner auch die Gräber ehren möchte, wäre es schön, an die Wände über den Gräbern gute Epitaphe oder Sprüche aus der Schrift zu malen oder zu schreiben, damit sie denen vor Augen sind, die zur Bestattung oder auf den Kirchhof gehen.[2] Solche Sprüche und Grabschriften würden die Kirchhöfe besser zieren als andere, weltliche Zeichen wie Wappen, Helme usw.[3]

Wo aber jemand begabt und bereit wäre, solche Sprüche in gute, schöne Verse zu bringen, so würde das dazu dienen, daß sie um so leichter behalten und um so lieber gelesen würden. Denn Reime oder Verse ergeben gute Merk- oder Sprichwörter, die man lieber gebraucht als die schlichte Redeweise.[4]

Lukas 2,29-32

Im Fried bin ich dahingefahrn,
denn mein Augen gesehen han
dein Heiland, Herr, von dir bereit'
zum Licht der ganzen Christenheit.
Indes ruh ich in dieser Gruft
bis auf meins Herren Wiederkunft.

Lukas 2,29-32

Mit Fried und Freud in guter Ruh
getrost tat ich mein Augen zu
und legt mich schlafen in mein Grab,
weil ich dein Heiland gsehen hab,
den du für uns all hast bereit'
zum Heil der ganzen Christenheit,
daß er das ewig Licht sollt sein
den Heiden zum seligen Schein
und daß auch Israel darob
hab Herrlichkeit und ewigs Lob.

Johannes 11,25.26

Christ ist die Wahrheit und das Leben;
die Auferstehung will er geben.
Wer an ihn glaubt, das Leb'n erwirbt,
ob er gleich hie auch leiblich stirbt.
Wer lebt und glaubt, gibt ihm die Ehr,
wird gwißlich sterben nimmermehr.

Hiob 19,25-27

In mei'm Elend war dies mein Trost:
Ich sprach: Es lebt, der mich erlöst.

Auf den ich in der Not vertraut,
wird mich wieder mit meiner Haut
umgeben, daß ich aus der Erd
vom Tod wieder erwecket werd.
In meinem Fleisch werd ich Gott sehen.
Ist gwißlich wahr, und wird geschehen.

Die deutschen Gesänge »Mit Fried und Freud ich fahr dahin«, »Wir glauben all an einen Gott«, »Nun bitten wir den heiligen Geist«, »Nun laßt uns den Leib begraben« usw. kann man einen nach dem andern singen, wenn man vom Begräbnis heimgehen will. So mag man es auch mit den lateinischen Gesängen halten: »Iam maesta quiesce querela«, »Si enim credimus«, »Corpora sanctorum«, »In pace sumus« usw.

DIE VORREDE ZUM LEIPZIGER GESANGBUCH DES VALENTIN BABST 1545

Der 96. Psalm spricht: »Singet dem Herrn ein neues Lied. Singet dem Herrn, alle Welt.« Es war im Alten Testament unter dem Gesetz Moses der Gottesdienst sehr beschwerlich und mühevoll, da sie so viele und mancherlei Opfer bringen mußten von allem, was sie in Haus und Feld hatten. Das tat das Volk, das faul und geizig war oder alles nur um des zeitlichen Nutzens willen tat, gar ungerne, wie der Prophet Maleachi sagt: »Wer ist unter euch, der umsonst eine Tür zuschlösse oder ein Licht auf meinem Altar anzündete?« (1,10) Wo aber ein solch faules, unwilliges Herz ist, da kann gar nichts oder nichts Gutes gesungen werden. Fröhlich und voller Lust müssen Herz und Gemüt sein, wo man singen soll. Darum hat Gott solchen faulen und unwilligen Gottesdienst verworfen, wie er daselbst weiter spricht: »Ich habe keine Lust zu euch, spricht der Herr Zebaoth, und eure Speisopfer gefallen mir nicht von euren Händen. Denn vom Aufgang der Sonne bis zu ihrem Niedergang ist mein Name herrlich unter den Heiden, und an allen Orten wird meinem Namen Räucherwerk geopfert und ein reines Speisopfer. Denn groß ist mein Name unter den Heiden, spricht der Herr Zebaoth.« (1,10 f.)

So ist nun im Neuen Testament ein besserer Gottesdienst, wovon hier der Psalm sagt: »Singet dem Herrn ein neues Lied. Singet dem Herrn, alle Welt.« Denn Gott hat unser Herz und Gemüt fröhlich gemacht durch seinen lieben Sohn, welchen er für uns hingegeben hat zur Erlösung von Sünden, Tod und Teufel. Wer dies mit Ernst glaubt, der kann's nicht lassen: Er muß fröhlich und mit Lust davon singen und sagen, damit es andere auch hören und herzukommen. Wer aber nicht davon singen und sagen will, das ist ein Zeichen dafür, daß er's nicht glaubt und nicht ins neue, fröhliche Testament, sondern unter das alte, faule, unlustige Testament gehört.

Darum tun die Drucker sehr wohl daran, daß sie gute Lieder fleißig drucken und mit allerlei Zierde den Leuten angenehm machen, damit sie zu solcher Freude des Glaubens gereizt werden und gerne singen. Wie denn dieser Druck Valentin Babsts sehr anmutig ausgeschmückt ist.[1] Gott gebe, daß damit dem Römischen Papst, der nichts als Heulen, Trauern und Leid in aller Welt angerichtet hat durch seine verdammten, unerträglichen und leidbringenden Gesetze, großer Abbruch und Schaden geschehe. Amen.[2]

Luthers Angaben von Bibelstellen wurden ergänzt. Auf den Nachweis anderer Zitate mußte verzichtet werden.

Daß eine christliche Versammlung oder Gemeinde Recht und Macht habe

1 Bettelmönche, die Almosen sammeln.
2 Masken, Gespenster.
3 Die Schulkinder wählten am St.Nikolaustag aus ihrer Mitte einen »Bischof« und trieben mit ihm ihren Scherz.

Vorrede zu: Ordnung eines gemeinen Kastens

1 Bezeichnung für das Buch des Predigers Salomo in der griechischen und lateinischen Bibel; so auch hier: Prediger.
2 Klöster der älteren Mönchsorden außerhalb der Städte, im Unterschied zu den Klöstern der Bettelorden, die sich innerhalb der Städte niedergelassen haben.
3 Bei den Hussiten.
4 Beleihung von Grundbesitz auf Zinsen; L. wendet sich dagegen, daß solche Darlehen bzw. deren Rendite für fromme Zwecke gestiftet werden.
5 Testamentarisch vermachter Grundbesitz.
6 Nach seinem (sog. Kleinen) Sermon von dem Wucher, 1519 (s. Bd. 4), hat L. 1520 noch einen weiteren (sog. Großen) Sermon von dem Wucher veröffentlicht; WA 6;36-60.
7 Schuldner, der die Zinsen zu zahlen hat.

Von Ordnung Gottesdiensts

1 Wechselgesänge.
2 Kurze liturgische Gesänge, Leitverse zu den Psalmen.
3 2. Februar.
4 25. März.
5 15. August.
6 8. Dezember.
7 Die Liturgie.
8 24. Juni.

Sendbrief an die Gemeinde zu Eßlingen

1 L.: Artikel

2 Von der Freiheit eines Christenmenschen, 1520 (s. Bd. 1).
3 Von den guten Werken, 1520 (s. Bd. 2).
4 De votis monasticis iudicium, 1521; WA 8;573-669.
5 Von Menschenlehre zu meiden, 1522; WA 10,2;72-86.
6 Vgl. dazu L.'s Vorrede zur Gesamtausgabe seiner deutschen Schriften, 1539 (s. Bd. 1).
7 9. Oktober.

An die Ratsherrn aller Städte

1 L.: Man las sie so mehr leren, da mit sie sich erneren.
2 Nächtliche liturgische Feier vor einem hohen kirchlichen Fest.
3 Gedenktag an den Tod eines Heiligen.
4 L.: weret, beschweret.
5 Heiliges Jahr (seit 1300). Der in einem solchen Jahr gewährte Jubelablaß brachte dem Papsttum enorme Einnahmen; daher wohl der Vergleich.
6 L. auch lat.
7 Artes liberales, in der Antike die Wissenschaften; »frei«, weil sie nicht dem Broterwerb dienten (Grammatik, Rhetorik, Dialektik; Arithmetik, Geometrie, Astronomie, Musik).
8 Erzieher.
9 Gängige Beschimpfung durch die italienischen Humanisten.
10 So die lateinische Fassung nach der von den beiden Kirchenvätern benutzten griechischen Übersetzung. Dagegen L. nach dem Urtext: »Nach deinem Sieg wird dir dein Volk williglich opfern.«
11 L.: machen yhm eyne nasen.
12 De doctrina christiana.
13 Bernhard von Clairvaux.
14 Spottname für die scholastischen Theologen.
15 Die sich an Hus anschließende kirchliche Reformbewegung der Böhmischen Brüder wurde mit dem Ketzernamen der Waldenser belegt. L. stand in Kontakt mit ihnen.
16 L.: were ich doch allen püsschen zu ferne gewest; wohl eine sprichwörtliche Wendung, vielleicht aus der Jägersprache.
17 Musik gehörte nach mittelalterlicher Auffassung zur Mathematik.
18 Aelius Donatus (Mitte 4. Jh. n. Chr.) und Alexander de Villa Dei (ca. 1170-1250), Verfasser lateinischer Lehrbücher.

19 Agnes von Rom, Agatha von Catania und Lucia von Syracus, Märtyrerinnen der diokletianischen Verfolgung (304?). Ob sie nach L. von Märtyrern unterrichtet wurden (wovon die Legende nichts weiß) oder ihrerseits als Lehrende gedacht sind, ist unklar.
20 Die Mönche.
21 Lateinisches Wörterbuch von dem Mönch Johann Januensis (1286).
22 Lateinisches Gedicht über die Syntax von dem Kanonikus Ludolf von Luchow (1317).
23 Grammatisch-lexikalisches Werk zur griechischen Sprache (12. oder 13. Jh.), angeblich von Eberhard von Bethune.
24 Gedicht mit Erörterungen zu Grammatik, Rhetorik und Poetik, wohl von Eberhard von Bethune (um 1220).
25 »Schlaf ruhig«; Predigtsammlung von Johannes von Werden (Mitte 15. Jh.).
26 Wörtlich: Meinungen; ursprünglich Sammlungen von Väterzitaten, später Textbücher für den dogmatischen Unterricht.
27 Wörtlich: Fragen; Methode und literarische Form philosophischer und theologischer Werke des Mittelalters.
28 Dozenten an der Artisten-Fakultät (vgl. Anm. 7), die sich hinsichtlich des Unterrichts an Wilhelm von Ockham anschlossen.

Vorrede zu: Deutsche Messe

1 Ärger, schlimmer werden.
2 Formula missae et communionis, 1523; WA 12;205-220.
3 Liturgie.
4 Sektiererei.
5 L. hatte unter diesem Titel 1522 eine umfangreiche Sammlung eigener Texte zum Stoff des Katechismus herausgegeben; WA 10,2;375-501.
6 Silbermünzen vom Schreckenberg, aus Annaberg im Erzgebirge.
7 L.: Loci communes. Unter diesem Titel hatte Melanchthon 1521 sein erstes systematisches Lehrbuch reformatorischer Theologie, aufgebaut nach zentralen Begriffen des Römerbriefs, veröffentlicht.

Vorrede zu: Unterricht der Visitatoren

1 Ämter innerhalb des Domkapitels.
2 Bischöflicher Richter.
3 Alljährlich vom Bischof reihum an den Orten der Urpfarreien seiner Diözese abgehaltene Gerichtsversammlung.
4 L.: Divinus ordo; Ritus der Exkommunikation.
5 Zwei Formen kurzer liturgischer Gesänge.
6 Das Gewisse dem Ungewissen vorziehen.
7 Konstantin d. Gr. hatte das Konzil zu Nicäa 325 einberufen, um die Lehrstreitigkeiten beizulegen, die, von Alexandrien ausgehend, die Kirche gespalten hatten, als Arius die Wesensgleichheit von Gott und Christus leugnete.

Predigt, daß man Kinder zur Schule halten soll

1 Sakramentshäuschen.
2 Lat. Text in Joel 2,23: doctor iustitiae.
3 Spottname für scholastische Theologen.
4 L. denkt wohl an Erzbischof Albrecht von Mainz, dem er die Schuld an der Ermordung des Predigers Georg Winkler (1527) zuschrieb (vgl. WA 23;390-431).
5 Friedrich der Weise.
6 L. auch lat.; im Edikt »Constitutio imperatoriam maiestatem«, durch das seine Sammlung römischen Rechts, die Institutionen, publiziert wurde.
7 L. denkt wohl vor allem an die Schrift Ob Kriegsleute auch in seligem Stande sein können, 1526 (s. Bd. 4).
8 L. lat.: Panem propter deum.

Sendbrief vom Dolmetschen

1 Die Anfangsworte des Matth.-Evangeliums übersetzt man heute: Buch von der Geschichte Jesu Christi.
2 Hieronymus schuf die kirchlich maßgebend gewordene Übersetzung der Bibel ins Lateinische (Vulgata).
3 Herzog Georg von Sachsen verbot L.'s Neues Testament und empfahl die am 1. 8. 1527 in Dresden erschienene Übersetzung seines Sekretärs Hieronymus Emser, die L. ohne Nennung des Namens zutreffend kennzeichnet.
4 Das Wort des vehementesten römischen Satirikers Juvenal (Satiren 6,223) belegt, daß L. hier, wie öfter im Sendbrief, satirisch redet.

5 L. meint die oft von ihm behandelte Brauchbarkeit von Aristoteles in der Theologie (vgl. auch seine Disputation über den Menschen, 1536; s. Bd. 2).
6 Fabri (= Sohn eines Schmiedes) und Cochlaeus (was L. von cochlear = Löffel ableitet) waren in scharfen Kampfschriften gegen L. aufgetreten.
7 Sola, weibl. Form des Eigenschaftswortes solus = einsam, allein; solum, Umstandswort = nur, allein; tantum, Umstandswort = so viel, nur.
8 Hans Denck und Ludwig Hätzer gaben 1527 in Worms eine bedeutende Übersetzung der Propheten heraus.
9 Vielleicht ist Thomas Müntzer gemeint.
10 Die geplante Schrift Von der Rechtfertigung blieb unvollendet.
11 Eine Predigt von den Engeln, gehalten auf der Coburg am Michaelistag 1530, seit 1531 mehrfach gedruckt; WA 32;111-121.
12 Aus der Einsamkeit, am 8. September; oder auch: aus der Wüste, d. h. der Verbannung auf der Veste Coburg.

Fabeln aus Äsop
1 Quintilian hatte in seiner Institutio oratoria die für den Redner wichtigen Bücher zusammengestellt.
2 Schon seit der griechischen Antike war eine Vita Äsops mit der Fabelsammlung verbunden.
3 Fabelausgabe des Heinrich Steinhöwel, eine enzyklopädische Sammlung, die in der deutschen Fassung erstmals 1477/78 in Augsburg im Druck erschienen war.
4 Eine Bearbeitung der Äsop-Vita durch L. ist nicht überliefert.
5 L. lat.
6 Societas leonina, Ausdruck Ulpians.
7 Ein graues Pferd erzeugt wieder ein graues; Art läßt nicht von Art.
8 Übersetzung eines von L. öfters zitierten lat. Sprichworts.

Vorwort zu: Historia Galeatii Capellae
1 Varro schildert in seinen Antiquitates die Ur- und Religionsgeschichte Roms.
2 L. meint die römische Kirchengeschichtsschreibung, die der griechischen Kirche die Schuld an der Spaltung im Jahre 1054

zwischen Ost- und Westkirche gibt und die Geschichte aus der Sicht des Papsttums vereinseitigt; aber auch die von ihm nach eigenen historischen Studien wiederholt kritisierte Darstellung des apostolischen Zeitalters und der Entstehung des Papsttums.

Von Konzilien und Kirchen

1 Radikale Richtung im reformatorischen Lager, die unter Wortführung Agricolas jede Gesetzespredigt als unevangelisch ablehnte und 1537 L. angriff.
2 Die Grundbedeutung von katholisch meint universal.
3 L.: blind.
4 Die erste der beiden Gesetzestafeln des Mose, 1.-3. Gebot.
5 Wohl aus dem 13. Jh. stammender Begriff, der Glaube, Liebe und Hoffnung (1.Kor.13,13) zusammenfaßt.
6 Die zweite Tafel des Mose, 4.-10. Gebot.
7 Anhänger als Ketzerei verurteilter christologischer Richtungen in der alten Kirche, die als Ketzer auch als sittlich anrüchig galten.
8 Ausland, Fremde.
9 Erste Strophe des Liedes »Nun bitten wir den heiligen Geist«, s. u. S. 242 Nr. 12.
10 Von L. häufig gebrauchte Bezeichnung für den vergänglichen Leib.
11 L.: Heiltum, d. h. im engen Sinne Reliquie, hier im reformatorischen Sinne verwendet; im folgenden durchweg wiedergegeben mit Heilmittel.
12 Zu L.'s Stellung zu den mittelalterlichen Vereinigungen der Bruderschaften vgl. seinen Sermon von dem hochwürdigen Sakrament des heiligen wahren Leichnams Christi und von den Bruderschaften, 1519 (s. Bd. 2).
13 Spottname für Cochläus (von L. abgeleitet von cochlear = Löffel).
14 Johann Fabri.
15 Vgl. die beiden Schlüssel im Wappen des Papstes; nach Matth.16,19 der Schlüssel zum Binden und der zum Lösen.
16 Das griechische Wort mysterion in Eph.5,32 wird im Lateinischen übersetzt mit sacramentum. Die Stelle wird deshalb im Mittelalter vom römisch-katholischen Sakramentsbegriff her ausgelegt.

17 Anfangswort des 2. Kapitels des Decretum Gratiani (Kirchenrechtssammlung), dist.26.

18 Eine im Decretum Gratiani zitierte Warnung Augustins aus seiner Vorrede zu De trinitate, seine Schriften nicht als kanonische, d. h. unbedingt verpflichtende, Texte aufzufassen, die L. hier gegen den kanonischen Gebrauch einer Äußerung Augustins zitiert.

19 Irrige Exegese von Phil.4,3 und 1.Kor.7,8.

20 Das kanonische Recht.

21 Lutherbibel: Er wird weder Frauenliebe noch des einzigen Gottes achten.

22 Wortspiel, um die Verkehrung von Voraussetzung und Folge zu verspotten.

23 Geweihte Wachstäfelchen mit dem Lamm Gottes.

24 Zum Amtsornat des Erzbischofs gehörend.

25 Meßgewänder.

26 Noch 1539 veröffentlichte L. die Schrift Von dem geweihten Wasser und des Papsts Agnus Dei; WA 50;670-673.

27 Am Hexenglauben seiner Zeit hat L. lebenslang festgehalten.

28 Santiago di Compostela, einer der besuchtesten abendländischen Wallfahrtsorte.

29 L. erinnert an seine Verbrennung der Bannandrohungsbulle und des kanonischen Rechts am 10. 12. 1520.

30 Im hier nicht abgedruckten Teil unserer Schrift; im übrigen vgl. die Schriften An die Ratsherrn aller Städte deutschen Landes, 1524, und Predigt, daß man Kinder zur Schule halten soll, 1530.

31 Im hier nicht abgedruckten Teil unserer Schrift.

32 L.: Nasenschweiß; später in der Bibelübersetzung: Schweiß des Angesichts.

33 L. legt mit der Tradition die Stelle auf Christus hin aus.

Gesangbuchvorreden, Lieder, Gebete

Die Vorrede zum Wittenberger Chorgesangbuch.

Diese Vorrede steht auch im Wittenberger Gemeindegesangbuch, dessen erste Ausgabe vermutlich 1525 erschien. Erhalten ist diejenige von 1526.

Die neue Vorrede zum Wittenberger Gemeindegesangbuch

Diese Vorrede steht neben derjenigen von 1524 seit 1529 in Luthers Gesangbuch. Die Ausgabe desselben von 1529 ist verschollen, läßt sich aber an Hand der erhaltenen Ausgabe von 1533 und eines Erfurter Nachdrucks von 1531 rekonstruieren.

1 Hier übertreibt Luther. Die Überlieferung in den Abdrucken seiner Lieder zwischen 1524 und 1529 läßt eine solche Tendenz nicht erkennen.

2 Weder das Wittenberger Chorgesangbuch von 1524 noch das Gemeindegesangbuch von 1526 enthalten in den Überschriften Autorennamen; diese tauchen tatsächlich erst 1529 auf.

Die Lieder

1 Entstanden wohl Ende 1523. Luthers Bearbeitung der überlieferten Hymnenweise: EKG 1.

1,2 Als Kind der Jungfrau bekannt (anerkannt).

1,3.4 Damit alle Welt staune, hat Gott ihm (seinem Sohn) eine solche Geburt (von der Jungfrau) bereitet.

2,4 Und es blüht auf eine Frucht aus dem Fleisch des Weibes.

3,3 Schon = Adv. schön.

4,3.4 Seinem Wesen nach (zugleich) Gott und Mensch, eilt er, seinen Weg als Held zu durchlaufen.

7,4 Der Glaube bleibt immer im Licht.

Das Gebet (mit dem vorangestellten Versikel Jes. 40,3 = Matth. 3,3) ist die Übertragung einer Kollekte aus der kirchlichen Tradition (8./9. Jh.) und wurde wie alle weiteren Gebete zum Kirchenjahr, von denen wir nur eine kleine Auswahl aufgenommen haben, von Luther 1533 ins Gesangbuch aufgenommen.

2 Entstanden Ende 1523. Bearbeitung der Hymnenweise durch Luther.

1,1 Schon = Adv. schön, auf angemessene Weise.

2,3 Erwerben = erkaufen, erlösen.

3 Die 1. Strophe ist seit dem Ende des 14. Jh. überliefert; auch die Melodie (EKG 15) dürfte mittelalterlich sein. Entstanden Ende 1523.

4,2 Schein = Glanz.

4,4 Und uns zu Kindern des Lichtes macht.

5,1 Der Sohn des Vaters, seinem Wesen nach Gott.

5,2 Luther schreibt noch die alte Form »werlet«.

5,4 Macht uns zu Erben.

4 Entstanden wohl auf Weihnachten 1534; gedruckt im Wittenberger Gesangbuch 1535. Die später entstandene Melodie

EKG 16 taucht in einem Leipziger Gesangbuch von 1539 auf, dürfte aber in einem verschollenen Wittenberger Gesangbuch schon vorher gestanden haben. Das Ganze ist eine Art Krippenspiel: In Str. 1-5 singt der Engel nach Luk.2,10-12, in Str. 6 singen die Kinder mit den Worten der Hirten nach Luk.2,15, mit den Str. 7-14 treten sie einzeln anbetend zur Krippe, und Str. 15 ist die gemeinsame Schlußdoxologie. Wieweit Luther an eine Aufführung durch seine eigenen Kinder gedacht hat, bleibt ungewiß.

1 In einem damals verbreiteten Spiellied, von welchem Luther hier ausgeht, wird einzelnen Spielern die Aufgabe gestellt, als »Bänkelsänger« aufzutreten; sie beginnen dabei jeweils mit der Strophe: »Aus fremden Landen komm ich her; / ich bring euch viel der neuen Mär. Der neuen Mär bring ich so viel, / mehr denn ich euch hie sagen will.« Die »neue Mär« (aktuelle Nachricht) des Bänkelsängers wird dabei zur »guten Mär« (Frohbotschaft, Evangelium) des Engels.

7 Man kann sich vorstellen, daß das jüngste Kind beginnt, das in Str. 13.14 auch den Schluß macht. Susaninne ist ein Kosewort der Mutter an der Wiege des Kindes.

14,3 Schon = Adv. schön.

15,4 In Sachsen (und andernorts) begann das Jahr damals mit Weihnachten; schon vom 25. Dezember an wurde die neue Jahreszahl geschrieben.

5 Entstanden auf Weihnachten 1542, nach dem Tod von Luthers zweitem Kind, und erstmals abgedruckt im Wittenberger Gesangbuch von 1543. Ein Trostlied wie Nr. 26.

3,1 billig = mit Recht.

3,2 ein = eins.

6 Entstanden am 12. Dezember 1541 und für Epiphanias (6. Januar) bestimmt.

2,4 Daß dies Kind . . .

Das hier folgende Passionsgebet (ein Passionslied fehlt in Luthers Gesangbuch!) ist eine Neuschöpfung Luthers unter Verwendung von Röm.8,32. Das zugehörige Versikel ist Jes.53,5 entnommen.

7 Wohl eines der letzten Lieder, die Luther 1524 schrieb. Textgrundlage: Luk.2,29-32. Melodie (EKG 310) von Luther oder Johann Walter.

2,3 Lon = lassen

2,5 Mein: fehlt in den Quellen, ist aber aus metrischen Gründen nötig.

8 Wohl um Ostern 1524 entstanden. Die Überschrift will sagen, daß Luther an der alten Osterleise anknüpft. Daneben werden auch Gedanken aus der Ostersequenz »Victimae paschali laudes« verwendet. Die von Luther geschaffene Weise hat Johann Walter überarbeitet (EKG 76).

2,5 Bald = dreist, schnell.

3,6.7 Vom Tod bleibt nur die äußere Gestalt übrig, seine Kraft hat er verloren (1.Kor.15,55).

4,5 Gemeint ist Hosea 13,14.

4,7 Der Tod ist zum Spott (zuschanden) geworden.

5 Vgl. 2.Mose 12.

7 Vgl. 1.Kor.5,7.8.

9 Neuschöpfung Luthers in der alten Form der Leise oder Weiterführung einer sonst nicht überlieferten Leise. Melodie (EKG 77) wahrscheinlich von Luther.

10 Dürfte auf Pfingsten 1524 entstanden sein. Bearbeitung der alten Hymnenweise durch Luther (EKG 97).

1,3.4 Weil du ja weißt, daß sie von Anfang an deine Geschöpfe sind.

6,4 Verstahn (eigentlich: verstohn) = verstehen.

11 Wohl auf Pfingsten 1524 entstanden. Die 1. Str. (Übertragung der lateinischen Antiphon »Veni sancte spiritus«) und die Melodie (EKG 98) stammen aus dem 15. Jh.

3,6 Blödigkeit = Schwachheit.

12 Entstanden auf Pfingsten 1524. Der Text der 1. Strophe ist schon im 13. Jh. bekannt, die Melodie (EKG 99) schon im 15. Jh. überliefert.

1,4 Elend ist noch im ursprünglichen Sinn von Fremde (Gegensatz zu Vaterland, Ausland) verwendet.

2,1 Schein = Glanz.

3,2 Brunst = Brennen, Brand.

13 Vielleicht entstanden für Trinitatis 1524, vielleicht auch später im Jahr. Umarbeitung eines schon im 15. Jh. bezeugten Allerheiligen-Litanei-Liedes.

1 Wohn uns bei = sei und bleibe bei uns.

9 Uns dir überlassen, auf dich uns verlassen.

12 Sich fristen = sich erhalten, sich retten, sich schützen.

14 Die vorangehende Einleitung zu den Katechismusliedern fin-

det sich in Luthers Gesangbuch erst seit 1543. Das längere Zehn-Gebote-Lied dürfte Anfang 1524 entstanden sein und benützt die Melodie der Jerusalem-Pilgerleise »In Gottes Namen fahren wir« (EKG 388).

2,2 Mehr = sonst (außer mir).

8,2 Wuchern = ausbeuten.

15 Kurzfassung zu 14, auf die gleiche Melodie, wahrscheinlich einige Monate später entstanden.

2,2 Kein andrer Gott soll dich beirren (irremachen).

3,1 Schon = Adv. schön (richtig, angemessen).

5,2 In bezug auf niemanden etwas (icht) Falsches bezeugen.

16 Überarbeitung und Fortdichtung einer schon im 15. Jh. überlieferten deutschen Strophe, die ihrerseits auf eine lateinische Antiphon aus dem 8. Jh. zurückgeht. Luthers Lied ist möglicherweise entstanden unter dem Eindruck eines Unglücksfalls auf der Elbe, welcher einen seiner Freunde das Leben kostete (5. Juli 1524). Auch die Melodie (EKG 309) stammt aus dem 15. Jh. Das Lied steht seit 1529 an dieser Stelle als »Deutelied« zu den zehn Geboten.

17 Text und Melodie (EKG 132) gehen auf eine deutsche Strophe des 15. Jh. zurück. Entstanden wohl etwa Mitte 1524.

3,4 Schone = Adv. schön.

3,6 In einerlei Gesinnung ganz gleichmäßig erhält.

18 Luthers zweites Lied, entstanden bald nach Mitte 1523 als Kontrafaktur auf das seit dem Ende des 14. Jh. überlieferte Oster-Prozessionslied »Nun freut euch, alle Christenheit, / daß Christ ist auferstanden« (Melodie EKG 242). Spätestens 1524 hat Luther für das Lied eine eigene Melodie geschaffen (EKG 239) und dieser 1529 eine gemeindegemäßere an die Seite gestellt (EKG 120). Seit 1529 ist das Lied »Deutelied« zum Credo.

1,1 Gemein = insgemein.

1,2 Springen = tanzen.

1,3 All in ein = alle einmütig.

5,2 Es ist Zeit geworden, daß ich mich erbarme (vgl. Gal.4,4).

6,5 In Verborgenheit übte er seine Macht aus.

8,1 Er = der Feind (der Teufel).

10,5 Gsatz = Gesetz.

10,7 Zur Letze = als Abschiedstrost.

19 Entstanden 1534 oder 35. Luthers Melodie (EKG 241) lehnt

sich an eine schon früher bei den Böhmischen Brüdern überlieferte ältere Vaterunser-Weise an.

1,2 Gleich = miteinander.

3,3 Uns wohne bei = sei und bleibe bei und in uns.

9,3.4 Nicht zweifeln an dem, was wir hiemit gebetet haben.

20 Entstanden 1540 oder 41, seit 1543 im Wittenberger Gesangbuch. Luther schrieb den Text wahrscheinlich bewußt auf die (vielleicht von ihm selbst stammende) Melodie seines Liedes über den 67. Psalm (EKG 146), welche durch die Straßburger Melodie verdrängt worden war.

1,8 Durch sein eigenes Blut und seine eigenen Wunden.

6,6 All sein Tun ist umsonst.

21 Entstanden zwischen Invocavit und Palmsonntag 1524 in Anlehnung an eine Cantio zum Sakramentsempfang, die damals dem böhmischen Vorreformator und Märtyrer (daher das St. vor seinem Namen) Jan Hus (um 1369-1415) zugeschrieben wurde, aber wahrscheinlich von Hus' Zeitgenossen Johann von Jenstein stammt. Ob die Melodie, mit der Luthers Text 1524 verbunden wird (EKG 154), die des lateinischen Liedes ist oder nicht, läßt sich nicht mit Sicherheit sagen. Luther hat 1529 noch eine eigene hinzugefügt.

1,2 Wandt = abwandte.

6,2 Arbeit = Mühe.

6,3 Ist es dir aber (in deinem Sündersein) wohl, so bleib weg (vom Abendmahl), damit du nicht bösen Lohn empfängst.

7,4 Wird an ihm völlig zuschanden (ist gänzlich nutzlos).

8,1 Wenn du dir selbst (für deine Seligkeit) etwas hättest erwerben können, wozu hätte ich dann für dich sterben sollen?

10,3 Daß er von dir Nutzen haben, deiner froh werden kann.

22 Nach Pfingsten 1524 entstandene Erweiterung einer seit dem Ende des 14. Jh. bezeugten Fronleichnams-Doppelleise, deren Melodie (EKG 163) mit übernommen wird.

1,6 Leichnam = Leib (das eucharistische Brot).

2,1 Hier ist mit Leichnam der lebendige Leib Christi gemeint.

3,4 Daß uns der Empfang des Abendmahls nicht zum Schaden gereiche.

3,7 Halten rechte Maß = auf rechte Weise leben.

Das anschließende Gebet steht schon in Luthers Deutscher

Messe (1526) als Schlußkollekte und ist eine erweiternde Übersetzung einer auf das 8. Jh. zurückgehenden lateinischen Vorlage.

23 Entstanden gleich nach Bekanntwerden des Ereignisses vom 1. Juli 1523 und von Anfang an mit einer offensichtlich von Luthers Hand stammenden Melodie versehen. In der älteren Überlieferung fehlen die Str. 9 und 10. Sie hätten durch Str. 11 und 12 später ersetzt werden sollen, sind aber (wohl durch einen Irrtum) stehengeblieben und wurden auch später stets mit überliefert.

Überschrift: Die Universität Löwen war neben Köln eines der frühesten und wichtigsten Zentren des Widerstandes gegen Luther.

2,1.2 Der Name Johannes bedeutet »Gott ist gnädig« (Gotthold). Der volle Name dieses Antwerpener Mönchs ist: Johann van Eschen.

2,3.4 Ob Luther auch beim Taufnamen des Heinrich Voes eine etymologische Anspielung macht, ist ungewiß. Man lese: Heinrich, sein Bruder nach dem Geist.

3,4 'täuben = betäuben (und damit außer Gefecht setzen).

3,6 Mit ihren nutzlosen Kenntnissen.

5,7 Larvenspiel = Schwindel, vielleicht aber auch wörtlich das Sich-Verstecken hinter allerlei Masken.

5,8 Falsch Gebärden = trügerisches Gebahren, Verhalten.

7,1 Man legte ihnen ein kurzes Schriftstück vor.

7,3 Darin verzeichneten sie alle Punkte.

9,2 Schön machen = ungeschehen machen.

9,3 Sie getrauen sich nicht, sich der Tat zu rühmen.

11,2 Schmücken = beschönigen.

11,3 Ein falsch Gedicht = eine erfundene Lüge.

12,1 Immerhin = immerzu.

12,2 Sie haben geringen (keinen) Nutzen davon.

12,3 Darin = in, mit und wegen dieser ganzen traurigen Geschichte.

12,9 Wohl = gut, herrlich, glücklich.

24 Entstanden wohl Ende 1523 auf die Melodie EKG 242, bald danach aber von Luther mit einer eigenen Melodie (EKG 177) versehen.

1,5 Dein Wort läßt man nicht recht haben und wahr sein.

3,1 Lahr': Aus der Grammatik des Satzes und dem ganzen

Zusammenhang kann sich nicht der Sinn »Lehre«, sondern nur »Lehrer« ergeben.

3,6 Was wir festsetzen.

3,7 Meistern = den Meister zeigen, zurechtweisen.

4,1 Ich muß mich aufmachen.

4,5 Soll zur Stelle sein.

5,2 Wird als lauter befunden.

5,3.4 Bei (in bezug auf) Gottes Wort soll man allezeit dasselbe erwarten.

5,6 Schein = Glanz.

6,1 Das = das Wort.

6,4 Daß es (das arge Geschlecht = die Gottlosen) nicht unter uns mische, sich nicht mit uns verflechte.

6,5-7 Die Gottlosen scharen sich zusammen, wo diese nichtsnutzigen Leute sich in deinem Volk erheben (groß aufspielen).

25 Entstanden wohl Ende 1523 auf die Melodie EKG 242, 1524 von Johann Walter mit einer Eigenweise versehen.

1,7 Es tut keiner von ihnen das, was gut (recht) ist.

2,5 Gerichtet = ausgerichtet (nach Gottes Worten).

3,2 Ausgschritten = abgewichen.

3,4 Nutzlose, sinnlose Bräuche.

3,5 Keiner von ihnen tat das, was gut (recht) ist.

5,2 Forchten = Fürchten, Angst.

5,4 Horchen = gehorchen.

5,6 Höhnet = verhöhnet.

26 Entstanden 1528 in einer Zeit, da Luther von vielen und vielfältigen Sorgen geplagt war, als »Trostlied« (so die Überschrift in der ältesten erhaltenen Quelle) und nicht als heldenhaftes Trutzlied.

1,6 Er geht jetzt mit Eifer ans Werk.

2,1 Mit unsrer Macht läßt sich nichts ausrichten.

2,9 Er wird auf dem Schlachtfeld siegreich sein.

3,5-7 Wie grimmig auch der Fürst dieser Welt (der Teufel) auftritt, so wird er uns doch nichts anhaben.

4,1.2 Das Wort Gottes müssen sie (die hier überraschend und ohne jede Nennung eingeführten Gegner Luthers) gelten lassen, ob sie wollen oder nicht.

4,3 Plan = Platz (zur Stelle).

4,8 Sie haben keinen Gewinn davon.

27 Vielleicht Luthers frühestes Psalmlied, schon um die Jahreswende 1523/24 veröffentlicht. An Stelle der ursprünglich dazu gehörenden Weise (EKG 146) setzte sich schon 1524 die Straßburger Weise Matthäus Greiters (EKG 182) durch.
1,6 Und was ihm lieb ist auf Erden.
2,6 Walten = herrschen.
2,9 Wallen = gehen.
3,8 Tun: hier = tue.

28 Dieses Lied zum Beginn des Gottesdienstes dürfte in der zweiten Hälfte des Jahres 1524 entstanden sein. Die Melodie (EKG 192) stammt vermutlich von Johann Walter.
1,4 Wir hätten verzagen müssen.
2,2 Wenn Gott das zugelassen hätte.
2,7 Und mit Macht überschwemmt.
3,3 Sich vom Strick des Vogelfängers frei macht.

29 Entstanden Anfang 1524 auf die Melodie EKG 154, dann aber von Johann Walter mit einer Eigenweise versehen.
2,2 Der Reben = der Weinstock.
5,1 Fristen = erhalten, vor Schaden bewahren.

30 Entstanden Ende 1523 und von Luther (in einer um eine Strophe knapperen und näher am Psalmtext bleibenden Fassung) einem Brief beigelegt, mit dem Luther von verschiedenen Freunden weitere Psalmlieder erbat. Gedichtet auf die Melodie EKG 242, bald aber von Luther selbst mit der Eigenweise EKG 195 versehen.
2,6 Des = dessen, deswegen.
2,7 Und aus deiner Gnade leben.
3,3 Lassen = verlassen.
3,4 Trauen = vertrauen.
3,7 Darauf will ich stets zuversichtlich warten.
4,3 Doch = dennoch.
4,5 So soll es ein wahrer Israel (= Jakob), d. h. ein wahrer Gottesstreiter (1.Mose 32, 25-29) halten.
4,7 Erharren = erwarten.
5,2 Dem Plural »Sünden« entspricht hier der Plural »Gnaden«.
5,3 Dem Helfen seiner Hand ist keine Begrenzung gesetzt.

31 Entstanden 1525 während der Arbeit an der Deutschen Messe. Nach Johann Walters Zeugnis ist Luther der Schöpfer auch der Melodie (EKG 135). Da Luther in der Deutschen Messe den Kanon ganz wegläßt, wird dieser Ersatz

für das Sanctus während der Brot-Kommunion gesungen.
10 Gėn 'ander = gegeneinander (im Wechselgesang).

32 Entstanden Anfang 1529, in der Zeit der Türkengefahr, als Übertragung einer lateinischen Antiphon aus dem 6. Jh. Als Melodie (EKG 139) wählte Luther die des Hymnus »Veni redemptor gentium«, die er um eine Zeile erweiterte.
Auch für das anschließende Gebet, das mit der Strophe zusammen entstanden ist, verwendete Luther eine Vorlage aus der liturgischen Tradition (8. Jh.). Das vorangestellte gereimte Versikel stammt von Luther.

33 Entstanden im Frühling 1529. Die lateinische Vorlage, deren Melodie Luther in freier Weise bearbeitet hat (EKG 137), ist nicht so eindeutig als Wechselgesang angelegt wie Luthers Übertragung; diese Formgebung ist also sein Werk.
1 Verschmächt = verschmäht.
2 Gleich = ihm gleichgestellt.
3 Du kommst als Richter über alles, was tot und lebend ist.
Die anschließende Kollekte hat Luther gleichzeitig unter Verwendung seiner Erklärung zum ersten Artikel des Glaubensbekenntnisses neu geschaffen. Als Versikel stellt er Ps.136,1 voran.

34 Entstanden 1534 oder 35, ob als Kontrafaktur zu einem Liebes- oder Marienlied (von dem dann die Melodie übernommen wäre) oder einfach im Stil des Hofliedes als völlig eigenständige Schöpfung (dann wäre auch die Melodie von Luther geschaffen), weiß man nicht.
1,4 Besessen = in Besitz genommen.
1,9 Sie wird mich dafür entschädigen.
1,10-12 mit ihrer Liebe und Treue mir gegenüber, die sie mir erweisen will, und (sie wird) all mein Wünschen stillen.
2,4 Ferne = weithin.
2,8 Dem Herrn (Christus) angetraut.
3,3 Doch = jedoch.

35 Entstanden wohl Mitte 1542, als das Gerücht umging, der Papst habe sich dem Bündnis zwischen dem Sultan und dem König von Frankreich gegen den deutschen Kaiser angeschlossen. In seiner Melodie (EKG 142) geht Luther nochmals von der Melodie des Hymnus »Veni redemptor gentium« aus.
1,2 Steuern = Einhalt gebieten.

1,4 Luther schreibt »wollten« (nicht »wollen«, wie heute in allen Gesangbüchern steht), und das ist ein Optativ, nicht Indikativ! Darin steckt Luthers Überzeugung, daß sie es ja doch nicht können.

36 Ein Morgenlied gibt es von Luthers Hand leider nicht, wohl aber dieses Abendlied, das er als letztes schuf und ganz bescheiden unter den Liedern der »frommen Christen, die vor uns gelebt haben« in die letzte Wittenberger Ausgabe seines Gesangbuches (1543) einreihte. Es ist die Übertragung eines Hymnus aus dem 5. Jh.

Die Einleitung zu den weiteren Abschnitten im Wittenberger Gesangbuch

1 An dieser Stelle bringt Luther die Lieder:
Dies est latitiae (Cantio zu Weihnachten)
Der Tag, der ist so freudenreich (deutsche Fassung dazu)
In dulci iubilo (lateinisch/deutsche Weihnachts-Cantio)
Christe, der du bist Tag und Licht (Abend-Hymnus)
Christ ist erstanden (Oster-Leise, Melodiefassung: Luther)

2 In dieser Abteilung bringt Luther 1533 16 Lieder von Paulus Speratus (3), Lazarus Spengler, Erhard Hegenwald, Elisabeth Cruciger, Hans Sachs, Adam von Fulda, Herzog Albrecht von Preußen (4), Anarg von Wildenfels, Andreas Knöppgen, Johann Kolroß (?) und Johannes Agricola.

3 In der fünften und letzten Abteilung seines Gesangbuches bringt Luther 11 Cantica aus dem Alten Testament, die vier aus dem Neuen Testament und zwei Psalmen, größerenteils versehen mit vierstimmigen Psalmodiemodellen Johann Walters.

Vorrede auf alle guten Gesangbücher

Diese gereimte Vorrede dürfte Luther nicht nur für Kirchengesangbücher, sondern für Gesangbücher überhaupt bestimmt haben. Sie steht zuerst in einer Schrift Johann Walters mit einem Gedicht ähnlichen Inhalts und dann in der letzten Ausgabe des Wittenberger Gesangbuches von 1543 an letzter Stelle, vor dem Register.

1 Und was einem sonst noch sehr zusetzt.

2 Des wohl frei = darin unbehindert zu behaupten, also im Recht dazu.

3 Elisäus = Elisa (2.Kön.3,15).
4 Durchs Harfen = durch das Harfenspiel.

Christliche Gesänge, lateinisch und deutsch, zum Begräbnis
1 Gemeint ist: der Teufel.
2 Luther führt hier die folgenden 23 Bibelstellen im Wortlaut an: 1.Mose 25,8 (und öfter); Hiob 19,25-27; Ps.3,6; Ps.4,9; Ps.17,15; Ps.49,16; Ps.116,15; Jes.25,7.8; Jes.26,19; Jes.26,20; Jes.57,1.2; Hes.37,12.13; Dan.12.2; Hos.13,14; Matth.22,32; Joh.6,39; Joh.11,25.26; Röm.14,7-9; 1.Kor.15,19; 1.Kor. 15,22; 1.Kor.15,55-57; Phil.1,21; 1.Thess.4,14.
3 An dieser Stelle sind die Gesänge eingeschoben, nämlich sieben lateinische Prosagesänge mit Choralnoten, das lateinische Bestattungslied »Iam maesta quiesce querela« des Prudentius, die Nummern 30, 16, 17 und 6 der vorliegenden Ausgabe (mit Noten), dann (unter dem Namen Luthers) eine um eine Strophe erweiterte Bearbeitung von Michael Weißes Bestattungslied »Nun laßt uns den Leib begraben«, danach Nr. 12 und nochmals vier lateinische Prosagesänge mit Choralnoten, darunter das »Media vita«.
4 Was darauf folgt, sind Beispiele von Luthers Hand.

Die Vorrede zum Leipziger Gesangbuch des Valentin Bapst
Dieses Gesangbuch löst die Reihe der Wittenberger Gesangbücher ab und wird der Ausgangspunkt für eine große und weitverzweigte Gesangbuchfamilie. Luther hat die Vorrede geschrieben, als der Druck zumindest des ersten Teils, der auf dem Wittenberger Gesangbuch beruht, bereits ausgedruckt war.
1 Das Bapst'sche Gesangbuch ist das am reichsten und schönsten ausgestattete der Reformationszeit. Das Format und damit auch die Illustrationen sind größer als beim Wittenberger Gesangbuch; zudem ist jede Seite mit Zierleisten eingefaßt.
2 Weil auf dem für die Vorrede bestimmten Titelbogen noch Raum frei war, fügte Luther hier noch zwei Korrekturen an, eine betreffend die Nennung seines Namens bei Weißes Lied »Nun laßt uns den Leib begraben« und eine zweite wegen eines Fehlers in seinem Lied über den 130. Psalm.

VERZEICHNIS DER LIEDER

Äsop, 6. Jahrh. v. Chr.?, historische Angaben fehlen.

Agricola, Johann (ca. 1499-1566), zunächst Schüler L.s, dann ihm gegenüber kritisch (Wortführer der sog. Antinomer); Hofprediger in Berlin und Generalsuperintendent der Mark Brandenburg (1540).

Albrecht von Brandenburg (1490-1545), Erzbischof von Magdeburg und Administrator des Bistums Halberstadt (1513), Erzbischof von Mainz (1514), Kardinal (1518).

Ambrosius, Aurelius (?) (339-397), Bischof von Mailand; einer der vier großen abendländischen »Kirchenlehrer«.

Aristoteles (384-322 v. Chr.), griechischer Philosoph.

Augustinus, Aurelius (354-430), Bischof von Hippo Rhegius/Nordafrika (396); bedeutendster Theologe der lateinischen Kirche; einer der vier großen abendländischen »Kirchenlehrer«.

Aurogallus, Matthäus (ca. 1490-1543), Hebraist an der Universität Wittenberg.

Bernhard von Clairvaux (1090-1153), Zisterzienserabt; bedeutendste Gestalt des frühen 12. Jahrhunderts.

Cochläus, Johannes (1479-1552), Humanist und Theologe; 1530 Mitarbeiter an der Confutatio, scharfer Gegner Luthers.

Denck, Hans (ca. 1500-1525), führende Gestalt der Täufer.

Dietrich, Veit (1506-1549), Hausgenosse und Sekretär L.s, Prediger in Nürnberg (1535).

Eck, Johann (1486-1543), Professor in Ingolstadt; theologischer Hauptgegner L.s.

Eschen, Johann van den, Augustiner, Anhänger L.s; 1523 in Brüssel als Ketzer verbrannt.

Fabri, Johannes (1478-1541), Bischof von Wien (1530).

Feylitzsch, Fabian von, kursächsischer Rat.

Friedrich III. der Weise, Kurfürst von Sachsen 1486-1525.

Frundsberg, Georg von (1473 [1475?]-1528), Landsknechtsführer.

Georg der Bärtige, Herzog von Sachsen 1500-1539.

Georg II., Graf von Wertheim 1521-1530.

Hätzer, Ludwig (ca. 1500-1529), den Täufern nahestehend.

Haubitz, Asmus von, kursächsischer Rat.

Hesiod (um 700 v. Chr.), altgriechischer Dichter.

Hieronymus (340/50–420), Mönch und Theologe; einer der vier großen abendländischen »Kirchenlehrer«.

Hus, Johann (ca. 1369–1415), Prediger und Professor in Prag; 1415 auf dem Konzil zu Konstanz als Ketzer verbrannt.

Johann der Beständige, Kurfürst von Sachsen 1525–1532.

Justinian I., byzantinischer Kaiser 508–565.

Konstantin der Große, römischer Kaiser 306–337.

Link, Wenzeslaus (1483–1547), Ordensbruder und Freund L.s; evangelischer Prediger in Altenburg (1523) und Nürnberg (1525).

Melanchthon, Philipp (1497–1560), Professor in Wittenberg; engster Freund und Mitarbeiter L.s.

Müntzer, Thomas (1486[1489/90?]–1525), Prediger, zuletzt in Mühlhausen; 1525 führende Gestalt des thüringischen Bauernaufstandes.

Nikolaus von Lyra (ca. 1270–ca. 1349), Dominikaner; Professor in Paris, Ordensprovinzial; bedeutender Vertreter der mittelalterlichen Schriftauslegung.

Ockham, Wilhelm von (ca. 1285–1349), Franziskaner; bedeutender scholastischer Theologe und Kirchenpolitiker.

Planitz, Hans von der (gest. 1535), kursächsischer Rat.

Plautus (ca. 254–184 v. Chr.), römischer Komödiendichter.

Quintilianus (35–96), römischer Rhetor.

Schwarzenberg, Johann Freiherr von (1465[1463?]–1528), Verwalter des Hofgerichts in Bamberg, Wegbereiter der ersten deutschen Strafrechtsreform.

Schurf, Hieronymus (1481–1554), Jurist in Wittenberg.

Spengler, Lazarus (1479–1534), Ratsschreiber in Nürnberg.

Stiefel, Michael (1487–1567), Augustinermönch, dann evangelischer Prediger, zeitweise in Wittenberg.

Ulpianus (ca. 170–228), römischer Jurist.

Varro (116–28 v. Chr.), römischer Geschichtsschreiber.

Vergil (70–19 v. Chr.), größter römischer Dichter der augusteischen Periode.

Vos, Heinrich, Augustiner, Anhänger L.'s; 1523 in Brüssel als Ketzer verbrannt.

Walter, Johann (1496–1570), Kantor in Torgau; kirchenmusikalischer Partner L.s.

Witzel, Georg (1501–1573), Theologe; zunächst Anhänger, dann Gegner der Reformation L.s.

Martin Luther
Ausgewählte Schriften

Inhalt der sechs Bände

Band I: Aufbruch zur Reformation

Band II: Erneuerung von Frömmigkeit und Theologie

Band III: Auseinandersetzung mit der römischen Kirche

Band IV: Christsein und weltliches Regiment

Band V: Kirche, Gottesdienst, Schule

Band VI: Briefe